中国外交の新思考

王逸舟＝著
天児　慧・青山瑠妙＝編訳

東京大学出版会

Global Politics and China's Foreign Policy

Japanese translation rights arranged with World Affairs Press, Beijing
through Japan UNI Agency, Inc., Tokyo.
Translation by Satoshi Amako and Rumi Aoyama
University of Tokyo Press, 2007
ISBN978-4-13-030141-1

日本語版への序文

拙著『全球政治和中国外交』の日本語版が東京大学出版会から発行されるはこびになったが、それは私にとってきわめて意義深いことである。ここでまず、その意義と日本の読者への想いを述べておきたい。

本書の中心的な内容は、新たな時代における中国の外交と国際政治戦略がどのように形成されるのか、どのような役割を発揮すべきかについての考察である。ここで述べる「新たな時代」には二つの意味が含まれる。まず、中国外交が直面する新たなマクロな国際環境を指す。すなわち、冷戦終焉後に加速化されたグローバル化の進行である。これはいかなる国家と個人の意志にもよらず進行する世界の変遷のプロセスであり、好むと好まざるとにかかわらず、どの国においても必ず進行していく（積極的に参加していくか、巻き込まれるかにかかわらず）。中国も当然例外ではない。グローバル化は早くから存在していたが、米ソ二極体制の終焉がこの進行を大きく加速化させた。中国の世界貿易機関（WTO）加盟にしても、東アジア各国の経済・貿易分野の協力にしても、また、少し前に発生した金融危機にしても、グローバル化の進展の存在とその大きな力をプラスの面からもマイナスの面からも証明した。中国は一三億人の人口を持ち、全世界の人口の五分の一余りを占める。中国の国民経済は鄧小平路線の指導下において、過去四半世紀の間継続して国内総生産（ＧＤＰ）年平均八―一〇％前年比増という目を見張る高成長を保持した。中国のさまざまな生産品、原材料および各種の経済活動は、全世界に行き渡り、旅行者、労働者、移民、留学生および政府関係者など、様々な形で中国人が世界に向かって大きな歩みを示している。中国と外部世界の関係もまた、毛沢東時代の非協調的、対抗的な関係から、次第に積極的な相互作用・相互信頼の関係に向かっている。中国はグローバル化の進展で最も多くの利益を享受しした国の一つであると見ることができる。グローバル化は中国人の間に深く浸透しており、中国の進展と切り離すことはできない。グローバル化は国内の発展と対外交流を含め、きわめて自然な形で、外部環境として効果的に現代中国を形づくった。こうしたマクロな国際環境を抜きにしては、中国の外交と国際政治戦略の変化を理解することは難しく、中国と国際社会がこのような緊密な関係にあることは想像しにくい。これが本書の出発点である。すなわち、グローバル化が過去、現在、さらに将来にわたり中国の思想・言動に対して果たす役割を考察することである。

「新たな時代」のもう一つの含意は、中国自身の重大な発展の変化である。胡錦濤を中心とする政治指導層は、最近数年ですっかり安定し、中国の大事業を全面的に計画し始めた。この時代はまた鄧小平時代、江沢民時代の後、中国の改革開放をさらに推進する一つの時代であり、中国国内において広く「全面的に小康社会〔人々がまずまずの生活ができる社会〕を建設し、次第に中進国へ向かう」新段階といわれている。この時代において、中国政治は依然として鄧小平路線の延長線上にある、すなわち経済建設の加速と人民生活の向上を優先目標とすべきであると私個人としては考えている。これらを優先目標とすることは中国の対外関係のあり方をも同時に規定する。すなわち、独立自主と利益保障という前提の下で、各国との友好・協力を発展させ、中国の発展に有利となる周辺の条件と国際的な雰囲気を勝ち取ることである。中国の今日の国内建設のムードと広範な民衆の感情は、中国が対外関係において「革命者」や「造反派」になることを許さない。これは中国のいかなる政治家や地方有力者によっても、何らかのイデオロギーによっても変えることのできない趨勢であり、ここ数十年の過程で次第に形成された基調である。他方、胡錦濤の今日の時代は、過去に経験したことのない新しい問題、新しい状況にも直面している。そのため、新しい思考と政策が求められる。中国の社会経済と世界はすでに一体化しており、生産品の販売、エネルギー供給および各種原材料の外部世界からの需要はますます大きくなっており、国際上の競争と懸念を創り出すことは避けられない。生態系環境の破壊、不法移民、資源争奪および国内各地域間の格差の拡大など、中国経済の高度成長の中で出現した矛盾は絶えず増大している。このような変化がもたらした結果を見てみれば、中国の外部世界との関係（過去にはなかった摩擦を含め）を処理し、国内の経済建設、文化・科学技術、国防事業、社会の安定といった各課題をバランスよく処理することが、あらかじめ定められた答案のない難題となり、中国の政治家、民衆および学界が真剣に思索しなければならない新たな問題となったことが読み取れる。本書はまさにこのような背景の下で書かれたものである。そのため、新たな時代の中国が発展していく方向を模索した作品と見られることに異存はない。

本書の主要な論点の一つは、中国が世界に影響を及ぼす最善の方式は自身のたゆまぬ改革・開放・発展であり、中国の国家主権、安全保障および国家利益を増強させる力は外部にではなく内部にあるのであり、中国と世界との相互依存と真実の協力によってこそ中国の希望があるという点である。本書で指摘するように、中国は急速に発展し、過去二〇年余りに注目を集めるような成果をあげたが、こうしたものは驕り高ぶりを生み出す根拠にもならなければ、極端な民族主義のスローガンが台頭するのを認める理にかなった根拠にもならない。中国人の一人当たりＧＤＰはかなり遅れた位置にあり、中国は現代文明の高度な生活水準からの隔たりがなお大きい。中国の現在のイデオロギーと政治体制にはまだまだ改造すべきところがたくさんあり、中国社会の現在の道徳水準と公益事業は軒並み低いレベルにある。中国人総体としては真の意味での地球全体に対する関心、視野、戦略を欠いており、現代世界に対する中国の貢献は中国の国土面積、人口および文明史などを考慮するならなお不十分である。私自身が別のところでも指摘していることだが、もし中国の国際政治研究が自身の学説を深く掘り下げて打ち立てようとしたいならば、古い障壁を乗り越えて新しい分析空間に入る必要がある。この新しい分析空間こそがグローバル化時代の政治なのである。このような時空観がなければ、中国の外交と国際戦略の分析設計は世界大国のレベルには到達しえず、中国の国際関係研究もまたそれ相応の段階にのぼることができないだろう。グローバル政治の座標とスペクトルから見るならば、読者は非常に狭隘な国家間の政治あるいは国際政治のモデルではとらえられない物事をとらえることができるだろう。中国外交の変化の趨勢の分析は、このような地球規模のマクロな国際環境の動向を把握することなしには不可能である。基本的な結論は、グローバル化の潮流に順応しさえすれば、中国は平和的台頭をするはずであり、中国の外交と国際関係は国際社会から理解を得られるはずだということである。

ここで、特に日本の読者にいくつかのことを述べておきたい。一九九二年に初めてこの美しい国を訪問してから、私は現在まで数十回にわたり日本を訪れ、観光や会議への参加など、多いときは一年に五、六回訪日しているので、「知日派」の一人ということができよう。私は日本人の仕事に対する態度と仕事を愛する精神に心の底から敬服している。日本の清潔で効率的なところ、また日本の食べ物やその器をこよなく愛しているところも好きである。私の見るところでは、今日の世界の多くの国家と比較して、日本民族は優秀な民族である。この判断は決してお世辞ではない。しかし、近年、日本の政治とメディアの中国に対する議論とその傾向にいささか不安を抱いている。中国に対するあまりに多くのマイナス面の報道が含まれ、複雑性に対する深い認識を欠き、「中国脅威論」をいたずらに誇張していたからである。この種の議論においては、事実の根拠が乏しいにもかかわらず、何が何でも中国のネガティブな部分を大げさに報じ、全体の情勢を伝えていない。これでは少なくとも、中国の立体的、動態的な実像を映し出すことはできない。中国は外国をもっと理解しなければならないが、中国も同様に外国からもっと理解されなければならない。中国を理解することは容易ではなく、きわめて変化に富む中国の台頭プロセスを把握することはさらに難しい。ましてや、国家間の関係は人間同士の関係と同じで誤解を生じ易く、日本の角度から中国を観察しようとするとある色メガネでもって全体を捉えようとする傾向が生まれがちである。過去二〇年余りの研究経歴が私に教えてくれるのは、たとえ中国の専門家が中国をどのように説明したとしても、常に意余って力足らずだということである。中国の変化の速さと局面の複雑さは、往々にして中国の研究者にさえも中国の理解を困難にしてしまう。こうしたことに鑑みると、私は外の世界が中国に対して、「疑いをさしはさむ余地がない」と断定するのを聞きながら――中国がいかに恐ろしく危険であるかを説くものであろうと、中国がいかに美しく偉大であるかを説くものであろうと――、そこにはいつもどこか疑わしい点があり、容易に信じられないと感じている。日本の読者には、今日の中国について考える時、できる限りさまざまな角度、側面から中国の動きを捉えるようにして、政治、軍事およびイデオロギーの分野に限ることなく、また政治首都・北京や経済の最も発達した都市・上海だけを見て判断しないようにすることを提案したい。中国のメディアと中国の学者の傾向を分析する際にも、少数の人の見方だけでこれが中国だと断定するようなことはすべきでない。中国は非常に大きく、学者と新聞も非常に多い。「林が大きくなればどんな鳥も棲んでいる」という言い方があるが、経済の市場化と政治の民主化の弛《たゆ》まぬ進展に従い、このような多様性、多元性はさらに次々と現われて尽きず、どのような観点もみな事実根拠を見つけることができ、どのような立場と訴えも容易に代弁者を探すことができる。そのため、ある新聞やある「有名な学者」が中国の大多数のメディアあるいは学界を代表すると自称しても、それを軽々しく信じるべきでない。私自身について言えば、この本の中で伝えている観点は、単に一人の意見、あるいは一派の見解である。私自身は鄧小平路線を精神上受け継いでおり、中国において良質の教育を受けた若者たちのなかに少なからざる賛同者がいるものの、畢竟《ひっきょう》、本書の観点は全中国を代表することはできないし、全体像を示しているわけではない。この点は読者のご理解を願いたい。

拙著の日本語版が発行される時には、私はすでに五〇歳に近い。中国の古代の聖賢の言い方を用いれば「天命を知る」年齢に達したわけである。この半世紀は時あたかも中国の歴史上めったにない巨大な変動の時代であった。建国当初は毛沢東主席とソ連との「兄弟」のような親密な同盟があり、その後、両国に矛盾が現われ、決裂に至った。中国国内政治はまず「左」路線を邁進し、「大躍進」から「文革」へと徹底的に「左」路線を走った。その後、鄧小平は天地を一八〇度転換させ、中国を経済発展と人民の富裕の道へ向かわせたが、改革開放の過程は決して順調ではなく、「天安門事件」などの危機が出現した。江沢民がトップであった十数年間から、今日の胡錦濤・温家宝が指導する時代に、中国は「英雄の時代」から「平民の時代」に移行した。市場化の深化は国家と社会の関係に深い変化をもたらした。中国のある分野は東アジアの他の移行期にある国家のように、きわめて変化に富み、これまでになかった挑戦に直面し、ある種の「創造的な緊張」の局面を形成している。この五〇年間に、筆者は相前後して各種の遭遇を経験した。生まれたのは極左時代だった。両親が「文革」でつるし上げを受けるのを目の当たりにした。高校を卒業すると下放された（下放とは都市青年の思想改造を目指し農村に送り込む運動）。改革開放後最初の入試で大学に合格した（いわゆる「七七年入学組」）。八〇年代は北京で修士と博士の学位を取得し、中国社会科学院の専門の研究員になった。数十年はまさに光陰矢のごとく過ぎた。生活上経験した様々な出来事は曲折があり、また変化に富んでいて、生き生きとして忘れがたく、まるでドラマのように脳裏に残っている。研究者として、幸いなことにこのような情勢が激しく揺れ動いた年代に自分自身が生活してきて、この数十年間に、ほかの国では多くの世代、すなわち数百年をかけなければ見られないような事態を経験することができた。自分の研究活動を振り返ると、一九八〇年代の専攻分野はソ連・東欧地域の改革であった。九〇年代においては、主な関心を国際関係、とくに欧米の国際関係理論に転じ、米国のハーバード大学の客員研究員にもなった。最近の数年は研究の重点を中国の外交と国際戦略の分野におき、とりわけ転換期における内外要因の相互作用を重視している。現在に至るまで、『ハンガリーの道』（一九八七年）、『ポーランド危機』（一九八八年）、『現代国際政治分析』（一九九五年）、『西洋国際政治学——歴史と理論』（一九九八年）などの著作を出版し、さらに一〇〇万字にのぼる西洋の政治学の名著を翻訳した。研究活動において私が心がけているのは、自分自身の思考に基づいて、一生努力し、できるだけ忠実に私の生きる時代が経験した歴史的変化と思想の軌跡を書き記すということである。もし日本の読者諸兄が本書からこうした趣を感じていただけるなら、さらには日増しに豊かになる中国人の精神的世界を垣間見ていただけるなら、著者としてきわめて本望である。

拙著の日本語版の出版に際して、労苦と心血を注いでいただいた方々に特に感謝申し上げたい。まず敬意を表するのは、古くからの友人、早稲田大学の天児慧教授である。先生の出版に向けた尽力がなければ、この中国から来た作品が日本の読者の目に触れることはなかったであろう。同時に、拙著のもう一人の翻訳者である青山瑠妙助教授に深く感謝しなければならない。青山先生は中国語と日本語の両言語に精通しているとともに、中国の学術活動を熟知し、本書を洗練された日本語版にしていただいた。もちろん、東京大学出版会が拙著の出版を引き受けてくれたことと、編集担当者の奥田修一氏の真摯で精緻な仕事に感謝しなければならない。拙著の日本での出版は、私にとってきわめて大きな光栄であるだけでなく、新たな原動力となる。日本の読者の批判を期待しているし、本書が何らかの形で日本の読者に意味のあるものになることを望む。これは著述を職業とする人間としての最大の願いである。

二〇〇六年九月

王　逸　舟

目次

凡例

一、本書は、王逸舟『全球政治和中国外交』(世界知識出版社、二〇〇三年）の抄訳である。本書と原著との対応関係については、解説を参照されたい。

二、注は巻末に一括して掲げた。

三、訳文中の（ ）内は原文、〔 〕内は訳者による注記である。

四、訳文中の組織名や人物の肩書き、データなどは、特に断りのない限り、原則として原著執筆時点のものである。

1——グローバル化の時代

アジア金融危機再考

グローバル化とは何か

世界各国が二一世紀に入った現在、経済のグローバル化は既に明らかに目に見える過程になっている。事の善し悪し、禍福はともかく、それは未曾有のスピードで地球の隅々まで拡張しており、とどめることのできない力をもって人類の生活の各方面に影響を与えている。そのスピードと力の大きさは、人々の予想を超えている。グローバル化は、各国を新しい段階に進ませたり、苦境に陥れたりするのみならず、世紀の変わり目の国際政治に深刻な衝撃を与えている。広大な発展途上諸国についていうならば、これはそれらの国が掌握する歴史過程からもたらされたものではまったくない。たとえていえば、これらの国家は、広大無辺な大海に小舟で乗り出していくようなものである。いささかの希望を持ち、大きな危険と不確定性を感じているのである。

一九九七年に発生したアジア金融危機は、経済グローバル化の影響を示す典型的な証拠である。この危機の経済的原因とその結果については、人々は既に多くのことを語っている。ここでは、異なった角度、すなわち主として国家内部の社会的・政治的角度からこの危機の原因と影響をあらためて検討し、グローバル化の中で発展途上国が政治の安定と国家の安全確保という難題に直面していることを明らかにしたい。

アジア通貨金融危機が各国に与えた深刻な影響を検討するには、まずグローバル化過程が持つ意味内容と特徴を分析しなければならず、またグローバル化の結果、国民国家の政治社会生活に生ずるであろう変化を観察しなければならない。

二〇世紀後半以降、「グローバル化」(“globalization”)は、世界各国、あるいは国際世論において「日常用語」になった観がある。人々は大きな関心を持って、経済学、社会学、政治学、歴史学、国際関係学等の様々なディシプリンの角度から、グローバル化について各種各様の議論をし、定義を与えている。これらについて初歩的なまとめを行った後に、我々もその要旨について以下のような結論を出してもよいだろう。

まず、グローバル化を最もわかりやすく表現するならば、経済過程だといえる。あるいは、効率第一の過程だともいえるであろう。それは異なる地域、国家間の経済の連繫と相互依存を大きく強め、類のないほどに市場競争のメカニズムと現代情報網の主導的役割を突出させ、利潤、効率、資金回収率等、典型的な「資本概念」が個人、企業および国家の成否を測る主要な尺度となる。それはまた、統一通貨、金融システム、貿易協定・組織、会計制度、電子取引、長距離運輸・通信等の、現代において生み出された一連の諸手段・道具であり、経済の近代化、市場化、情報化といったグローバル化過程に内在する

「利益追求の願望」の結果として体現される。各国にとっていうならば、それはより大きな貿易機会、より多くの投資吸収、より高い生活水準、より開放的な国家経済システム、より有効な総合国力の増大方式を意味する。さらにそれは、優勝劣敗、適者生存、自然選択と無情な淘汰等の、残酷な論理を内部に秘めてもいる。また、国民国家がいったんこのような本質を有する市場競争とオープンな情報流通の過程に入ると、もはや、閉鎖的時代に持っていた相対的安定と緩慢な進化の状態に後戻りする可能性は無くなってしまうのである。すべての国家にとって、優勝と劣敗という二つの可能性は両方とも存在している。しかし、比較的発展した国家はそれほど発展していない国家よりも、当然ずっと有利な地位を占めている(例えば、資金所有量も多く、情報網もより優れているし、産業と産品構造もより優れているる。専門的人材もより優れているし、「ゲームのルール」に対してもより熟練した理解をしている)。この種の地位は——歴史的に見れば——相対的であるし、変化不可能というわけではない。例えば、一部の後発近代化国家が、特殊な「後発性の優位」を持つことは可能である。新しい資源の発見とか、新しい発展モデルあるいは新しい「学習方式」などである。しかし、一般的にいえば、発展していない国家と発展した国家が、グローバルな範囲で激しい衝突をすれば、発展していない国家の弱点が一方的に加重されるし、「ゲームの過程」でも損をすることがずっと多い。

グローバル化はまた、各国内部において、外圧の下で構造変化、階層再編成、個人意識が覚醒する社会過程、すなわち社会の近代化過程を推進する。外部世界の近代性、合理性に関する各種の観念の広範な伝播、およびそれに伴う民衆の生活水準向上と文化資質の向上によって、グローバル化は世界各国で同時に以下のようなものとして現われる。すなわち、新しい社会的動員目標の実行、社会的公正についての新しい標準の確定、より広範でより有効な個人的自由の獲得、時代の特徴に合致する法律手続きの樹立の推進、各階級間のいびつな収入分配の格差を解消する社会近代化過程、等である。過ぎ去った時代と異なって、新しいグローバル化の条件のもとでは、各国は、一部の発展途上国に存在する、多数の民衆が衣食に事欠く状態、飲み水の質の悪さ、広範囲な識字率の低さ等の伝統的社会矛盾を解決するのみならず、さらに新しい、場合によってはさらに複雑な変わりやすい社会矛盾に対応することが求められる。例えば、異なった階層・社会集団の、開放や改革の速度に関する異なった意見、過去にあったよりもさらに重大かもしれない新しい個人および地域間の収入格差等である。ここでは、グローバル化は一つの普遍的な現象をもたらす。一方において、新しい近代性は、より多くより大きい利益とそれへの期待をもたらす。他方において、急速な近代化は、変化過程の不安定と喪失感とを加速する。政策決定者層においては、各種の制度、法律が、彼らの直面する条件に十分に適合する能力を欠いていることによる不安や喪失感が不満を醸成し、はなはだしくは動乱さえもたらす。全体的に見れば、社会的な個人意識が次第に増強されれば、政府の社会統治の困難さも増加する。同様に、世界各地いたる所に収入格差があるが、制度的に不健全な発展途上国においては、識字率が高く、外界と接触する機会の比較的多い都市階層、特に喪失感や挫折感が最も強烈な失業者や低所得層の人々は、各種の要因（例えば上層における腐敗現象）によって作り出された不満感情が容易に表面化し、さらに社会的トラブルをもたらす。要するに、対外開放の程度、経済成長の速度および社会的不安定の間には、複雑な函数関係が存在するのである。この関係は、経済グローバル化の段階の相違、各国が実現している近代化の時期的相違等により、異なった現われ方をする。そして急速に変化する発展途上国は、「曲線」の波動がしばしば最も激しくなるのである。(1)

したがって、グローバル化は自然に一つの政治過程として現われる。ここでの「政治」は、最も広い意味で用いている。すなわち、政府の運営や政府上層部における権力闘争、政治家の演説等にとどまらず、発展戦略の設定、社会矛盾の処理、チャンスと挑戦の判断、開放のタイム・スケジュールとスタート時期等の政策決定内容等をも含んでいる。グローバルな経済一体化の趨勢は日に日に強まっており、それによって各国の社会には起伏、動揺が起こり、グローバル化時代の国民国家の政治は、旧来の議事日程を調整もしくは変更せざるを得なくなり、以前にはなかった多くの中身を充実せざるを得ないのである。例えば、一つの国家が開放的で一体化に向かいつつある国際環境に身を置くとき、この国家の政策決定者層およびその戦略は、近代化と市場化が同時にもたらす潜在的な利益と起こりうる混乱とに対して十分な準備ができるか否か。この社会が急速な「テイクオフ〔離陸〕」段階に入り始めた時、この社会の主体(多数の政治家、知識人、民衆)は一種の新しい均衡、安定、安全に対する共通認識を持っているか、あるいはそれらが形成途上にあるかどうか。必要なとき、もしくは時機が熟したとき、政策決定者層が大胆に政治体制改革を推進しうるかどうか、経済改革の推進、社会階層の再編過程、政治近代化等の進展状況が不揃いであったり不均衡であったりするという難題を解決できるかどうか。また、経済グローバル化が民族工業を破産に瀕せしめたとき、その国家の政府は、消費者がより多くの利益を獲得する一方でさらに重大な失業がでるという二重の結果を同時に受け入れられるか否か。階層間および地方間で収入格差が急激に拡大するとき（合理的なこともあれば、完全には合理的でないこともある）、新たな矛盾が急激に突出するとき、多数の人々および政策決定者層は落ち着いた、自信を持った心理状態を保持し続けることができるか否か。生態系環境の保護が日増しに国際的に声高に叫ばれるようになっているとき、いまや発展しようとしている国家（あるいは発展目標を優先させている国家）は、いわゆる「持続可能な発展」の問題にどのように対処しようとするか。新しい、かつて遭遇したことのないトラブル（情報の大量流入、国境の役割低下、地方主義の氾濫）に直面したとき、国際協力および国際制度が伝統的な国民国家の主権範囲の制限を要求しているとき、いかにして必要な「融合」と「参加」を保証すると同時に、国益と主権を堅持し国家の安全と尊厳を護るか。以上のような一連の「政治」問題は、グローバル化という全体的な趨勢の下で、明らかに伝統的な閉鎖的で内向きの時代とは異なる意味内容と特徴を備えている。また、つぎの点にも注意しなければならない。すなわち、政治体制改革と国家の対外戦略との不断の調整は、世界の発展していない地域、発展途上の地域、比較的発展した地域のすべてで発生するもので、いかなる国家といえども（最も強力な超大国を含めて）、「不変をもって万変に応じる」ことはできないということである。ただし、発展途上国にとっては――完全に閉鎖している国家やより発展している国家に比べて――、この問題は独特の困難さと動揺とを伴うものである。このような国は、より多層な性質の異なった問題に同時に対応しなければならない。例えば、「社会構造の高度化と体制転換」、「政治改革と社会の安定」、「効率増進と公平の保持」、「経済発展と環境の保護」、「国際社会への融合と干渉主義への反対」、「国民国家の世界化と文明の土着化」等、一定の矛盾を持った異なる戦略目標の間、需要供給と資源配分計画との間で、限られた資源と経験、制度的不備、時間的制約等の条件下、きわめて困難な選択とバランス保持をしなければならない。

要するに、グローバル化は一つの複雑な歴史過程であり、世界現代化の最新段階である。これは各国に「諸刃の剣」を送りつけてくる。茨を切り開くこともできるが、自らを傷つけるかもしれないのである。

グローバル化時代の国内政治

一九九七年七月以降、通貨金融に関する暴風が、東南アジア新興工業国家を席巻した。これは、その後北東アジアのいくつかの工業国家にも重大な悪影響を与えた。非常に短い時間の間に、タイ、インドネシアなど東南アジア諸国および韓国、日本、台湾、香港などが、程度は異なるが衝撃を受け、軽いところでも通貨切り下げ、銀行の再編、民衆の生活水準の低下などを余儀なくされ、重いところでは、国際通貨基金（ＩＭＦ）をはじめとした国際組織やアメリカなど西側諸国の援助を求めざるを得なくなった。最も重いところでは、国民経済が数十年分後戻りするという結果を招いた。

この暴風およびその結果については、異なった角度、異なった専門から、様々な評論を行うことができる。これはまさに現代のグローバル化過程の深い影響の一部分である。世界全体の状況から観察するならば、それは発展途上国の中で経済成長の最も早い国々の存在それ自体が持つ構造的欠陥を暴露したものに他ならない。

アジア通貨金融危機は、当然にもまず一つの経済的現象であり、経済グローバル化時代においてのみ出現しうる経済現象であった。およそあらゆる人が正しく指摘したように、タイ、マレーシアなどの東南アジア諸国が危機の期間に不安定化したのは、ソロスに代表される国際投機資本集団の金融投機活動に起因するものである。しかし、一部の人が指摘し忘れているのは、国際投機資本集団が成功したのは、「投」ずるべき「機」があり、投機の対象となった国自身に重大な問題があったからだということである。多くの人が注目していないのは、不安定と挫折は、まさにここ数十年間で最も経済成長が早く、しかし、深層における構造的問題が重視されず解決されないできた東アジア地域の国家で起こったということである。これらの国家は、欧州以外の発展した国家であって、最も停滞していた国ではなかった。この点は深長な意味を含んでいる。

国際投機資本は、真に「グローバル化」している。はなはだしい場合には、出身国あるいは所属国がよくわからない。しかし、世界貿易機関（ＷＴＯ）などの権威ある組織の推計によれば、世界各地に存在し自由に流動している金融市場資本として、二〇兆米ドル以上の銀行資産があり、二兆ドル以上の保険費用と一兆二〇〇〇億ドル以上の日常的外貨取引額があり、そのうちの相当部分は、国際投機資本集団から直接もしくは間接に操縦されている。(2) この種の実力は、普通の国家が太刀打ちすべくもない膨大な国際投機資本およびその他の遊休資金で、一刻として「資本の最大収益」という目標を追求していない時はないのである。投機者はある国の債務が返済期日に達する前に、まず大量に短期資金を調達し、ついで大量にその国の通貨を投げ売りする（資金の国外逃避である）。その国が十分な外貨準備を持っていなければ、必然的に為替レートが下がる。投機者は保有する債務から収益を得た後に、さらに物価上昇を待つことができるのである。借金返済の時期が来たら投機者は帳簿上は莫大な金額を返済するが、返済する金は借り入れ時よりも実質的には少なく、通貨膨張前に金を借りた人は、ここで座して第二次の暴利を得ることができる。その国の銀行、企業が破産した後には安く買収して、またも不義の財を得るのである。この種の投機をする「コツ」は、各種の債務の返済期限を掌握した上で、為替レートと通貨膨張という変動の二重の要素を利用して、暴利をむさぼることである。

何故に、（例えば）米国のような「富んだ極」あるいはミャンマーのような「貧しい極」でなく、タイ、インドネシア、韓国などのアジア太平洋地域の「経済スター」がきわめて容易に国際資本集団の犠牲になったのであろうか。金融領域だけに限って観察すれば、国際遊休資金のターゲットとなった国には、通常以下のような特徴がある。これらの国は債務が多く、特に短期債務の比重が大きい。これらの国は金融構造が不健全で、銀行系統が不当に膨張しており、大量の焦げ付き債権、不良債権があり、資金回転が円滑でない。短期債務が多くなりがちで、外部勢力に当事国の資金を使ってその国での賭博的な投機をやられやすい。十分な外貨準備がなく、為替相場が大きく変動しやすい。これに対し、もしもある国にいささかも外債がないのなら、為替レートがどのように調整されようとも、金融投機集団は何の興味も持たないであろう。もしも債務構造が合理的で、長期・短期の配分も適切で、近日期限が到来する債務も少ないならば、やはり投機筋は簡単に手を出すことができない。もしもある国の銀行系統が十分な準備金を持ち、不良債権の比率も高くなく、いつなんどき顧客が預金を引き出しに来ても自由に対応できるならば、投機集団は付け入る隙がないであろう。もしもある国家が完全な金融システムを持ち、十分な専門的人材がいて、金融過程を管理・監督していれば、外国投機資本も慎重にならざるを得ないであろう。(3) これらの「もしも」は、この危機の持つ一種の必然性を明らかにするものである。

タイと韓国は好例である。一九八〇年代から九〇年代のタイ経済は、毎年八%を超える成長率を有し、アジアの奇跡の「五番目の小さい虎」だと見なされていた。経済の開放と外資吸収の過程で、タイは潜在的な問題とリスクを軽視していた。その投資構造は非生産投資と不動産投資に偏り、輸出能力の向上は緩慢であったし、基礎研究と教育は重大な滞りを見せていた。特に対外債務総額は外貨準備高を大幅に超えており、短期対外債務が大きな比重を占めていた。一九九七年六月危機の爆発前、タイの対外債務は六六〇億米ドルで、外貨準備高の二・五倍であり、そのうちの四四四億は短期対外債務であった。銀行の監督部門は不健全であり、金融制度にはしかるべき管理人材が不足していた。この年の七月以降、国際金融資本の投機的売買により、外資は国外逃避し、同時に大量のバーツを投げ売りした。タイ中央銀行は企業の圧力の下で、極力為替相場を維持しようとし、きわめて短い期間に外貨準備をすべて使い切ってしまった。最後には相場固守を放棄せざるを得なくなり、相場は五〇%以上下落した(すなわち、債務は事実上二倍以上の額で償還する羽目になった)。大量の企業が倒産閉鎖し、労働者は失業し、経済は全面的に崩壊した。

韓国経済は、タイに比べればずっと発達していたが、構造上は類似の問題を抱えていた。例えば、多くの銀行は貸し付け過多で準備金はきわめて不足していた。多くの大企業は盲目的に生産を拡大し、無制限に借金をしていた。金融機構の対企業融資中、焦げ付き債権、不良債権の比率がきわめて高く、政府の長期優遇政策と保護措置は、金融監督機構を有名無実にしていた。一九九八年初までに、韓国の外債は一七〇〇億米ドルを超え、一九九七年一二月から一九九八年三月までの間だけで、返済時期の来た外債は二四〇億米ドルに達した。その後一二カ月内にそのほかに一〇〇〇億米ドルの短期債務があった。しかし、国家の外貨はこの時期にすべてを合わせても二二〇億米ドル強しかなかった。暴風が襲ったときに、政府は闘いながらも後退し、ついには一般民衆が手元に蓄積していたわずかな外貨をもすべて供出させたが、当然うまくことが運ぶわけはなく、国家の外貨準備はすべて使い尽くすにいたった。(4) 政府がもはや為替相場を固守できないと宣言すると、韓国ウォンは一気に暴落し、数週間の内に四〇%下落した。突然増加した債務圧力の下で、銀行系統は麻痺し、株式市場、不動産市場は混乱し、経済的成果のうち「バブル成分」は急速に消失し、韓国経済は国内総生産（GDP）世界一一位から一気に二〇位以下にまで転落した。

以上は、資本のグローバル化がもたらす結果の一部を論じたにすぎない。グローバル化は、さらに製造業とその生産品のグローバル化、貿易と投資のグローバル化、多国籍企業のグローバル化、広告・情報および情報産業等のグローバル化、その他多くの領域に影響を及ぼしている。十分明らかなように、アジア通貨金融危機の範囲があのように広く、程度があのように深かった原因は、通貨金融方面だけにあるのではない。たとえ純粋に経済的な角度から見たとしても、金融システムの欠陥よりもはるかに重大な問題がある。考えてみれば、企業はなぜひたすら金を借りるのか。銀行はなぜひたすら金を貸すのか。政府はなぜ企業・銀行の拡張を奨励するのか。なぜ明らかに使われていない不動産が売れ残ったままになり、企業の借金は回収できないのか。銀行の不良債権はあんなに多いのに、なぜ政府、大企業、大銀行は、まだまだ多くの「巨大計画」を公表するのか。これらの国家では、経済学者がいう景気と不況の循環がなぜあのようにはっきりと見られるのか。

仔細に考えてみると、以上は国家の「追いつき追い越せ」戦略と近代性の追求、政府が長期的に実行している「傾斜式投資」およびその理論的根拠、そして政策決定者層や戦略思想家たちの国民生活に対する考慮、近年における政治的正統性根拠の変化と政府のイメージづくり、一般人から専門家までが国際金融ゲームのルールに無知なこと、国際市場におけるコストとベネフィットのバランスが狂っていること、新古典派経済学理論のミスリードなどが関係している可能性がある。経済学者は当然多くの分析を出してくるが、本章で説明しているように、問題は経済領域だけではない。

社会学的な角度から研究すると、アジアの一部の国家は既に重大な経済危機と深刻な社会危機を経験してきている。これらはグローバル化の異なった側面を反映するものである。世界の多くの地域と異なって、多くの東南アジア諸国および北東アジア諸国の政治的正統性と政府の威信は、この一〇〜二〇年間において、以前とははっきり異なった基礎の上に立てられている。過去の政府は、ずっと国民生活問題を解決できず（外部的条件によろうと自分自身の原因によろうと）、ずっと民衆と社会の信任を得られずに来た。しかし、近年これらの国家は経済の繁栄で名声を博し、欧米が一世紀かけてやっと実現した経済発展を、ほぼ一世代の間に実現した。例えば、金融危機爆発前の韓国の一人あたり国内総生産(GDP)は、既に一万米ドルを超えていたが、一九六〇年代初めには、わずかに一〇〇米ドル程度であった。インドネシアでは、この二つの数字が一〇〇〇対六〇であった。グローバル化、およびグローバル化と各国との「レール接合」がなければ、これらの国家の経済成果は実現できなかった、といってもいいであろう。それら諸国の政府とその政策は、自国経済を国際経済の開放過程に参入させ、これによって造成された利点を十分享受し、次第に民衆の心の中のイメージを好転させることができたのであった。

特にインドネシア、タイ、韓国などは、独裁的軍事政権から民選文民政権に向かう過程において、緊張した政治転換を速い経済成長で促進し、維持してきた。それぞれの政府とその時の指導者は、あらゆる努力をして自分たちの任期内に前任者の時代よりさらに高い成長目標を実現し、その成果が社会から評価されるようにつとめた。社会と民衆も意識しないうちに経済景気に吸い寄せられ、突然膨張した個人的財富と国家の能力に陶酔させられた。経済利益の急速な増加状況の下で、彼らは官僚の腐敗や、情実によって一般個人の権利を制限するような行為を容認したし、一定程度までは成金や巨大な収入格差現象等を容認したのであった。多くの社会階層は、未来に対してますます高くて必ずしも合理的でない期待を抱くにいたり、事実上「企業の無限拡張」、「銀行の盲目的な融資」、「政府の長期見通しの正しさ」といった、後になると非難されるような現象を奨励していたのである。

経済の高度成長と同時に、危機の要因も蓄積されていた。一定時間後に適当な「導火線」に遭遇すれば、すぐに爆発する状態になり得た。これは誰もがみな知っている話である。為替相場が暴落すれば、株式市場も暴落する。国家の対外債務問題は突然重大問題となり、一般人の預金は貨幣価値の暴落により一夜にして半分さらにはそれ以上に減ってしまった。物価は逆に高騰し、経済奇跡が作り出した「中産階級」は、見る間に「無産階級」に転落した。さらに多くの労働者・職員は不景気のために失業もしくは半失業してしまい、各種の社会矛盾が直ちにきわめて突出した問題となった。例えば、推計によると東南アジアの多くの国と韓国では、多くのプロジェクトが取り消しもしくは延期となり、多くの企業と銀行は既に破産したか、破産を申請した。タイだけで危機後の一年間に一〇〇万人以上が失業したし、韓国でも無数のホワイトカラー職員が「リストラ」を余儀なくされ、インドネシアでは一九九八年の失業総数が史上最高となった。

貧窮だけならばともかく、さらに重大なのは、人々の挫折感であった。多くの人は今まで経済不況を経験したことがなかったし、自国経済が外部からの巨大な圧力にさらされたり、国際組織の厳しい干渉にあったりするという事態は考えたこともなかった。社会は直ちに動揺と不安にさらされ、いたる所に怨嗟《えんさ》の声が満ち、恨みが天を突いた。元々から存在した、政府の発展戦略に対する異論、官僚の腐敗に対する不満、豊かな人や成金に対する嫉妬の念、政治家の約束に対する疑念、外国勢力に対する批判、異なる種族に対する根深い敵意などは、すべて水面下にあったものが表面化するようになり、小さな恨みが強烈な不満に転化し、通貨金融危機によって大きな打撃を受けた諸国家にとって新たな危機の源泉となったのであった。タイでは危機は数度の政権崩壊と政権交代をもたらしたし、韓国では、金泳三大統領の支持率が一九九八年の退任以前に、就任以来の最低にまで下がった。持続する経済危機は、金大中大統領にも深刻な影響を与えた。最も深刻な危機は、インドネシアで発生した。スハルト大統領と彼の後任者のハビビは蔓延する騒乱を前にして退任せざるを得なかったし、相当な民衆の支持を得ていたワヒド大統領でさえも、最後には任期終了前に辞任を迫られたのであった。

これらの国家からは、先に分析したグローバル化の「諸刃の剣」の影響を容易に見ることができる。国内経済の国際化は、国民経済を新たな次元に引き上げたのみならず、新興部門・業種を新たな「地雷原」に引っ張り込んだのであった。金融通貨領域は、伝統的な農業や製造業に比べると、国家にとっても個人にとってもずっと大きくずっと手っ取り早く利益を創造させたが、反面はるかに恐るべき、耳を覆うまもない速さで雷が襲って来る危険をもたらした。近代化した政府は自国の貧困を解決するに当たって、多大な努力を注いで情報を封鎖し愚民化を試み、巨大な成果を収めたが、これらの努力は同時に社会と民衆の新しい満足させにくい期待を増加させてしまい、マクロなコントロールをいっそう困難なものにした。経済成長が生み出す比較的単純な需要は、成長と同時に公平さを求めるという、より複雑な要求に変化した。

貧困を処理するという単一の課題は、二重の目標（旧来の貧困問題と、富裕化した後に起こる再貧困化による挫折感の問題）を同時に処理しなければならなくなっていった。社会構造の変化と各階級・階層の再編成は、グローバル化、国際化、情報化の条件下で、巨大な創造力を解放したのみならず、巨大な破壊力をも解放した。これは社会の前進の一つの新しい段階であった。それは伝統的閉鎖時代を超越するものとして重大であったが、より発展した地域との間に未だに残る明白な格差を暴露するものでもあった。この時代はまた、曲折して進む困難な時代であり、さらに一面に地雷が敷設してある地帯を通らなければならないかもしれないのである。これらの発展途上国が、重大な社会的動揺と経済危機を経験した後、回復期と上昇期を迎えるか、それとも暫時（あるいは長期）の停滞と後退に見舞われるかは、きわめて判断しがたいことである。

政治学の角度から透視すれば、ここで議論しているアジア金融危機は当然一種の政治危機である。すなわち、グローバル化の条件下における発展途上国の政治戦略、政府の危機への対応能力および政治家の知謀・胆力・識見に対する厳しい試練なのである。第一に、ここには経済全体の発展戦略を新たに設計し直すという問題が存在する。理論的にいえば、これは国家の最高政策決定の内容に関する問題であり、現実から見れば、一部の発展途上国が、この種の設計の一部を外部勢力（例えばＩＭＦ）に任せざるを得なくなるという問題である。したがって、ここでは次の二つの事柄の関係を適切に把握する必要がある。すなわち、一方で急いで外部の援助（特に資金と金融監督に関する援助）を獲得することであり、他方で必要な主権に関わる権利を保持することである。周知のように、ＩＭＦは、最も危険が迫っているタイ、韓国、インドネシアに千余億米ドルの援助供与を承諾したが、その前提条件は、これらの国家がＩＭＦの処方箋、すなわち全面的経済改革案を受け入れることであった。その主要内容は、マクロ経済の全面的緊縮（インフレ率と経済成長率の抑制、財政予算の削減、通貨供給総量の抑制と利率の引き上げ等)、さらなる対外開放(輸入関税の引き下げ、外国投資者に対する自国金融市場への参加制限の緩和、外国資本による自国銀行の買収の許可等)、金融システムの重点改革(銀行法の改正、金融監督力の強化、一部金融機関の閉鎖、不良債権比率の大幅な削減、商業銀行に対する融資と準備金の比率の国際基準達成要求等)である。これは正に「ハード・ランディング」である。[5] その焦点はきわめてはっきりと絞られており、その援助額は少なくない。しかし他方で、多くの人が見るように、「強い薬」は同時に不可避的に副作用を伴う。主要な問題は、他人がどんな処方を出せるかということではなく、薬の服用者の身体状況である。

これは、「政治危機」概念のもう一つの含意に関わってくる。「政治指導能力と民衆の信頼感」の問題である。[6] 経験が示すところでは、金融危機爆発の過程においてきわめて重要な出来事は為替相場の崩壊であった。すなわち、銀行がまだ通常のレートで外貨と自国通貨との兌換に応じることが可能であったとしても、人心がひとたび動揺して自国通貨をひたすら投げ売りするようになったら、真の崩壊が到来してしまうのである。これは実際上信頼感の問題である。資源、資本、経済水準が同様であっても、信頼感を保持している社会と信頼感が欠如している社会とでは、まったく違った状態になりうるのである。マレーシアとタイの対比が一つの例となりうるであろう。社会的信頼感の有無は、政治指導力の強弱と切り離せない。同じ危機に陥った国家であっても、社会の信頼感と政治指導の状態によって、危機の泥沼から抜け出すタイム・スケジュールがはっきりと異なってくる。

韓国とインドネシアの対比がもう一つの典型例になろう。政治指導が堅固で強力であるかどうかは、長期戦略の取捨選択（例えば、いつ金融自由化の過程に入るか、いつ低効率な国有企業の民営化に入るか、いつ自国通貨と国際的ハード・カレンシーとのリンクに入るか等々）に現われるものである。それはまた、アジアの現在の状況下、特に近代化の需要に不適合な官僚システム、政府システムおよび（広義の）政治システムに対する大胆で長期的視野に立った改革に見ることができる。今日韓国人がいかに前大統領の金泳三を批判しようとも、彼が政権担当の初期に断行した大規模な政治改革によって、この国の政治近代化過程がきわめて大きく推進したことを世人は承知している。経験の示すように、改革の遂行は社会のコンセンサスや支持と不可分である。さらには社会のコンセンサスが成立することと政府の改革措置に対する民衆の支持があること、および民衆にとって当面する改革過程と分配過程における公平性があるかどうかが関連しているのである。もしも政治家と政府が、危機に当たって民衆に犠牲を強いるだけで、自分だけは「出血」を避けようとしたり、あるいは明らかに不良な構造を改造しようとしないなら、民衆の支持を得ることはきわめて困難になる。仮に一時的に支持されても長続きはしない。

以上の検討から導かれる私の結論は、一つの国家がグローバル化の条件下で自国の政治的安定（経済成長だけでなく、社会の安寧保持や政局の安定も）を不断に増強しようと思えば、長期的な視野、巧みな戦略、大胆な改革、経済・社会・政治体制の「三位一体」的統合、協調、そして時代の進歩性への適合が必要であるということである。

民主化過程と国際紛争——もう一つの視角

前述したように、一九九七年の金融危機の発生した地域、例えばインドネシアなどの国では、経済が急速に成長し、同時に政治的にも加速度的に民主化していた。これらは経済が衰退したり、停滞している国家ではなかった。この点は考えさせられるものがある。民主主義は進歩する現代政治を代表する一つの発展方向であり、追求する価値があることは疑問の余地が無い。しかし、民主化の過程は田園詩のように美しいだけではなく、矛盾と闘争が充満し、不安定なことが多く、時には戦争さえ起こるのである。現代世界では、民主化は往々にして不安定な近代化を伴う。さらには一部の研究者は、国際間の紛争は往々にして国家の体制変革や体制移行との間にある種の関連があるということを発見した。例えば、二人の米国人学者は、一八一一年から一九八〇年の間の国際戦争に対して統計分析を行い、政権の性質（独裁的、民主的、両者の混合型）と戦争の起こる頻度を観察した。彼らが発見したところによれば、民主化過程にある国家——独裁制から民主制への移行であろうが、混合型から民主制への移行であろうが、独裁制から混合型への移行であろうが——は、比較的変化の少ない国家（発達した民主国家あるいは高度に集権的な独裁政権）に比べてより戦争を起こしやすい傾向があった。これはきわめて注目に値する。

著者たちは次のように報告している。「我々は民主化を一個の漸進的な過程であって、突発的な変化ではないと見ている。民主制と戦争の関連を測定するとき、三年、五年、一〇年という時期区分を採用して、民主化へ向かっている国家とその他の類型の国家とが対外的に戦争をする可能性について比較を行った。測定の結果明瞭に示されたのは、民主化の過渡期にある国家は、そのような変化を経験していない国家に比べて、より好戦的であるということであった。このような対応関係は、中長期でも、さらには長期（一〇年）ではなおさら明確であった。いかなる任意の一〇年間でも、なんの変化も経験していない政権の場合、およそ六分の一しか戦争を行う機会を持たなかった。民主化を達成した後の一〇年間に同じ国家が戦争を行う可能性は四分の一であった。民主化の内容によって分類して観察しても、ほぼ類似の結論がでた。例えば、主要な政府指導者の選出過程がより〔広範な社会層に〕開放されると、戦争の可能性は平均二倍になった。政治参加の競争性が増大したり、国家の主要指導者に対する制約が増大したりすると、戦争の可能性はそれぞれ九〇%、三五%増大した。民主化の過程が大衆の政治参加の最盛期に到達した事例を分析すると、測定結果はさらに驚くべきものになった。混合型政権に比べて、混合型から民主制に移行した国家が戦争に巻き込まれる可能性は五〇%高くなった。それ以外の国民国家が戦争する可能性に比べても三分の二高くなった。完全な独裁制から高水準の民主制に移行した国家を見ると、この対比は最も顕著になる。未だに独裁的な国家に比べると、この種の国家が戦争に巻き込まれる可能性は平均三分の二高くなるし、それ以外のすべての国家との比較では、平均五〇%高くなる。いかなる政治体制改革も経験したことのない国家と比べ、平均していえば、独裁の方向へ変化した政権が戦争を作り出す可能性は増加するが、それでも民主制の方向へ変化した場合より、可能性は少ないのである。[7]」

この報告はきわめて興味深く、特に一般の人が発想を豊かにする助けになるであろう。外部要因は措くとして、同報告は現代に見られる多くの紛争が不安定で起伏の多い過渡期の社会、特に民主制に向かう過渡期の社会に発していることを示している。多くの人にとっては、この結論は意外に思われるだろう。しかし詳細に見てみると、これは経験的事実と論理的推測とに符合している。容易にわかることだが、経済と社会が高度に発展している国家（欧米のような地域）では、政治的に安定し、人民の生活水準も比較的高い場合、開戦しようという欲求は極めて低い。これと正反対に貧しく、閉鎖的で専制にこり固まった社会（アフリカの一部の部族国家など）では、外部からの情報がきわめて少なく、内部では変化への活力が無く、指導者は守旧的であり、外部との交流に際しても主導性や攻撃性が少なく、したがって、一般に自分から戦争を挑発する可能性は低い。真に危険で不確定な紛争地帯は、事実上も論理上も上記の二者の中間にある、ある特定の目標に向かって変化し転換しつつある社会（国家）でしかあり得ないのである。

国際政治学者は既に、近代化と安定性（あるいは紛争）との関係について、大量の深い研究を行っている[8]。まず経済と社会の近代化の結果について、人々は経済発展水準と政治的不安定との関係は、富と公平さの関係と同様に、一種のU字型曲線を描く関係であることに注目している。最も重大な不安定状態は一般に中程度の発展水準と相関している。例えば、識字率が最高の国家（九〇％以上）と最低の国家（一〇％以下）の不安定程度はともに識字率が中程度の国家より低い。都市化、識字率、教育およびコミュニケーション・メディアに接触する度合いが向上すれば、人々の願望と期待も向上する。これらの願望と期待が満たされないとき、それに刺激された個人と集団は政治に身を投ずることになるのである。強力で即応性に富んだ政治体制が存在しない状況下では、政治参加意識の増大は混乱と暴力を引き起こしやすい。内戦がいったん外部にあふれ出すと、隣国および地域全体の安寧と秩序に危険が及び、国家間紛争あるいは国際干渉型の戦争を引き起こしやすい。発展していない国家と地域において、主要都市の生活水準は農村の数倍に達するのに、都市が常に動乱と暴動の中心になるのは何故かについても、同様の理屈で解釈することが可能である。政治的不安定と内乱は一般には経済と社会の近代化の結果である。ある種の状況下では、単純な経済成長は安定状態を破壊する。都市以外の一部の地方では、成長の緩慢化あるいは停止は失望や不満感情を作り出す。多くの国家の近代化はきわめて明白に個人間、地域間、民族間の貧富の格差を拡大する。これが社会的安定にプラスにならないことは当然である。経済成長と社会の発展は国家の安定の前提であり、最終解決の道である。しかし一定の時期、一定の段階において、これらはかえって安定を破壊し、不満と緊張を造成する。しかも、静態的に見ようと動態的に見ようと、近代化推進の速度が速くなるほど、政治動乱の可能性はますます深刻になるのである。政府と社会、政治と経済、工業化と福祉化の間で相互に緊張した関係がある場合、妥当なやり方で近代化を推進する能力を持っている国家は、最終的に創造的な転換を完成し、繁栄と安定の曙光を迎えることができるかもしれない。これらの関係をうまく処理できない国家は、困難な泥沼に落ち込み、国内の社会と政治を長期にわたって動乱状態に留まらせてしまうかもしれない。この種の危機に陥った指導者が、対外挑発と戦争の手段を取って民衆の視線を逸らし社会の圧力を軽減しようとすることが、これまでの歴史の中にしばしば見られた。国家間の紛争はしばしばこのようにして発生するのである。

近代化は当然にも政治的内容を包含している。一般にこれは法制の権威、大衆政治参加の制度化、権力機関が監督を受け相互牽制する民主体制の建設を指している。現代の国際政治の実践が証明しているように、民主化と政治近代化の過程は、経済近代化の場合と同様に矛盾と緊張関係が充満している。しかも、特定の時期において、民主化が速くなればなるほど、権力闘争はますます表面に現われるようになり、社会の遭遇する動揺はますます激しくなり、内戦と対外戦争の可能性はますます増大する。ある場合には、社会内部にもとから存在した民族ショービニズム感情がますます発散されやすくなる。ユーゴや旧ソ連・東欧の例が典型的である。いわゆるチトーの「専制時代」(建国から一九八〇年まで)には、ユーゴの各種民族主義思潮は、萌芽状態のまま抑制されてきた。各加盟共和国や自治州は相互に平等で協力しており、戦争が発生しなかったのみならず、矛盾や摩擦を引き起こしかねない争論は非合法と見られていた。しかし、あの鉄腕チトーが死去してから、特にソ連の解体以来、ユーゴの政治は、元来存在した束縛から解き放たれ、各種の要因が交じり合って作用してしまった結果、現代世界でも最も重大な国家分裂過程が生じてしまった。ロシアでも類似の状況が生じた。エリツィンは、急速な民主化・市場化推進のもたらした各種矛盾を解決するのに、在任期間中ずっと悩まされた。

研究の示すところでは、政治の民主化と近代化の過程は、人々に新しい活動様式、政治的願望、批判の尺度をもたらす。新しい事態は、観念の上でも行動の上でも伝統イデオロギーによる障碍を打破したが、過渡期型社会はこれらの新しい渇望を満足させる能力を欠いており、需要の増加と需要の充足との間のギャップを作り出し、その結果様々な不満と緊張関係を引き起こすに至った。特に多民族、多宗教をかかえる国家ではそうであった。これは、過渡期の国内・国際紛争を生み出す土壌となり、処理を間違えれば各種の社会矛盾、動乱を助長し、はなはだしくは国家間の緊張を誘発した。ハンティントン教授は巧みに概括している。「事実上、近代性は安定を育んだ。しかし、近代化の過程は動乱を育んだ。(9)」これは現代政治学の一つの重要な指摘である。それはグローバル化に対する我々の認識をさらに深め、アジア金融危機の特殊な歴史背景を別の角度から観察することを可能にした。ある種の国家もしくは地域はまさに同時的に、経済上、政治上の転換期、国内の種々の民族関係・宗教関係の緊張と調整の時期、全体的には向上しながらも、かなりゆっくりとした「登坂」段階にある。このような国家および地域において、内外からの様々な圧力により、国内の緊張関係と民族矛盾が、対外関係において強烈な反発を作り出したり、他の激烈なやり方によって外に溢れ出したりするという可能性は排除できない。

グローバル化時代の国際関係——変革と矛盾

グローバル化時代の到来は、各国内部の統治過程に一連の課題をもたらしただけではなく、国際関係にも多くの含意ある深遠な変化を作り出している。この変化は国際関係の各種の行為者に不断の調整を迫るとともに、国際関係の各種理論の絶えざる修正を促している。

一九九七年のアジア金融危機において、経済の国際化・一体化を進める多くの要因が既に余すところなく明らかにされている。それらは元々存在していた国家間関係およびそれによって樹立された国際関係に衝撃を与え、挑戦している。例えば、巨額の資金が国境を越えて迅速に流動し、市場競争の法則と利潤の法則に従って地点、対象、機会を選択して、以前の民族、領土、主権によって区分された経済実体およびその運行法則を打破した。金融市場の範囲は急激に拡大したし、各種の金融派生手段が大量に出現して、無数の新しい金儲けの機会と新しいリスクとを作り出した。為替相場の変動はより頻繁になり、世界の経済・貿易に対して中枢的な、ときには決定的な作用を果たすだけでなく、国民国家の経済成長状態と安定度の「バロメーター」ともなった。日々成長する国際貿易は、ますます多くが中短期の投資に従事する金融機関を通じて行われ、金融業は伝統的業種（製造業、養殖業、鉱山業等）に対し重要性が不断に上昇しており、国民国家の指導者が自国の発展目標を確定するとき新しい国際標準に狙いを定めざるを得なくさせている。情報産業と電子技術およびそのネットワークは、経済成長、国力増強に対し、政府の意志や国際的変動に関する情報を伝達したり政治指導者の信望（および風格）を弱めたり強化したりすること等に対し、さらに重要性を高める方向に変化している。輸出入や資金の掌握は、国を強くし民を豊かにする主要手段の一つになり、また当面の急務になった。各国は安定した通貨を利用して貿易促進を求め、また赤字予算に頼って資金を捻出しようと試み、実際に行うのはしばしば矛盾する二者の結合であった。結果として、発展の速い国家ほど、好むと好まざるとにかかわらず、自覚するか否かにかかわらず、ますます自己と国際通貨金融メカニズムとの結合を強めるようになる。チャンスとリスクが同量で併存する。あらゆる開放型、半開放型の経済は、みなより強大になるように見え、あるいはより脆弱になるようにも見える。前者は成長がより速く進むことや内実を伴った近代化が進むことを意味し、後者は外部情報の効果により敏感になることや国際的な衝撃の波をより頻繁に受けることを意味している。だが最もよく問題を説明できるのは、たとえ衝撃を受けにくい状態であろうとも完全に閉鎖的な後進状態に戻りたいと願う国家はほとんどないということである。グローバル化とはまず第一にそして最も有力には、地域経済がグループ化され、一体化に向かうということに表現される。各国経済は「連鎖化」に向かっているのである。すなわち、一方においては、「景気圏」内にある経済実体は容易に連動しあって成長する。「圏外」の経済実体は、時として繰り返し大きな努力をしても思うとおりにはならない。他方で、「圏内」についていえば、みな一緒に繁栄し、みな一緒に損をするということになる。経済の成長と国際化と同時に、構造的な失業が日増しにグローバルな現象になる。もっとも、危機の時に特に明らかであるが、先進国と発展途上国では失業の意味が異なる。先進国では失業の深刻化は福祉国家としての過重負担をもたらし、発展途上世界では失業の深刻化は社会的動乱を醸成する。アジア、アフリカ、ラテンアメリカの多くの新興工業国は、経済の「テイクオフ」に当たって外国貿易、対外債務に依存する度合いがきわめて高いが、経済危機も同様に貿易および対外債務の構造に淵源をもつ場合がきわめて多い。「テイクオフ」は、国際経済上の地位を上昇させることが多いが、危機はその地位を簡単に下落させる。経済グローバル化が「段階性」を持つことは次第に明らかになってきたが、異なる地域と国家で、背景と条件の違いから次のような段階的漸進過程が現れる。「閉鎖的な農業主導経済」→「半閉鎖的な農工業主導経済」→「開放初期の農工業主導経済」→「開放過程の工業／金融主導経済」→「発展し国際化した金融／情報主導経済」である。この過程、特に産業構造の変化を伴う「工業／金融段階」は、ほとんどすべての後発工業化国家が異なる程度で経由し、異なる形態の危機を経験し、一定の代価を支払っている。ある国家は暫時敗退し、別のある国家は成功し突出する。アジア金融危機は、中国を含む多くの発展途上国にとって、深刻な教訓をもたらした。金融システムの改革、国内経済構造の再検討と再組織がますます多くの地方で当面の急務になっているのである。

もちろん、グローバル化のプロセスは、経済的側面だけに現われるものではない。本章で繰り返し強調した主要論点の一つは、グローバル化は経済発展モデルの比較競争および各国優勝劣敗のグローバルなプロセスであるが、同時に社会関係や矛盾が類似したものに収斂していくグローバルな過程であり、政治変革への圧力と政治戦略調整のグローバル化過程であり、国際規則の普及推進と国際関係が重なり合って形成されるグローバル化の過程でもある、ということである。例えば、IMFとそれに類似する世界銀行、アジア開発銀行（ADB）などの国際金融管理機構およびソロスのような個人的国際投機資本（これも「NGO」の一種だといえる）が、各国の経済改革プランや危機を解決する出口に対して、あるいは地域的ないし地球的規模の経済・貿易活動に対し、日増しに重要な主導作用を果たしている。それらの行為と規則はより大きな物議を醸し、それらに対する世人と各国のより大きな関心を引き起こしている。これはグローバル化時代の国民国家と国際組織（および各種の非政府組織）の役割が変化し交代していく顕著な現象である。アジア金融危機の処理過程においてIMFは、援助を発動し実行過程を組織しプランを設計し全面改革を押し進める「救世主」の役割を果たした。それが提出した各種要求は、援助の性質を備えるのに留まらず、複雑な構造にメスを入れる改造と長期の戦略調整の任務にも関わった。IMF自体のほか、世界銀行、ADB、米国財務省、多くの個人投資家・銀行家、西側主要国家の中央銀行、多くの国の大銀行が関わり、援助は一〇〇〇億米ドルを超えた。内容は、被援助国のマクロ経済の全面緊縮からさらに進んで対外開放および金融システムの重点改革を含んだものであった。その含意はきわめて深遠であって現在まだ十分な評価はできないが、一点だけは確かである。危機処理過程においてIMFは巨大な影響力を得たが、それは一九九〇年代に国連の平和維持活動(PKO)が全世界で獲得した影響力と同等であった。

ここで、発展途上国にとってはきわめて微妙な問題である国際干渉と国家主権の関係について議論しよう。明らかに、IMF等の国際組織は各国が旧来の主権概念を固守することを希望していない。なぜなら、各国がそうすることは多くのプランを被援助国で実施することができないことを意味するからである。被援助国からいえば、こちらも旧来の一切の自主方式を完全に固守することは考えていない。それは危機に対応できないことを意味するからである。しかし、マレーシアのマハティール首相が激烈な言葉で形容したように、新興発展途上世界からいえば、現有の国際規則と国際組織は、時として市場の力を乱用するおそれがあり、その結果「新帝国主義である」、「独立国家の主権を無視している」、「打撃を受けた国家からいえば不道徳かつ不公平である」、ということになる。国際規則と国際組織が機能する範囲はグローバルなものであるとはいえ、これらが設置されたことと、これらによって推進された政策とは西側強国の意志を反映したものであるし、より広くは先進地域の要求を代表するものである。したがって、国際組織の出す多くのプランは道理のあるものであり、経済専門家の角度から見れば正確であり、市場競争のニーズにも合致しているが、これらをやむを得ず受け入れる発展途上国・地域からいえば、それら国際組織の援助計画と改革プランはやはり「一服の苦い薬」なのである。韓国前外相で現在高麗大学国際関係研究所長の韓昇洲教授は、以下のように発展途上国の苦衷と困難な状況を描いている。「グローバル化はいかなる国家の経済発展にも必ず必要なものである。いかなる政府も『ノー』とはいえない。しかし、グローバル化も西側世界の主導で規定されたものである。むしろグローバル化は西側式の近代化、アングロ・サクソン式の近代化であるというべきである。[10]」

これと関連していえば、経済の国際化・一体化と各民族の自立と自主を堅持することとの間には、必然的に衝突と摩擦が生ずる。アジア金融危機の間に現われたのは、急進的民族主義と反米感情であった。これは国際関係がグローバル化の時代に直面するいまひとつの変数であり、発展途上国の政策決定者層に厳しい課題をもたらし、現代国際政治をさらに複雑で変化の多いものとした。インドネシア、タイ、韓国の国情からすると、IMFおよび米国など西側諸国が要求した厳しい改革プランは、金融業自身の改組に留まらず現有の経済構造に対して大規模な改造を求めるものであった。その背後には、さらに援助主体の側の、援助受け入れ国の政治体制、政府運用方式および価値観に対するある種の批判的な考えが内包されていた。そのため、これはアジアのいくつかの国家の内部に深く潜在していた「急進的民族主義」を不断に激発したのである。問題は二つの側面から見なければならない。一方において、これらの国家自身には、確かに制度的・構造的な欠陥が存在した。例えば、マクロ経済政策の失敗の背後には、金融管理面の混乱、政府／商業／銀行間の不透明な関係、腐敗した「金権政治」、産業構造化のレベルの低さなどの問題があり、そのため国際的な援助に付加された条件の多くはこれらの問題を解消することと関連していた。もちろん、制度的・構造的問題はこのように深刻ではあるが、「冰凍三尺非一日之寒〔三尺の氷は一日の寒さではできない〕」という諺があるように、欧米人の見解とタイム・スケジュールどおりにやってこれらを排除することはまったく不可能である。したがって、多くの例に見られるようにほとんどの援助受け入れ国政府がＩＭＦの借款条件の緩和、改革期限の延長などの希望を提出している。しかし、西側の一部世論は傲慢であり、人の不幸を喜んでいた。（米国の連邦議会議員の言動が常にそうであるように）一部の政治家の発言は不遜であった。こうしたことは双方の間の緊張と摩擦を激化せしめた。これはグローバル化時代の進歩性と局限性を深く理解するうえにおいて最も困難な点である。「覇道」〔力による支配〕と「王道」〔徳による支配〕の混在は、現代世界の西側主導の国際制度、国際規則の重要な特徴である。アジア金融危機の場合も同様に、この論理から未だに逃れられないでいる。

現在のアジアの一部地域における反米感情が国際制度に対抗する態度と一緒になっているのは、米国があらゆる国際制度、国際規則、国際組織の中心的位置を占めているからである。米国はまた、現在世界の唯一の超大国で覇権国家であり、かつ現在最も「グローバル化」している国家である。米国の現在の世界覇権は、他の国家に対する工業の優勢、特に強大な海軍力の優勢の上に樹立された一世紀前の英国の帝国覇権方式とは異なる。また、日本やドイツが第二次大戦中それぞれの侵略・占領した範囲内で採用した懲罰的な威嚇による「軍閥」方式とは、さらに異なる。米国は時代そのものが有している進歩性を持っている。それは、技術、ハード面の先進性（航空産業、軍需産業、各種重工業等）に止まるものではない。また単なる政治経済体制面での先進性（大量生産方式の不断の創造、所有権と経営権の分離に見られる管理方式上の革命、権力機構間のチェック・アンド・バランス）に限られるものでもない。さらに米国人が終始「科学」力に対して持っている執着、強引に白黒の決着を図る「裁判式」強権（米国人でない人間から見れば不必要、不合理、もしくはいわれのない干渉だと思われるもの等を含め）、また、世界のそのほかの国家に与えられるもの、他人に提供できるもの（先進的な大学や科学研究機構、通貨システム、強大な軍事援助）、およびいわゆる「ならず者国家」を改造あるいは「修理」する能力（第二次世界大戦後の日独などの国や今日のイラク・フセイン政権に対して行ったような能力）をも含むのである。

これは一部の米国人が誇りとして自称する、いわゆる「新帝国主義」である。国際政治的な意義からいえば、その重要性は、今日の国際関係を米国の定める枠のなかに縛り付けているということである。したがって、良かれ悪しかれグローバル化の現段階は疑いなく米国の主導作用によってもたらされたものである。アジア金融危機が発生した時、最大の資本投機はウォール街から行われたし、危機解決の最も大事な時期に、鍵となる援助はワシントンからなされた。ある意味では、ソロスとＩＭＦは、等しくグローバル化時代の米国覇権の産物であり、コインの両面である。危機に陥らなかった国家であろうと、既に危機に陥った国家であろうと、ともに自国と米国との関係を最も重要な二国間関係であるとしてしっかりと結びつけている。各国の本当に先見の明がある戦略家と政策決定者は、対米政策を考えることなく自国の外交姿勢を決めることなどない。英国、オーストラリア、カナダなどの明白な親米国家を始め、世界の大部分の中立非同盟の国家、さらには激しく米国を批判しているイラン、北朝鮮、イラク等に至るまで、例外を探すことはきわめて難しい。

アジア諸国の状況を見るならば、およそ反米政策を採るか、あるいは採ろうと試みている地域（インドネシア、一定程度までマレーシアも含む）では、民衆の感情が激発しているか、あるいは政府の対米強硬言辞が公にされているが、その多くは政治指導者の一時的な策略上の必要性から来ている。しかし意に反して、これらの感情が動乱を醸成する可能性がある。もっと様子を見ながらＩＭＦや米国へ批判の矛先が向かうのを回避し、国内の構造改革に主たる注意力を注いでいる国家（韓国や多数の東南アジア諸国）では、国内での反米の火種は十分あるが、それが蔓延してコントロール不能なより大きい社会問題になってはいない。したがって私の結論は、現有の西側主導の国際規則の中には、確かに不合理あるいは不公平等を始め多くの問題があるが、劣勢に置かれている発展途上国には選択の余地はきわめて小さいということである。まず加入しておいて、自強を図る過程で徐々に長期的な改革を図るしかない。「別に一家を起こす」という考え方は実際的でなく、自分に対してより大きな傷を与える可能性が大きい。

このほか、アジア金融危機が発生して以来の実際の状況を観察するならば、この地域には考えさせられる新しい問題が現われつつある。欧米を主とした国際制度（ＩＭＦや国連）と異なり、アジア自体の域内に樹立された地域協力制度の危機対処能力は比較的弱体である。事実、アジア金融危機以前に、カンボジアの内戦がエスカレートする兆しを見せたとき、東南アジア諸国連合（ＡＳＥＡＮ）は無能であった。アジア金融危機後のたいへん長い一時期に、ＡＳＥＡＮ各国はインドネシア情勢を懸念していたが、何もできなかった。スハルトの権力濫用に対して彼らはひそかに不満を抱いていたが、何の制約もできなかった。この現象がさらに証明しているのは、一体化の水準が低下した時に起こりうる問題である。アジア太平洋経済協力（ＡＰＥＣ）も危機における実績は良くない。ある専門家が分析しているように、「ＡＰＥＣの閣僚会議は、毎年一一月に開催されるのみで、危機に対する準備はなく、反応もかなり遅い。この組織は貿易と投資の自由化問題に関心があり、閣僚が会議を開くときもこの問題への関心が高い。しかも参加するのは外務大臣と貿易担当大臣で、財務省の同僚とは交流がわずかしかない。財務大臣は自分たちだけで会合し、これと首脳会談とは少しも連繋がない。……ＡＰＥＣ自体、（金融・通貨）危機に対応するメカニズムを欠いていることを証明させられてしまっている」[11]。このことが説明しているように、アジア諸国はグローバル化の過程の中で、新段階には入ったけれども、現在新しい学習過程（例えば、総合安全保障観およびそれを機能させるメカニズムの確立）を開始したところである。現段階においてもまだ未成熟な位置にとどまっている。地域的な国際関係の調整と各国間のさらに緊密な協力は——特に欧州連合（ＥＵ）と比較すれば——、まだきわめて長い道を歩まなければならない。

中国が直面するチャンスと挑戦

中国は、アジア金融危機の教訓に鑑みることから出発してグローバル化に邁進する過程にあり、新しい危機管理システムと改革開放の目標を必要としている。

全体的に見て、中国経済の運行状況は良好であり、経済国際化の程度も不断に上昇しているが、経済先進国とはまだ隔たりが大きい。発展途上国がグローバル化の過程に進入した状態から見ると、中国もアジア諸国が近年遭遇したのと同様な困難に直面するかもしれない。アジア金融暴風が提起した、人を考えさせ反省を迫る一連の問題は、銀行システムの不健全、国有企業改革の困難、資本市場の「バブル」成分、短期外国資本流入のリスク、現有産業政策の副作用等々である。中国が東アジア金融暴風の打撃を直接受けなかった原因は多岐にわたるが、まず何よりも、中国の金融構造、貿易構造、および経済規模が、国際金融投機集団が手を下しにくいものであったということにある。例えば、これまでのところ、わが国の金融システムが完全に対外開放されていないこと、外資銀行が、わが領域内の銀行に原則的に株を持っていないこと、人民元業務に直接携われないこと、特に人民元がまだ外資と直接交換できないこと、等がある。したがって、外資集団は売ることができる株を持っていないし、またわが国内の銀行間で大量の短期貸借ができない。中国の金融監督管理システムはきわめて不健全であるが、中国で業務活動を行っている数少ない外資金融機関を監督することは比較的容易である。中国の現有外貨準備は既に三〇〇〇億米ドル〔二〇〇六年で一兆ドル〕を超えているが、このほかに毎年中国は数百億ドル以上の外資を吸収している。中国と東南アジアの一部の国とは異なっている。例えば、タイとマレーシアでは、大量の外資が株式市場、不動産市場に投入されており、「ホット・マネー」とか「燕返し式投資」と俗称されていた。これらは来るのも速いが、ひとたび問題があれば逃げるのも速いという意味である。それに対し、中国が導入している外資の中では、直接投資の比率が高く、外資企業の製品が中国の輸出商品に占める割合が高いし、外国企業関連の税収の比重も相当である。相対的に言って、工場設備などへの直接投資は比較的安定しているので、すぐに撤退することはできない。金融危機に対する直接投資の反応は比較的長いタイムラグを伴うものである。いくつかの指標からいいうるが、中国の金融構造は相当落ち着いているし、場合によっては外部からは明らかに保守的に見える。例えば、中国の現有短期対外債務が全対外債務の中で占める比重は大きくないし、短期対外債務が及ぼしうるインパクトは限られている。外貨準備の適正規模は、国際的には三、四カ月の輸入額に相当するが、中国では七、八カ月以上である。対外債務がＧＤＰに占める率も、国際的な警戒ラインが五〇%であるのに対し、中国では十数%にすぎない。最近数年間で、中国には対外経常収支上の赤字は基本的に存在しない。外国貿易は毎年黒字で、外貨準備は上昇し続けている。人によっては、中国の外貨準備は多すぎて経営上不適切であると批判している。外国貿易で余剰が出ると、多くの外貨は短期貯蓄の項目に入り、「資本が利益を生む」機能を発揮していないというのである。[12] また、一般に外国直接投資と経常収支赤字の対ＧＤＰ比率が高くなるにつれ、資本受け入れ国にとっては突然の資本流出による損害を受けることはますます少なくなる。この面で、中国は大多数の発展途上国に比して（特に金融危機の衝撃を受けたメキシコやタイと比べて）状況はずっとよい。ここで最も重要なのは、経常収支の黒字と短期対外債務が占める比重である。中国はここ数年、この二つの数字に関して良好な記録を持っており、外国金融投機資本が便宜を得ることが非常に難しい。さらにもう一点、あまり注目されていないのは、中国経済の将来展望が良いため、特に中国の巨大な市場の展望が良好なため、短期投機により中国人との関係を損ねようと思う、特に中国政府の管理部門とトラブルを起こそうと思う外国資本家はきわめて少ないことである。西側資本はたとえ暫くはいかなる便宜をも得られないとしても、「卵を石にぶつける」ような冒険をして、この大陸での足場を築く機会を失うことは考えられない。

しかしながら中国人に対して言うならば、真に自立したいと思えばまず自ら強くなることが必要である。現在中国は東南アジアの一部の国家が経験したような金融危機には遭遇していないが、これは問題がないあるいは永久に危機に直面することがあり得ないということを意味しない。まったく逆に、中国は現在金融市場の開放度が十分でなく、国際化の程度が高くないだけである。人民元の自由兌換ができないので、東アジアの一部の国が蒙った危機を免れることができたが、しかし経済の市場化とグローバル化は、中国が避けて通れない道でもある。中国の現有の金融システムおよび広義にいう中国全体の市場経済システムは、依然として多くの危険をくぐり抜けなければならない。危険というのは、二つの点が最も重大である。一つは、国有専業銀行の不良債権比率がきわめて高いことである。貸し付けの相当部分は、短期貸し付けと貸し付け信託の形式で不動産、証券、商品先物取引の投機に使われている。さらに厳しいのは、わが国の現有国有企業の相当部分が破産に瀕していることである。国有銀行が過去数年来行った「政治的融資」（「〈経営〉安定融資」とも呼ばれる）は、基本的に回収不可能な「不良債権」である。以上の二つの問題は、わが国経済システムが伝統モデルから新しい市場経済モデルに転換する過程が完全に終わっていないことと関連している。この過程が中断もしくは停滞すれば、中国で危機が爆発する可能性はタイや韓国に劣らない。

したがって、中国金融システムの改革開放および経済管理方式全体のさらなる改革開放は、国内の政治と社会の安定を保障する「対症療法でもあり根本治療でもある」不可欠の政策なのである。中国の金融システムの改革に関しては既にその糸口を見ることができたが、全体目標は、対外開放の過程の中で国際的な一般的慣例に従って、中国的特色のある社会主義市場経済の要求に符合する、現代金融システム、金融制度、金融秩序を樹立することである。一方においては国際潮流に順応し、他方では中国の国情とタイム・スケジュールに従って、整然と改革開放を進めなければならない。国際潮流への順応という側面から見れば、中国は国際決済銀行（ＢＩＳ）が提出した銀行の有効な管理監督原則によって条件を作り出して、銀行業に対する管理改革を行わなければならない。例えば、商業銀行は法に基づいて自主経営をし、すべての投資項目に対する貸し付けを独立に評価し自主決定すること、貸し付け規模の限度額をコントロールすることをやめ、資産と負債のバランスのとれた管理を実行すること、国有商業銀行の自己資本比率は八％まであげること、国際規則に則って貸し付けの内容を区分けし、審査制度を実現すること、慎重な会計原則を実現し、貸し倒れ引当金の計上と相殺のしくみを確立すること、などである。ここでは一部分は市場メカニズムを整備することに属し、他の一部分はマクロ・コントロールの改善に属するが、現代のグローバル化の条件下ではこの両者は密接不可分である。上述の措置は中国経済が国際化・一体化に向けて邁進する上で、新たなステップを切り開くものである。中国政府のこれらのワンセットの改革措置は、国内改革の継続でもあるし、東アジアの一部国家の経験から得た教訓を吸収したものでもあることが見て取れる。二〇〇一年末に中国が無事WTOに加入したことは、さらに国際潮流への順応を強めるための巨大な動力になったし、銀行や自国内金融業の改革を推進するチャンスを創造することにもなった。

あらゆる新しい政策的な調整措置の中において、二つの点が注目に値する。一つは新たに大型企業グループの設立を見直す問題、もう一つは人民元の通貨価値を安定させる問題である。

アジア金融危機爆発以前に中国の企業界、経済学界および政府の一部部門では、韓国の大型企業グループに類似したものを設立し、中国企業を「縦に連合、世界に進出」させることが、何度も検討された。具体的な考え方の如何を問わず、数の多少（一〇〇社から、五〇〇、一〇〇〇まで意見があった）にかかわらず、鋼鉄、造船、紡績、機械など製造業を主とした企業グループで、三星、大宇、現代等、韓国工業の世界的な新興勢力に狙いを定めていた。しかし、危機の結果、韓国モデルにはそれ自体に欠陥があることがわかった。長期にわたって、韓国経済の命脈は少数の大財閥の手中に握られ、彼らは、政府、銀行、巨大融資に依存して（多くの大型企業グループの負債比率は国際レベルでの警戒線を遥かに超えていた）、自己の経営基盤を急激に拡張した結果、企業規模を大きくしすぎ、債務が大きくなりすぎ、焦げ付き債務が山積するという重大問題を抱えるに至った。最後には、危機が破裂したとき、債務を返済できず次々と破産し、企業自体に対しても社会と国家に対しても等しく挽回できない恐るべき損失を出した。

他方、台湾では、中小企業が主で、ハイテク産業の比重が高く、経済管理部門の介入が妥当であったので、今回の金融危機においては対処できない困難には遭わなかった。我々の周辺におけるこれらの事例は、プラスとマイナスの両面において多くの貴重な経験や教訓を提供し、中国の改革者、学界は新たな角度から企業の経営戦略、政府の管理方式、市場メカニズムの利害得失および政治経済の複雑な関連等の問題で多くのことを考えることができた。最近の一時期以来、深く再考するようになったため、企業界、経済学界、政府部門等を問わず、企業グループの設立問題に対してこれらの教訓や知見に合致する態度が生まれ、国際レベルでの大型企業グループ設立に関する主張が、より慎重になり、精細になった。一段と市場の効率と結びつけた新しい考え方が台頭している。

東南アジア金融危機の結果として、中国の一部周辺諸国は争って通貨を切り下げた。そのため、少なからぬ声が中国も人民元を切り下げて中国の輸出競争力を維持しようと主張した。これは一見合理的なようだが、問題はそれほど単純ではない。人民元を切り下げるか否かは、まず国内外貨市場の需給関係と中央銀行が外貨準備のための購買量を増やすか否かにかかるし、わが国の国際収支状況にもかかるし、中国政府が一連の内外要素に対して下す総合考慮にもかかる、ということを見なければならない[13]。中国政府が当面は人民元を切り下げないという決定を宣言したのは、まず国際収支状況に対する信頼感があったからである。逆に、切り下げを実行すれば、一連のマイナスの作用が生ずる可能性がある。人民元の切り下げは、アジア地域における新たな切り下げ旋風を巻き起こし、結果は「ゼロサム・ゲーム」となって、誰も利益を得られなくなるであろう。その上、国際金融界と言論界では、中国の行ったことは「近隣窮乏化」政策だと認識する可能性がきわめて高く、いわゆる「中国脅威論」を加速することになる。アジアのその他の通貨切り下げは危機の産物であり、やむを得ず迫られて行ったものである。人民元の切り下げは、金融危機後の台湾通貨の切り下げと同様に、悪意ある行動という疑念を招く。人民元の切り下げはまた米中の経済関係に、はなはだしくは政治関係にも陰影を投げかけるものであり、中国のイメージにとっても根本利益にとっても不利である。特に人民元の切り下げは、香港通貨に対する圧力を激化させるであろう。香港通貨は、一九九七年一〇月下旬、東南アジア金融風波の影響を受け、短期利率の急上昇、株式不動産価格の急落に遭遇したことはまだ人々の記憶に新しい。人民元の切り下げは、市場心理の面で人心を動揺させ、香港通貨を孤立無援にし、その対ドル・リンク制度を維持する上でも、香港特別行政区の安定保持に対しても、消極的影響を生み出すであろう。これは中国政府にとって最も望ましくないものである。朱鎔基総理は、もし香港特別区が困難にさらされれば、中央政府は「一切の代価」を惜しまず、援助を提供する、といった。ここには、当然人民元の安定によって香港ドルの安定を助けるという意味が含まれていた。他方において、例えば周辺地域・国家の通貨切り下げが中国の輸出業に相当程度の困難をもたらしたとしても、まず第一にこの困難は克服できないものではない。中国の輸出競争力が相対的に下降したとしても、輸出構造や原材料コスト、労働力コスト等から総合的に見て、東南アジアの一部国家に対して一定の優位を維持している(14)。筆者から見れば、周辺国家の輸出競争力が向上することは、ある意味で望ましいことである。それは中国の輸出企業に、より高い標準を自己に要求するよう迫るものであり、コストを下げ、品質を向上し、生産品目の構造の改変により多くの時間を割くよう迫るものであるからである。もしも、むやみに保護政策を採用するならば、一九七〇年代「石油危機」後のソ連・東欧諸国が経験したように、保護を受けた企業は国際市場の新局面下の競争に適応できなくなってしまうのである。特に重要なのは、人民元の通貨価値の安定を保持することであり、それは中国人がアジア地域の隣国や全世界に対してある種の信用供与をすることだと見なすことができる。それは、これからの時代に中国が国際舞台で開放的かつ責任ある態度をもって影響力を発揮するための礎石の一つになるのである。

中国にとって東アジア危機の最も重要な教訓は、急速に経済成長し日増しに開放の度合いを強めている発展途上国は、グローバル化の過程で利益を求め損失を避け、長所を発揮し短所を避けることを学ぶべきだという点にあるといえる。よいものを選んでそれを守り、よい忠告には素早く従うというようでなければならない。金融改革の速度の問題、外国に対して信用取引を開放する段取りの問題、自国通貨の安定と兌換の問題、大型企業グループを設立する問題および自国のタイム・スケジュールに従って整然と改革を推進するという問題等々についていえば、すべて簡単でなく、ごく少数の経済学者や政治指導者が適当に言って処理できるような問題ではない。仔細に全面的・系統的に研究することが必要である。これらは国内の諸側面に関連するだけではなく、国際経済関係にも関わる問題である。例えば、今後しばらくの間、世界経済は長期に上昇し続けるのか、それとも緩やかに下向していくのか。グローバルな通貨問題では全面緊縮か、それとも相対的に不変を保持するか、あるいは膨張するのか。国際貿易は停滞期を迎えるか、それとも大発展期を迎えるのか。米欧日等の世界主要工業地帯の経済にはどのような変化が起こるのか、科学技術主導型の「新経済《ニューエコノミー》」が蘇るのか、緩慢な全体的下降か、あるいは主な経済地域に新しい不均衡が形成されるのか。信用、株式市場、各種の金融派生手段、投機資本の急激な拡張は一定の時期に容易にグローバルな金融危機に導くのか、それとも世界経済の革命的躍進をもたらすのか。これらの問題に、中国人は注意を払わざるを得ない。異なる判断と結論は、きわめて大きく相違する政策を導く。グローバル化は物質面の改造を要求するのみならず、それ以上に思考構造の再建をも要求する。中国人は自己の分析枠組みを作るべきであり、中国経済の国際化のために堅実な基礎を築かなければならない。

最も重要な点は、政治改革と社会の安定に関わる問題で、これは同様に中国経済の市場化、グローバル化の過程が求めるところでもあり、この両者は密接不可分である。政治改革は政府の対策と方針に対する反省と調整を含むし、政治体制の不断の改革と体系的な整備も含む。東アジアの状況から見て、一般に以下の主要内容を含むべきである。第一に、逐次銀行、企業、政府間の各種の非市場関係的な「臍《へそ》の緒」を切断すべきである。人脈や政治的な上下関係によるやり方を、真に商業的な契約関係に置き換えれば、銀行と企業の間の「ソフトな予算制約」を「ハードな予算制約」に換えることができる。この面では、政府のマクロ調節機能の転換が必要である。韓国人はこれを「闇金政治」の徹底改造と称している。中国の目前の改革情勢から分析すれば、それは既にタイム・スケジュールの前列に置かれている。

例えば、国有商業銀行が「政治的融資」を減少もしくは取り消し、資産負債総合管理の改革措置を増加させることで、既にその正しい方向に向かって一歩を踏み出している。第二に、政治権力により多くの必要な監督と制約を受けさせることによって、政府活動の運営をより透明にすることである。「権力は腐敗する。絶対的な権力は絶対に腐敗する」という言葉は普遍的に適用されるべき道理である。これは東南アジアの新興諸国に当てはまるだけでなく、韓国においても、さらには日本のような比較的発達した工業国においてすら例外ではない。我々はここからまじめな教訓を汲み取るべきで、この面で自国に存在する問題を深刻に反省すべきである。現在社会においては党と国家の日常の政治活動に存在する腐敗現象に対してきわめて不満が大きいが、その問題の核心はこのような現象が増加することはあっても減少しないことで、コントロールが欠けていることである。もしも中国の政治体制改革が政治権力を有効に監督・制約する方向に進んでいないならば、いつ社会と大衆の不満感情が重大問題化するかもわからない。しかもこれらの問題が、経済の開放程度や全体的な生活水準の向上に従って解消することなく、そこでいったん危機の導火線に火がつけば、重大な社会紛争を引き起こしかねない。東南アジアの一部の国家（特にインドネシア）が既に先例を提供している。政治腐敗等の問題がなくなりさえすれば、そのときには一般人民は政府と苦楽をともにすることができようし、党と国家の改革の呼びかけに積極的に呼応し、困難や危機に遭遇しても喜んで「腹をくくって」、「苦しい生活に耐えて」くれるだろう。第三に、政府機構の合理化・簡素化に全力を尽くし、政府の余剰人員と予算支出を削減する必要がある。鄧小平が早くから「改革は革命である」といっているが、改革は必然的に一部の既得利益集団に抵触し、一連の複雑な調整とバランスの過程をもたらす。成功するか否かは、当然に政府指導層の意志とやり方に関わってくる。しかし、中国の条件下では、その他一連の要因にも関わってくる。この点に関し、筆者はこれが艱難《かんなん》と曲折の多い問題で、「地雷原」を前進する過程だと見なしている。ここでは、ＷＴＯ加入後、中国経済およびそれと関連する領域が重大な試練に直面したことだけを指摘するだけではなく、中国の未来の何年かにわたる政治体制改革と広義の政治発展が重要な鍵になるし、経済と政治の進展が同時に中国台頭の可能性をも決定するものだと特に申し上げておこう。

国外の一部の人は中国をアジアの途上国の「モデル」だと見なしており、この点では数年前の韓国をアジア途上国の「優等生」だと見たのと同じである。アジア金融危機は、このような見方には道理がないわけではないが、同時に危険があることを証明している。このような見方の最終的な検証は、これらの途上国の国内改革、発展および安定の成果にかかっている。さらに広い角度から観察すれば、二一世紀に入った時点で、広大な発展途上諸国が直面しているのは、一種のあらかじめ定められた国際社会のヒエラルキー構造であり、西側の先進国が支配的地位を占めている状態である。また、これは一つの複雑で変化も多く圧力に満ちた国際環境であり、未だ直面したことのないグローバル化の「大波」でもある。この種の外部条件下で、一つの国家の近代化過程は、水の流れに逆らって進む舟のようなもので、艱苦に立ちむかう果敢な奮闘を経てかろうじて成功の彼岸に到達しうるものである。あるいは大波に呑まれ、遺棄あるいは周辺化に遭遇するかもしれない。それは決して簡単な旅程ではないのである。

2――グローバル化時代の安全保障観

ここ数年来、我々の新聞、メディアや学術刊行物に新安全保障観の文字が頻繁に登場するようになり、かなりホットな話題となっている。筆者の印象では、およそ一九九七年のアジア金融危機以降、国を挙げてこの問題に注目するようになった。金融安全保障、通貨安全保障をはじめ、インターネット、情報、生態系、環境、水資源、生物遺伝子の安全保障観など、枚挙に暇がない。しかし、一九九九年のコソボ危機と駐ユーゴスラビア中国大使館爆破事件、および二〇〇一年の米偵察機をめぐる米中衝突事件以来、伝統的安全保障問題も再び安全保障の中心課題となり、非軍事的安全保障問題はまるでその「決定的要因」には含まれないかのようである。研究の重点が頻繁に変わっており、そのことは、中国の安全保障研究が依然として未成熟段階にあることを証明している。「安全保障」と称される課題が日に日に増えていることによるところが大きいが、いろいろな問題のうちどれが重要でどれが重要でないかを確定することが難しくなってきており、ますます多くの人が「総合安全保障」、「複合安全保障」、「多層的安全保障」、「立体的安全保障」といった概念を使い始めている。筆者の見るところ、国内のそうした趨勢は国際的な研究動向とほぼ同じである。外国、特に先進国では、人間の安全保障、生態系安全保障などを

含む総合安全保障の問題が、ここ二〇年来すでに国際関係学会での研究の重要な内容となっている。(1)

三つの新安全保障観

グローバル化の命題がいっそう掘り下げられていくにしたがい、中国学術界において「新安全保障観」に関する知識もまた不断に深まっていった。筆者が見るところ、一九九〇年代後半以降、少なくとも三つの「新安全保障観」が出現した。それらはいくつかの点で交錯し、重点の置き方が異なっているものの、相互に補完しあうことができる。

第一は、官の公式的な解釈である。(2) 様々な言い方があるが、中国が提唱している「新安全保障観」の内容は、国際関係において平等、協商、協力の方式でもって各国の安全保障と国際社会全体の安全保障を実現することであり、このような安全保障観は覇権主義と強権政治に対抗することを主張するものである。中国人から見て、米国を代表とする少数の西側の大国は常に国際政治と安全保障の現実の問題に関与し、干渉し、あれやこれやの不安定や安全保障上の脅威をつくり出してきた。このため、こういった安全保障観の主テーマは、安全保障問題に関して協商、協力の方式を用い、平等、相互尊重の基礎の上に問題解決を図るというものである。これは中国とインドなどの国が早くも一九五〇年代に提示した「平和共存五原則」と基本的に一致したものである。(3) 我々は、この種の安全保障観が世界の多くの国が抱く共同の願望に符合するものであり、また第二次世界大戦以降の国際関係の全体的な特徴および発展の趨勢とぴったり合ったものだと信じる。このような安全保障観は中国の現実とニーズに基づくものであり、中国はある種の独立自主の外交と国防政策を追求することを特に鮮明にしている。ただしこれは第三国に対するものではなく、いかなる軍事同盟にも反対し、また自らは絶対に覇権を唱えない。そうした姿勢は、中国が一九五〇年代に提起した「平和共存五原則」の新たな情勢下における発展である。

第二は、主に経済学者、政府の経済貿易関係官僚、技術専門家、軍事関係者から出てきたものである。この見方においては、いわゆる「新安全保障観」とはグローバル化と情報の高度な発展という新たな情勢の下で、安全保障の概念と領域が旧来の制約を超え、以前には及ばなかった領域、はなはだしくは思いもよらなかった領域に伸張してきたことを指摘するものだということが強調される。すなわち狭い意味での軍事安全保障が、例えば宇宙における安全保障、情報安全保障、生態系安全保障、経済安全保障といったようにかなり広い範囲に拡大してきている。特に経済安全保障は一段と重視され、力点が置かれている。それはアジア金融危機後の幾つかの隣国における教訓を吸収しながら、安全保障概念を金融、貿易、通貨、投資などの領域に拡大し、発展途上国はグローバル化の過程において特にこれらの方面の衝撃を防止する必要があると認識させた。新たな時代のいくつかの変化を読み取っているとはいえ、この種の安全保障観は結局のところ主には物理的側面に着目するもので、一種の防御的な姿勢である。比較的代表的なものは、近年国内外で有名になった、二人の軍人作家の書いた『制限を超えた戦争——グローバル化時代の戦争と戦法の想定』という本であろう。この二人の空軍大佐は特に新たな非対称な作戦方式と戦法を重視し、新たな国際安全保障情勢とパワー・バランスの下では従来の考え方を踏襲することはできないということを強調し、伝統的な制約を超え、攻撃をもって防御とし、従来の常識にとらわれず、いままでの人が考えもつかなかった発想を用い、敵を死地に落とし込み、少なくとも相手方からの絶対的な脅威を受けないように自らを保障しなければならないと説いている(4)。

筆者もまた一つの考え方を提出したい。それは第三の安全保障観と見なすことができる。その中心的な考え方は、以下のように要約することができる。いわゆる安全保障は、国際関係と内政の関係を考慮し、国家と社会の関係に注意し、全体の利益と個人の要求を調整しなければならない。これらの要素をバランスのとれたものにすることによって初めて、安全は保障でき予測可能なものにすることができるのである。それは国家のニーズと社会のニーズを結合し、内政と外交を連繫させるものであり、自国の民衆の要求と利益を中心とし、グローバル化時代の国際法と国家主権を尊重するという前提の下、安全保障と関連する各種の国際要因、社会要因を総合的に考慮することによって、全面的な防衛意識あるいは改善措置を確立しようとする。これは一種の複合的安全保障観、あるいは総合安全保障観である。いわゆる「総合安全保障」("comprehensive security")は一種の全方位的で重層的な安全保障であり、とりわけ単純な物理的側面よりもさらに広範に社会・政治的な内容を含むものである。そこには二つの特別の含意がある。第一に、安全保障の内容から見ればその内包する概念を拡大する必要があり、伝統的な国家安全保障問題と新たに出現した社会安全保障の問題を同時に考慮に入れ、さらに対外関係と国内関係をあわせて考慮しなければならない。第二に、行為主体から言えば、安全保障の範囲を拡大し、国家と各種の非国家行為主体を同時に考慮に入れ、政府と民衆の関係、集団と個人の関係およびエスニシティとエスニシティとの関係などの二者関係をさらに重視すべきである。

以下、いくつか具体的に分析してみよう。

国際政治の視角から見ると、かなり異なった安全保障の考え方が存在している。例えば伝統的な安全保障観は、今までのところ依然として主流の安全保障観であり、その要点は以下のとおりである。国際関係は——古代、近代、現代を問わず——終始無政府状態《アナーキー》であり、各国の内部におけるような強力な統治秩序と権威は欠けており、それを備えることもできない。したがってこうした無秩序と不安な状態は、各国にさまざまな現実的もしくは潜在的な脅威——領土境界をめぐる脅威、民族の生存に対する脅威、国家主権に対する脅威、各国が自国を統治する権力が脅かされることなど——をもたらす。このような状況において、各国は主に自分自身の力さらには「自助」(self-helping) の原理に基づき、国際的な闘いの場で、ある時には「存亡を賭けた戦い」、ある時には「光を隠して英気を養う」、またある時には「合従連衡」の戦略・策略を考える。例えば、同盟を結び制裁を発動し、勢力均衡を確立し、国力を増強し、軍備競争を行う。さらには、(時として、部分的には) 国際組織や国際法の力や威信に頼って安全を保障する。

この種の安全保障観の基本的な出発点は、自らが強大になればなるほど、安全は保障されるということである。他者の安全はそれほど考慮されない。はっきりといえることは、旧来の安全保障観は、相手を抑止することを基本とし、出発点にしているということである。しかしながら、国際関係の理論が示しているように、いったん各自がこのような考え方に陥ると、ある種の悪循環の局面が形づくられてしまう。いわゆる「囚人のジレンマ」である。各国がみな自己の相対的な実力を増強しようとし、みな相手側の意図と挙動に疑いを持つ。世界政府と国際的な強制力が欠落している状況下で、誰の安全も真に、根本的に保障するものはない。これは「自己実現の予言」と呼ばれるものである。すなわち、自身の安全はあらかじめ想定した相手側の脅威の大きさに制約されるのである。

従来の国際政治学や国際戦略学研究の主要な対象、および各国政府の関心の主な内容は、自国の実力（総合国力）と動員能力を強化し、国家間ゲームで用いるさまざまな理論を設計し、その基礎の上に外交、軍事、国際法、同盟、軍縮など「権力と平和をめぐる国際的な争い」を展開するというものに他ならない。昔も今も、国内でも国際舞台でも、「戦国の七雄」〔中国戦国時代の七大強国で秦・楚・燕・趙・韓・魏・斉を指す〕の覇権争いから、「天下三分」の並立〔後漢末の黄巾の乱以後、二八〇年に晋が天下を統一するまでの魏・蜀・呉の君主がそれぞれ皇帝を称し、並立した時代〕まで、近代欧州列強の争いから二つの世界大戦の硝煙に至るまで、すべてこうした安全保障観が支配的な地位を占めてきた。軍事安全保障がその基本的な内容である。それは、国家の役割を国際舞台の中心的位置に置き、哲学的には「性悪説」と「相互排斥」を世界観の根本とし、人類社会の集団が分居する歴史を、永遠に変わることのない「闘争―妥協―再闘争」という過程の循環とみなしている。それが人々に提示しているのは、ある種の峻険で冷酷な、悲観主義の色彩を帯びた構図であり、「戦わない、撃ち合わないのがすなわち平和な状態」という比較的機械的で単純な「平面的構図」である。

一九七〇年代以降、特に二極冷戦構造の崩壊以後、世界戦争、とりわけ核による世界大戦の脅威は次第に減少し、軍備競争の誘引力は徐々に低下し、グローバルな経済と国境を越える企業の発展、各国経済の相互依存、とりわけ地域内経済協力および域内一体化は加速度的に進んでいる。他方で生態系の危機、難民の流出、麻薬密売、テロリズム、情報の氾濫などの「地球規模の諸問題」が出現し、世界に多くの新たな現象や矛盾、問題、潮流を引き起こしている。旧式の帝国主義的な砲艦政策の相対的な減少と、非軍事的な課題の出現は、徐々にある種の新安全保障観の形成を推し進めている。その主要な観点を概括的に言うならば以下のとおりである。国際関係と国際構造は伝統的な現実主義者《リアリスト》が認識しているような恒久不変のものとは異なって、不断に進歩し、人類発展の「より高い次元」に向かって進展している。このため、たとえば国際関係は依然として無政府状態を完全に克服したわけではないが、ますます協調と協力をすすめる雰囲気が生まれ、そうしたメカニズムを備えるようになってきた。国際組織と国際法は依然として国内の政府と法律に匹敵しうるようなものではないが、それらは以前の状況に比べてより有効かつ有力になってきた。

国境の持つ機能の低下と主権意識の希薄化、国際政治と国内政治の境界のこれまで以上の曖昧化に伴って、多くのグローバルな問題および各国国内の一部の矛盾は伝統的な考え方や処理方法では解決できなくなってきている。このような新たな情勢の下で、安全保障観は必ずや発展し、転換し、また充実するだろう。それが分析し回答を出すべきものは、旧来の軍事紛争と外交闘争に関連した内容にとどまるべきではなく、グローバル化時代の新たな現実と問題に関心を注ぎ、それらを検討しなければならない。例えば経済安全保障（金融、貿易、通貨、財政の安全保障など多種の内容も含む）、さらには情報、文化、生態系の安全保障、あるいは国際犯罪、核拡散、民族主義、移民、社会矛盾と安全保障など、ひいては国家主権が弱体化したときに直面する、性質と方向の異なる変革の圧力を深層レベルから分析しなければならない（それは少数の強国の「覇権的な強制力」がもたらすものか、それとも地球村《グローバル・ビレッジ》的な「同舟共済（同じ舟で助け合う）」意識から来るものなのか）。総じて新安全保障観が「総合的」に検討しなければならないのは、いかにして各国間で相互信頼、共同安全保障を増進させるか、いかにして安定的で平和な国際環境を樹立し、それによってさらに国際関係の進化と各国の国内的な進歩を促す国際構造を打ち立て、さらには全人類の「持続可能な発展」に有利な国際秩序を構築するかである。明らかなことは、総合安全保障観はただ研究が広範囲になっただけでなく、伝統的安全保障観とはいささか異なった哲学的な認識論の思想的基礎に立脚しており、一般の人々に示す内容は複雑で、さまざまな変数によって描かれる立体図だということである。

さまざまな行為主体による共同安全保障

これまで人々が安全保障、とりわけ国際政治の領域における安全保障を論ずる場合、主には国家（民族）レベルの安全保障、例えば外からの侵略を受けない、他国のコントロールを受けない、自国の主権の侵害を受けないなどといった安全保障を意味していた。実際上、この種の安全観保障は今日においてもなお非常に重要である。なぜなら国民国家は依然として国際社会という大家族を構成する主要な部分であり、最大のパワーと影響力をもつ部分であり、各国政府の外交や各種政策は依然として各種国際活動の中心となっているからである。もしある国家が自己の基本的利益さえ守ることができなくなったとしたら、このような国家はいかなる安全保障も語れないのみならず、こうした類の国家が構成する地域共同体あるいは国際社会もまた不安定なものとなる。例えば領土を他人の意のままに分割されたり、外交を外部勢力によって操られたり、あるいは経済・社会活動が自国政府の左右できない要因によって決定されたりする状況を想定してみるとよいだろう。

ここ五〇〇年来、欧州でつくられ次第にグローバルなシステムとなっていった国際関係構造では、過去においても現在においても国家利益と国家安全保障の存在と擁護こそが、依然としてさまざまな国際的な行為の中で、筋道が明確で動揺することがなく、各種集団と行為者が自らを保障する主要な基礎であることを一度ならず証明している。しかしながら、時代の趨勢は、国際政治の範囲に限っても、安全保障問題は決して国民国家の枠内におさまらず、ますますそれを超えるようになっていることを示しており、そのことは人々にある種の新たな視角と観念を用いて安全保障概念を深く思索し、安全保障戦略を計画することを要求している。このような意味で論じるなら、いわゆる「総合安全保障」あるいは「新安全保障」は、国民国家の安全保障を包括しつつも、その他の非国民国家のさまざまな行為主体による共同安全保障をも包括しているのである。もちろん、当面のところこの種の安全保障は依然として主には国民国家の政府が提供し保証しているが、国民国家の安全保障と異なっている点は、非国民国家の行為主体が新たな考え方と対応を生み出す可能性があるということである。

非国民国家の行為主体の範囲はきわめて広いが、ここでは重要な非国民国家の行為主体およびその安全保障上の利益を三つの面に分けておきたい。

第一は個人の権利である。我々の社会は各種各様の人によって構成されており、各人は各国家、国際共同体の一つの分子である。個人の安全観（例えば、常に焦慮しているか否か、各種の脅威を受けているか否か、自分自身の安全を保障しているか否か）、さらにはコミュニティ、国家、国際社会が安全について最も直感するものもまた重要な評価尺度である。現代的な条件の下で、個人の権利の尊重、政府統治下の庶民の福祉への関心もまた、国家が自国の安全を実現し、国際的な承認を得る重要な前提のひとつである。その意味では、総合安全保障観が提示していることは、政策決定者と戦略思想家は過去に比べていっそう個人の価値観や安否の問題を重視し、各人の利益の実現とその保障を重視すべきであって、関心を国家間関係と対外政策のみに限定し、はなはだしい場合には国家間関係と対外政策を自己完結的なものとみなすことは適切でないということである。「人の安全」こそが新安全保障観（総合安全保障観）のもっとも本質的な要求であると見るべきである。結局のところ、安全保障の対象は主体としての人間であり、一切を人から出発し、一切を人に帰着させるのであり、人間の利益の損失、はなはだしくは放棄や犠牲を代価として何らかの虚無的な、非人間的な安全保障目標を達成させるものではないのである。

いくつかの国家においては、一部の軍需産業グループと財閥グループが狭隘な私利から出発し、国家安全保障と軍事能力の増強を口実に、あるいはある特定の敵国の打撃を宣伝文句にして、各種の合法・

非合法の手段を用い、軍事予算を増加させ、特殊な科学研究を支持し、特殊な装置を発射し、はなはだしくは反対派の電話を盗聴し、各種の冤罪事件を作り上げ、公権力と公共の資源を濫用し、社会の民衆の利益と市民の民主的権利を損害するといった情景を常に見ることができる。こうした情景は権勢集団が「国家安全保障」の名目を盗用したものである。国家利益と個人の利益は本来一種の複雑な相互作用の関係にある。処理がうまくいけば、「大河有水小河満〔国家利益が保障されれば個人の利益も保障される〕」となるが、処理がうまくいかなければ両者共に損害を受けることになる。現実の生活においては、国家の権力者が優利な位置を占めているために、この道理はしばしば容易に無視ないし軽視されるのである。

第二は各集団の利益である。国際社会は無論、各国内においても、グローバル化の結果の一つとして、ますます多くのさまざまな団体、利益集団が出現してきている。それは同様に伝統的な国際関係学でいわれてきた「安全保障」を複雑多様なものにしている。経済面での日増しに深まる相互依存、工業技術の社会生活への浸透、国境の持つ伝統的な機能の低下などによって、人類が直面する多くの問題はますます深刻になり、政府単一でのコントロール、処理能力はかえって弱まっている。こういった状況下においては、特定の専門領域や問題を研究対象または活動対象とする各種の団体が大いに役割を発揮する広大な空間が生まれている。それらは多種多様で、形態上の特徴も一言では言いがたいが、組織の大小、活動範囲の広狭を問わず、総じて各種の非国家団体は世界政治においてますます多く、ますます活発に役割を演じていくことになる。さらに発展の展望から見て、それらは未来の活動範囲と影響力をさらに拡張していくであろう（ひとつには国連が支持し奨励しているからであり、もうひとつには冷戦後に出現した、世界の「縮小と断片化」の趨勢のためである）[5]。このために総合安全保障では、各種の団体の安全保障という利益を考慮せざるを得ず、これに対する配慮とバランスを可能な限り求めなければならない。もちろん、完全なバランスをとってあらゆる人が満足することなど不可能である。例えば、生態系環境保護を目指す機関の要求は経済開発の速度を弱めることになり、動植物保護団体の希望は希少動植物の捕獲禁止となり、女性の権利保護組織は男女の真の完全な平等をアピールする。はなはだしくは普通の人には理解しがたく受け入れがたい利益集団とその要求がある。いかなる国家も限りある資源と単一の価値尺度で彼らを満足させることは到底できるものではない。しかし多様で融通性のある「柔和な」方法を用い、単純で粗暴な態度をとらず、建設的な調整を用い、強制や圧迫の方法をとらないことが、成長している非政府組織に対して各種勢力がとるべき適切なやり方であり、グローバル化時代の国民国家が「開明」のイメージで自己革新し不断に向上していく必然の道なのである。平和で安定した国際社会は言うまでもなく、安定し団結した国内社会においても、各種団体にさらに大きな活動空間と調和の取れた共存関係をもたらすべきであり、またそうすることが可能である。ただ立派な願望と指導者個人の能力に依拠するだけでは、さまざまな差異の大きな利益に対して公正かつ公平に合理的にバランスをとることはできない。時として強大な利益集団は弱小集団よりもより多くの国家資源と政府の提供する便宜を獲得するが、それは強大な利益集団の権勢と影響力によるものである。したがって、各種団体の利益を十分に表現させ、比較的納得できる満足感を得られるようにし、また異なる団体の安全保障要求、およびそれと関連した利益を比較的よくバランスの取れたものにするためには、権力の行使、抑制および均衡に関する有効なメカニズムを必ずや打ち立てねばならない。

　第三はいわゆる「グローバルな利益」である。過去、人々が語ってきた「国際安全保障」は実際上「国家安全保障」のいくつかの集合、もしくは「拡張された」国家安全保障であった。しかしグローバル化の今日、ますます多くの国際安全保障問題は国家の範囲に限定されない正真正銘の全地球的な問題とニーズに関連するようになってきた。ここ数年来、グローバルな共同利益と人類レベルの安全保障を重視することを求める声が国際的に日増しに高まっており、そこで問題とされる内容は、人類の活動やその他の人為的要素が作り出す地球温暖化、大気のオゾン層破壊、森林破壊と砂漠化、核兵器小型化後の核拡散、公海と南北極海資源の汚染と自然破壊型開発、大気圏および大気圏外が少数の軍事大国の実験基地および軍事競争の場となりうるような厳しい事態などである(6)。それぞれにどんなに違いがあろうとも、それらに共通している特徴は以下の点である。すなわちこれらの事態と現象は既に全地球的な「公害」となっているかその可能性があることであり、あらゆる人類の生存、はなはだしくは星としての地球の存在をも脅威にさらしている。したがって危機を解決したり和らげたりすることは各国個別の努力だけで効果を上げられるものではない。それゆえ人々は旧来の国際法の範囲を超え、主権概念にも新しい解釈を加えなければならない。総合安全保障の視角から観察するなら、ここでの最大の難題は各国の自主的な発展とグローバルな持続的発展との間に存在する矛盾を調和的に処理することにある。それらの間にはある種の相互に依存しながら牽制をする、相互に支持しながら対立するといった複雑な関係が常に存在している。

国民国家およびその主権上の地位は国際法を履行し、国際協力をすすめる基礎であるが、グローバルな問題の質的変容はこのようにきわめて深刻である。その結果、かりに必要とされる主権の制約(自己制約であろうと外部制約であろうと)がなく、国家の取り組むべきアジェンダと国際社会の要求を一致させることがなかったら、国家自身が最終的に厳しい損失、安全保障という利益も含んだ損失を蒙る可能性はある。言い換えるなら他国の安全保障問題がますます自国の安全保障問題となってきており、非常に多くの場合、一国の安全保障の成否が別の国(その地域全体を含む)の安全保障の成否とますます関連性を強めてきているのである。新安全保障観もしくは総合安全保障観を提起するのは、人々にそれらの間の弁証法的な関係を意識させ、様々な問題のプライオリティを認識させ、徐々に人類の共通課題を解決するために新たな国内制度と国際社会の仕組を確立していかなければならないということである。これはたいへん難しいことであるが、必ずたどらねばならないプロセスでもある。

総じて言えば、新総合安全保障観は、今日の国際安全保障を考える時に新たな時代観、戦争観、平和観を打ち立てることを求め、同時に軍事的安全保障観を軸とする伝統的な安全保障観と個人の安全、集団の安全、地球の安全といった非伝統的安全保障観の結合と、それらの間にある種のバランスを保つことを求めるものである。安全保障は伝統的な意味での防衛という問題では断じてなく、国家の安全保障と国際的な安全保障が緊密に関係しあっており、その上両者の変化もいっそう緊密なものとなってきている。安全保障はまさに相互依存状態においてよりよく実現できるものである。さらに科学技術と経済のグローバル化の時代において国家の真の安全保障は必ずや総合国力の改善と対外開放との結合を保障するものであり、自身の発展と外部の発展とを結びつけるものである。安全保障は多方面の参加と広範な協力なしには考えられず、グローバル化時代の各行為主体との有機的なつながりと分けて考えることはできない。国際安全保障は各国のこのような新型安全保障観の確立に、そしてまた人類が課題としている「同舟共済意識」に対する各国の共通認識にかかっているのである。国家安全保障と国際安全保障の積極的な相互作用こそ、我々のこの時代の進歩と人類の要求とに符合している新安全保障なのである。

国家利益・権力・政治概念の再考

総合安全保障観を確立するには、安全保障概念の新たな定義が必要なだけでなく、この概念の理論的な基礎に関する再考が求められる。理論的概念で再検討が必要なものとして、「国家利益」、「権力」、「政治」がある。

まず国家利益に関して簡単に述べておこう。伝統的安全保障観は、伝統的な意味における「国家利益」("national interest",「民族利益」とも訳される)を最も重要な根拠とし、この国家利益が損害もしくは脅威を受けるときに、安全が損なわれたり脅かされたりすることになる。このため安全保障の基本的な内容は国家利益の防衛である。原則的にはこの理屈は間違っておらず、問題は何が「国家利益」なのか、どのように国家利益を実現するかにある。(7) 二つの国家利益観が存在している。一つは伝統的な現実主義《リアリズム》、もう一つはグローバル化の理念に基づいている。同意するか否かは別として、伝統的な国家利益は事実上「隣邦をもって外堀となす」というものである。これは熱戦の時代（例えば二つの世界大戦）、また冷戦時代に徐々に形成された考え方である。この種の国家利益観によれば、他国の国家利益の獲得はしばしば自国の国家利益を損なう。この逆もまた然りである。この種の権力政治学《パワー・ポリティックス》が導く国家利益観は、誰に対しても危害を作り出すことが可能であり、自己の絶対的な安全を一心に追求する国家は最終的には逆に損害を受けるということを、歴史は一度ならず証明している。新たな国家利益観では、このような「冷戦思考」の誤った領域に陥らぬようにすることが求められている。それにはまず、国民国家は依然として世界構造におけるもっとも基本的な利益主体であることを認識し、国家利益の追求を合理的なものと見なし、かつ国家主権、民族の生存、軍事的安全保障は国際社会の安定と国際法履行の重要な前提であることを認めなければならない。しかしながら、とりわけグローバル化時代の新たな特徴や趨勢に注意し、国家・民族の安危および発展と国際共同体の「唇と歯のような緊密な相互依存」の関係に注意を払い、平和と発展、協調と協力という主題がまさに「戦争と革命」、矛盾と対抗という基調に取って代わりつつあることに留意すべきである。

それゆえに新たな国家利益観もその内容を大いに拡大・発展することとなり、冷戦という対立の時代と関連したいくつかの内容を修正させることとなった。例えばそのことは、政策決定者が単純に政治イデオロギー（さまざまな「主義」）的考慮に基づいて国家の対外政策を設定したり展開したりするのではなく[8]、発展、貿易、金融、生態系、移民・難民などの問題を安全保障の内容として取り込んでいくこと、発展によって安定を求め、協力によって平和を求めること、国際協力、国際制度、国際規則を重視することを要求している。さらには「隣邦をもって外堀となす」、「遠交近攻」、「先んずればすなわち人を制す」といった旧式のゲーム的策略を放棄し、これに代わって「善隣友好」、「求同存異（相違点を残しつつ共通点を求める）」、「協力プラスサム」といった戦略設計を取るべきである。とりわけ新たな国家利益観は、各国に伝統的な主権の領域を死守することではなく、柔軟に掌握し、適度に進んだり引いたりすること、「小さな利益を捨てて大義を求め」、短期的利益を長期的価値に置き換えること、新たな態度、新たな貢献を用いてグローバル化時代の国際社会における「安身立命」を図ることを求める。(9) これまでの国家利益観とは異なって、それは新時代の国家利益の実現を、国家が国際社会の建設に参加し、その他の国家との協力を強化し、共同安全保障の防衛システムの内実を確立することなどと結びつけようとするものである。本質から見れば、その追求する安全保障とは閉鎖した状況下での自国だけの安全保障（他国の不安感を伴う）ではなく、各国が相互に信頼し共同で努力する協調的安全保障なのである。

ここで「権力」や「政治」などの概念を議論する必要がある。例えば伝統的安全保障観が伝統的権力政治学の上につくられるのと同様に、新安全保障観も「権力」、「政治」の再考の基礎の上に確立されるべきである。

従来の国際政治分析は、安全保障の問題を語るときだけでなく、その他の問題を議論する場合でも、もっぱら国家の実力、国家間のパワー・バランス、国家間闘争といった問題に関心を集中させてきた。それゆえ人々が一般に国家の行為を「権力政治学」(power politics) とよんだのも理由がないわけではない。「権力《パワー》」（それはまた「実力」とも訳される）を語るということは、ただ単に政治、政府、国家、政治家の権力ということであり、たとえ流行の「構造」分析を行ったとしても、大部分は国家間の政治構造、超大国と強国とのヒエラルキー構造、パワー・バランスの構造などに関するものであり、あらゆる国際政治と国際関係はほとんどが国際的な権力の争奪であるという絶対的な見方をめぐって異なった角度から議論が展開されてきた。

さらに不思議なことに、かつての国際安全保障および国際政治の研究においては中国、外国を問わず、いわゆる「ハイ・ポリティックス」(high politics)〔「高次元政治」で政治・軍事的解決のために国家指導者が威信をかけておこなう政治のこと〕分析の発達は顕著である。典型的な事例として、各種の戦略・戦術分析(例えば戦争の目的と手段、戦争の進展と情報論、政策決定論とゲーム論など)、あるいは各種の対外政策分析(例えば戦略的同盟問題、貿易紛争問題、大国間関係、国際組織内での闘争戦略問題など)がある。しかしながら上述の二つの優れた分析に比べて、広範な内容を含むいわゆる「ロー・ポリティックス」(low politics)〔「低次元政治」で実務者レベルで処理可能な技術的な問題を扱う政治〕の分析は著しく浅く多種にわたる。典型的な事例としては生態系政治分析、貿易政治分析、金融政治分析、女性の権利政治分析などがある。さかのぼって原因を考えるなら、こういった状況が生まれたのは冷戦構造と関連しており、ある程度は米国人の第二次世界大戦後の覇権的地位と関連している。まさに英国の著名な国際思想家スーザン・ストレンジが指摘しているように、「米国人はある種の国家中心主義的な傾向を持っており、彼らは比較的目線を国民国家の政府に集中させて、国家の対外政策(政治と外交政策)を分析したがる」、「彼らが国際政治経済学を語るとき、ほとんどそれは狭隘なもので、国家の対外政策に関連した科学の一部である。彼らはいわゆる戦略的貿易政策に過剰な関心を示すが、これも同様に一種の偏狭性を反映している[10]」。

新たな総合安全保障観は、グローバル化時代の国際関係と国内社会関係の全般的研究が徐々に狭隘な権力政治分析に取って代わること、新たな「世界政治」概念の探究が徐々に旧式の「国家間政治」あるいは「国際政治」の議論に取って代わること、あるいはそうした議論を充実させることを求めている。この種の議論において、国家アクターのみならず、国家以外の数々のアクターもすべて、国際関係をめぐる諸活動に参加し、自己を表現し、議論のプロセスを修正する可能性を有している。正確に言えば、新たなより広範でより多元的な権力観と政治観をもって徐々に伝統的で狭隘な国家権力観と政府政治観を修正していくのである。まず、新たな権力観は「権力」の行使主体と範囲を大いに拡大させた。すなわちただ政府に権力があり、政治家に権力があるだけでなく、企業界は生産権力を、金融界は金融権力を、学術界は物事をある方向に導く権力を、メディアと公衆は世論権力を、テロリズム集団あるいは生態系破壊犯罪分子は特殊な威嚇能力を、地球共同体は国際道義と組織ネットワークの権力を持っている。

この種の権力観を用いて観察するならば、例えば一九九七年に発生しアジア経済とグローバル経済を震撼させた金融危機は決してただの金融現象にはとどまらない。それは政治構造、生産構造および通貨構造がいかに相互に関連しあっていたかを反映していた。それが生み出した巨大な衝撃力、破壊力は決して政治家や大臣たちによって簡単に作り出したり弱めたりできるものではなく、市場の力や国家の力、そして個人の力などの諸要因によって総合的に生み出されたものである。この種の新しい権力観が人々に示すのは、真の立体的な世界政治であり、国際経済の政治化、国際政治の経済化が日増しに強烈に連動する趨勢を、さらには各要因によって作り出されるある種の複合的な力を表現しているのである。国民国家を構成するいかなるレベルの力であっても、それが集団の力であろうと個人の力であろうと、すべてこのような趨勢に順応しているのであって逆らえるものではなく、またこのような構造に適応しているのであって選択しているのではない。ついでに少し触れるなら、「国際政治」という言葉は英語では確かに単なる「国家間の政治」(inter-national politics)という意味である。このため上記のような現象が頻発する国際社会に関して、国際関係の専門家は、むしろますます多く「世界政治」(world politics)を使用し、より深く広範な内容を表現しているのである。

さらにはこのことと対応し、新しい政治観もまた「政治」概念の再考を求めている。言い換えるなら新思考では、「政治」は単なる国家レベルの政治、政府の政治、はなはだしくは狭隘な政治家の政治ではなく、あらゆる領域にわたり、重層的で、チャネルも広範囲で、日常生活に及ぶ政治現象や政治過程を表現するようになっている。例えば、金融危機は金融政治を、開発と環境バランスの喪失は生態系政治を、従来とは異なった生産手段と生産様式の関係はそれに対応した生産性に関わる政治を、核拡散や水資源不足といった新情勢は新たな核政治、水政治を、社会の安定と混乱の局面は社会安定政治、社会混乱政治を生み出している。異なった言語系統と文化現象もまた異なった言語政治[11]や文化政治を引き起こしている。このような思考の論理と方法によって多くの人々は、「政治」概念とは政治家が取り扱っている範囲を超えたものであり、政治をどのように見るか、どう方向付けるかという課題は実際には社会の市民一人一人の権利の一部であると理解するようになる。この種の政治観は同時に、政治の世界とその運営をブラック・ボックス作用とか政治家の専売特許などにすべきではなく、神秘的なものだとか「政治は政客の汚い仕事に等しい」といった誤った認識を除去し、政治を全民衆のための仕事とし、透明で公開された過程とし、市民権をもつすべての社会の民衆の面前で展開し、各人にしかるべき批判の声を出させ、権力をチェックできる機能を発揮させることを求めている。先に示したことだが、それはさらに、ある種の相対的に効果的なチェック・アンド・バランスの政治メカニズムと規則を打ち立て、法律の保護と規則で権力をチェックできる市民の政治参加過程を打ち立てることを求めるのである。

新たな「権力」と「政治」の概念では安全保障観はもともとの国際政治学の重心から徐々に離れ、いっそうグローバリズムの核心に向かって傾斜していく。そのことは、人が新安全保障を語るとき、外交、政治、軍事上の安全保障もあれば、金融の安定、環境保護、貿易バランスといった意味での安全保障もあるということ、あるいは社会の協調、経済の安定、各人の安心といった意味での安全保障もあるということを意味している。同時に、「政治的」世界と「経済的」世界を切り離すことはできないこと、選挙過程と金融過程を切り離すことはできないこと、あるいは「安全保障」構造と生産構造、あるいは知識や世論の構造は対立的なものではないことを意味している。さらにそれは当然にも、良質の国家政治は国民全体が脅威を受けないこと、国境が侵犯を受けないことを保証できるだけでなく、市民個人の利益が妨害されず、各種団体の発言や力を相互の利益や協力に向けるようにし、国家と社会の協調・共存が保証でき、さらには基本的な国家主権を堅持することと、国際協力のために国際社会に対して一部の伝統的な権力を譲渡することとの間の矛盾を合理的に有効に処理できることを意味しているのである。

新安全保障あるいは総合安全保障の研究は、我々の国家の対外政策を再考することに有利なだけでなく、我々学術界における研究の方向を再検証する上で有利でもある。総合安全保障の概念やその基礎理論を検討する場合、人は従来の研究の視角や方法論に存在している欠点を考慮せざるを得ない。「今日は経済学が隆盛を極める時代である」という話をよく耳にする。疑いなく、概念上の系統性のみならず、分析ロジックの厳密性、研究方法の多様性において、経済学は社会科学の先頭を走っている。今日の政治社会問題や国際問題を検討する場合に常に用いられる「情報の非対称性」、「取引費用」、「限界効用」、「経済人」、「ゲーム理論」などは、もともと経済学の概念であった。安全保障問題の研究は、もともとは純粋な政治学あるいは国際関係学の専門領域であった。しかし困難と挑戦に直面しているこの時代に、我々は経済学がやっているように、安全保障問題を議論する過程、とりわけグローバル化時代の安全保障という難題を分析する過程において、安全保障概念（および政治、権力概念）を応用してその他の領域に用いたり、応用の中で出てきた結論や考え方を用いてもともとの安全保障理論を充実、改定、修正したりし、国際政治学の「言語構造」を拡大し、概念を広げていかなければならない。そうすることには研究者個人の勇気と知恵を必要とし、また密度の濃い理論的土壌と論争の雰囲気が求められ、国際関係学界の共同の努力が求められている。筆者なりに見れば、それは従来の国際政治理論にさらに生命力を与える有効なやり方である。したがって方法論の視角から言えば、新安全保障観を提起することは、中国の国際関係学者が時代に応えようとする挑戦であり、理論革新を実現する機会でもあるのである。

3——現代国際政治と中国の国際戦略

もし我々が覇権主義反対の旗印の下に多極化を提唱しようとするならば、「多極」というものを単にパワーが対峙した状態として解釈すべきではなく、それをある種の斬新なもの、強権政治の時代とは異なるものとして追求しようとし、社会の制度とイデオロギーの多様化した国際関係の構造そして生き生きとした色彩豊かな世界政治の局面を実現しようとするものであると見なすべきである。「多極化」の実質は国際関係の多様化と多元化であり、決して世界の列強間における権力の再分配ではないのである。それでは結局のところいかにして単独覇権に反対するのか。いかにして多極化を提唱するのか。筆者の見るところ、これらの問題を正しく認識するには、深く探究することが必要である。

「一超多強」の長期存続

まず直視しなければならない一つの現実は、未来の相当長い期間において、米国はなお唯一の超大国であり、欧米諸国とそのシステムは相変わらず対抗しがたい優位な地位であり続けることである。日本、ドイツ、英国、フランスなどの西側の大国が第二グループを占める状況は大きな変化がありえない。ロシアと中国（インドなどの発展途上大国がこれに加わるかもしれない）など一定の力を有する非西側国家は西側の世界に全面的に対抗する「ハード・パワー」（軍事力、工業の生産高、GDP等が含まれる）と「ソフト・パワー」（声望、戦略、外交技術、イデオロギーの影響力、文化の影響力等が含まれる）を有することは決してない。GDPから見ると、現在、米国は一〇兆ドル近くあり、全世界の三分の一近くを占め、第二位の日本（四兆ドル）、第三位のドイツ（二兆ドル）、これに続く英国、フランス、中国（それぞれ一兆ドル余り）の合計にほとんど相当する。最近のいくつかの戦争（湾岸戦争、コソボ紛争ならびにアフガニスタン戦争）を見るならば、米軍が示したハイテクの作戦能力は北大西洋条約機構（NATO）の欧州同盟国でさえも自らの無力を嘆くほどである（ついでに述べると、米国人は口では「和平」を高言するが、米軍は第二次世界大戦後に最も多くの戦闘を行い、対外干渉が最も頻繁であり、最も戦闘力を持った軍隊ということができる）。「ソフト・パワー」から見ると、一つの数字が問題をよく説明できる。この半世紀余りに米国人が獲得した各種ノーベル賞は受賞者数の四分の三を占めた。そのため、その他の世界大国はGDPでは米国との差は縮まったが、「金の保有量」は依然としてそうなっていない。

国際戦略上の観点からは、ユーラシア大陸は世界政治の地政学的な要地であり、大国と大国グループの簒奪《さんだつ》の焦点であり続けており、ブレジンスキーが言うところの、米国の世界制覇の帰趨を左右する地域である。米国人が起こした最近のいくつかの戦争はすべてこの大陸で展開されたが、それは決して偶然ではない。ブッシュが提示した「悪の枢軸」（イラク、イランおよび北朝鮮）は、米国がアフガニスタン戦争の勝利の勢いを借りて、戦域を拡大し、敵を打ち負かし、この大陸における米国の絶対的な支配的地位を強化したいという願望の表われにすぎない。予測しうる未来から見れば、その他の大国に対して実行してきたような、丸め込んだり脅したりといった多くの戦略を通じて、米国人は引き続き長期間にわたり世界第一のスーパーパワーを保持し、その他国家との距離を拡大させることもまったく可能である。これは各国の戦略評価の一つの基本的出発点であり、いかなる冷静な戦略決定者といえども忘れることのできない基本的な事実である。広大な第三世界諸国にいたっては、なおも分裂と絶えざる分化の過程の中にあり、「発展途上世界」が一つのまとまった力として対抗する方法はない。

とりわけ、国際情勢の認識で是正を要する誤りは「世界の大国は米国を除いては、多くはみな多極化の実現を主張している」というものである。これは真実の状況ではない。比較的強大な国家において、ロシアとフランス（部分的にはインドを含む）は多極化という文字面を多少好むかもしれないが、その他の国（とりわけ英国と日本）はこれに対してまったく熱情をもっていない。仮にロシアやフランスのような国が多極化を主張するとしても、決して米国に対する対抗の意思を含んではいない。多くの国際問題では、彼らは米国のあごで人を使う態度、単独行動主義《ユニラテラリズム》ならびに強権政治に反感を持っているが、他方で、この超大国との関係に非常に熱心であり、政治体制と価値観は相互に多くの共通言語を持っているかのようである。とりわけフランスなどは、国際関係と外交面での多極化に対する関心はあっても、政治文化面でのそうした関心には及ばない。フランスの著名な国際関係学者はかつて筆者を含む中国の専門家の一行に次のように語った。「フランスと米国の違いはあなた方が想像している以上に大きい。

フランスの米国に対する対抗性はあなた方が想像している以上に小さい。[1]」我々が常に述べているように、米中関係は中国の対外関係の中で最も重要な二国間関係である。実際、中国に限らずほとんどすべての大国は米国との二国間関係を自国の対外関係の中で最も重要な二国間関係と見なしている。ほかの大国すべてに対する米国の絶対的に優勢的な地位は知らず知らずにそのほかの国が自らの覇権志向を抑制する制約要因になっている。

詳細な検討を必要とする一つの問題がある。近年、もっと正確に言えばソ連崩壊後、米国の覇権的野心の膨張と外交上の強硬姿勢は自らの発展と進歩をかなりの程度制約していると言えるだろうか。言い換えれば、米国の対外政策上の覇権的行動は米国国内政治の民主主義と市民の自由の制限をもたらす可能性があるだろうか。理論上、対外政策と対内政策は必ず関係がある。問題は、米国の覇権の内在的な影響とその社会的基礎をどのように提示するかである。例えば「九・一一事件」のあと、米国の行政当局の権力は立法部門と司法部門の権力より相対的に大幅に上昇した。ブッシュの「悪の枢軸」論は海外では広く批判を受けたものの国内では広く好評を博し、鮮明な対照をなした。しかし米国政府が進める反テロ対策が国内の市民と政治的権利に与えるネガティブな影響（たとえば、当局が一般市民に対する盗聴範囲を拡大し、アラブ系米国人に対する調査範囲を拡大し、マスメディアに対して「政治的正しさ」をより多く求めるなど）は、人々にこれらの面での疑惑を生み、人々が問題を追及しようとする根拠となっている。米国国内はすでに数百年の長きにわたって民主制度と自由の雰囲気を享受してきたが、まさか米国の国際上のいささかも道理のない行動のネガティブな影響を少しばかりも受けないわけではあるまい。しかしそれにしても、なぜ、米国人の多くは現在ますます当局の強硬な対外政策に対して賛成を叫び、一九六〇年代のように批判と抵抗の立場を取らないのであろうか。なぜ、米国の自由民主体制の伝統が、この国の市民の圧倒的多数は他国の人々の感じていることを受け入れがたく、反対に自分たちの感じていることや意志を他国の人々に強要しようとするという現実を実際には造り出してしまったのか。米国は富みすぎ、強大すぎ、地理上特殊であり、制度が優越しすぎているので、「凡人たちのなかで一人だけ際立って」おり、眼中に人なしなのであろうか(2)。全体として見ると「対外覇権、国内民主」という矛盾現象としてとらえられるが、それは、米国の右のような特殊事情の中でどれくらい持続できるのであろうか。それは、国内の民族人口の構成比率の消長によって変化するであろうか。たとえば白人エリートの信奉する価値観と方法は最終的には白人が少数民族になることによって変化するであろうか。これは簡単な問題ではなく、いくつかの言葉を用いて分析し説明し切れるものではない(3)。問題を提起して、読者とともに探索し、深く研究していきたい。

消失しがたい三大紛争多発地帯

冷戦終焉後、新しい世紀を迎え、国際安全保障および国際紛争の焦点となる地域の分布において注意すべき新たな特徴が表われた。おおむね三つの地域的な「紛争多発地帯」があり、新しい時代の安全保障情勢における地理的特徴が出てきた。この三大紛争多発地帯は、まず、ソ連・東欧ブロックが解体したあとに出現した東南欧とロシア連邦の「小国が林立し、分裂要因をはらんだ切れ切れとなった地帯」である。次に、北アフリカ、中東から西アジアと中央アジア一帯の、数十カ国の体制の異なる国を含み、主にイスラム民族が居住する「イスラム弧形地帯」である。最後は、世界で人口が最も稠密《ちょうみつ》で、(4)社会問題とカーストの矛盾が突出しており、同時に歴史的に深く積み重なった恨みと領土紛争が存在する南アジア大陸である。「ソ連解体症候群」は過去一〇年余り終始国際的な動乱とトラブルの「震源地」であり、将来、少なくとも一〇年は依然として完全に安定することはないだろう。西側の頭痛の種である「イスラム弧形地帯」は短期間のうちに終焉することはない。最も重要なポイントの一つは、イスラム諸国の近代化の方向性(政治・経済・社会・文化の各方面を含む)は依然として定まった型がなく、浮遊している状態にあることである。このような状況の下、西側の取り込んでいく力と干渉圧力がこの文明圏の転換期の痛みと不確定性を増している。南アジア大陸の問題の重さと爆発性については、インドとパキスタンがここ数十年錯綜し複雑で矛盾の絶えない関係にあることにその一端を見出すことができる。国際的には以下のような推測がある。まったく同じ目的からではないが、米国とインドとイスラエルが現在有形無形にイスラム原理主義を抑制する連合戦線(たとえばブッシュの表現を借りるなら、「枢軸」戦略とも言える)を構築しているというものである。米国はこの地域に介入して世界に覇を唱えたいと考え、インドはパキスタンを圧倒し中国の「脅威」を防ぐ自身の能力を強化したいと考え、イスラエルは反イスラエルのイスラム勢力が大量破壊兵器を獲得する前にこれを取り除きたいと考えている。総合すれば、ユーラシアの広大な内陸においてイスラム原理主義勢力を抑制する特殊な戦略同盟を構築しようとしている。彼らの意図と行動は、程度は様々ながらその他の諸国の反発を招くことは必至であり、すでに十分に面倒なユーラシア大陸情勢にさらに不安定な要因を付け加えようとしている。もし、平面地図から俯瞰するならば、この三大紛争多発地帯は頭と尻尾が連続しており、地球上最も主要な陸地において、不規則な「S」字型をなしている。広大な面積と資源と人口を占め、複雑な文明要因を擁する「蛇」状の地域である。未来において、国際紛争は主にこの三つの地域で発生するだろう。これらは同時に資源争奪、民族矛盾、宗教対立、テロ活動の氾濫の主要地域である。本章の主題にもどるならば、これらは大国が角逐する「中原」〔中原とは黄河の中流・下流地域をさし、「中原に鹿を逐う」とは天下を争うの意〕であり、強権政治によって支配を拡大することのできる「中枢」でもある。

日増しに発展する三大経済地域

平和の対策を練るにしても、発展を実現するにしても、経済と科学技術の進歩がすべてキーファクターであり、主要各国が世界の民族が林立する中で心を安らかにし、よりどころを得て、イニシアティブを発揮するキーポイントである。これを成し遂げようとするならば、いかなる国も全面的に国際競争と国際協力の過程に参画しなければならない。この目標を実現するために、世界の主要各国は、周辺地域の戦略的領域において自己を打ち立て発展させ、経済、貿易、投資ないしは通貨の統合グループの形成を推進している。これは新世紀と旧世紀で異なる最も重要な特徴の一つである。輪郭が浮かび上がっているのは、地球には三つの経済統合グループが出現しようとしており、これによって地域と周辺との協力が促進されていることである。この三大経済グループとは、EU、北米自由貿易協定（NAFTA）、アジア太平洋経済グループである。これらは形式が異なり、重心の違う多くのサブリージョナル・システムに分かれるだろう。各国もまた多くの所属組織を持って、異なる地域と異なる機能のサブリージョナルな組織に交差して参画する。三大経済地域に挟まれた地域もまた弱い協力メカニズムを形成するかもしれない。三大経済グループは世界経済の未来を決定し、各国の発展の進展と政策決定過程を制約しそれに影響を与える。同時に、三大経済地域もまた程度の違いはあるものの、実際、地域紛争と国家間の矛盾を抑止し、期せず発生する「暴発」の可能性を減少させる役割を大いに発揮している。これら地域が世界経済の圧倒的な人口と生産額を占めているため、まさにこの三大経済地域の存在によって、人々は世界が依然として平和と発展を追求している時代であると判断することができるのである。

ここで、筆者はレーニンがかつて鋭く論述した「不均衡発展」現象とその影響を思い出す。各種要因の作用により、この現象はレーニン死後約一世紀の間、間断なく発生した。第一次世界大戦と第二次世界大戦およびそれ以前の比較的小規模な西欧列強の戦争のように、一世紀以上前の不均衡状態は必ず戦争をもたらした。数十年前には、不均衡状態は戦争の危険を形成する可能性があり、あるいは「冷戦」方式の出現も可能であった。十数年前の不均衡状態は純粋な経済、貿易ないし金銭の争奪が際立っており、人材、技術ならびに科学思想面の先頭の交替であり、以前のような戦場において硝煙を交わす雰囲気とは異なっていた。大国間関係について言えば、今日の不均衡状態は、一段と総合国力の比較による差異となり、一面では主に経済発展速度と科学技術革新能力のもとに、軍事威嚇力を背景にした平和的競争の結果を反映したものである。それはまた周辺要因を調整し、地域の発展を積極的に進め、さらに高いレベルの多国間協力に向けた統合を推進する能力と枠組みの違いである。

不断に増加する三大文明間の相互作用

ここで言う「三大文明」とは、キリスト教文明体系、イスラム教文明体系、儒教文明体系を指す。この三つの文明は体系を成し長い伝統を有し、現在の世界において比較的影響力を持った文明圏であるばかりでなく、未来の世界の発展に影響を与えたり、それを決定したりする文明形態でもありうる。おそらくハーバード大学のハンティントン教授はもっとも早く今日の世界三大文明の関係を提起した人であるが、少なくとも彼は「文明の衝突論」においてほかの誰よりも明確にこの三つの文明の比類なき力を指摘した。問題は、彼がただ三大文明の間は来るべき摩擦と闘争が避けられないと言っただけで、これらの間で相互に経験を学習し、相互に協力し補い合うプロセスについて言及しなかったことである。ハンティントン氏は米国保守派白人エリートの思想を代表する一人であり、内心では欧米キリスト教文明に対して挑戦するかもしれない文明体系を排斥している。彼は『文明の衝突』という著書のなかで、ことさらにイスラム文明と儒教文明に衝突を発生させる形を組み立て、これによって西側の政策決定者がグローバルな文明の衝突を抑制する対策の一つとしている。

筆者が見るところでは、文明間には対抗する可能性もあれば、協力する可能性もある。鍵はこれら文明の間に相互関係の準則をいかにして確立するか、求同存異を達成できるかどうかにある。実際、現代世界において、各種文明の間にみられる平和共存の実例は、これらの間の衝突と対立の実例よりもはるかに多い。三大文明圏の実際の状況から分析しておこう。

第一に、各国の統治エリートはみな文明の衝突を極力避け、特定の敵（たとえばテロリスト集団）をある文明圏内の民族、宗教とを結びつけて考えることを避けている。各種文明の間の経済貿易とますます増大する人的往来が、差異や排他性を強める敵意と排斥感情を減少させる可能性がある。

第二に、最も重要な要因でありまた未解決の問題であるのは、米国が西洋現代文明の代表的なスポークスマンならびに力の象徴として、自らとは異なる制度やイデオロギーを持つ国家との違いを上手に処理できるかどうかという問題である。言い換えるなら敏感で面倒な問題、たとえばパレスチナとイスラエルの矛盾、アラブとイスラエルの矛盾、米中関係と台湾問題などを公正かつ合理的に処理できるかどうかである。処理が適切ならば、矛盾を小さくできるし、少なくとも過熱した温度を下げることができる。処理が不適切ならば、対立の波、そして戦乱を作り出すことになる。文明の間の相互作用は、現代国際政治の特殊な時代環境においては、相当程度、超大国米国の態度と対応によって決まり、また、それぞれの文明圏のそのほかの大国の反応によって決まる。イスラム文明と東アジア〔儒教〕文明は同様に、新世紀の対外関係と国際戦略をあらためて定め、近代化の過程において内部のさまざまな利益や勢力をしっかり調整せねばならず、外部世界と生じた矛盾（例えば、国内の階級矛盾、国家と社会の矛盾、文明圏内の強国と弱小国との矛盾、文明圏の主導権を内部の強国が争奪する矛盾など）の各種要因を除去する必要がある。文明間の相互作用は、国際安全保障上の三つの紛争多発地域と国際経済の三大地域では多様なレベルでの異なったベクトルの引き合いがあり、世界政治の全体的なイメージを不透明で複雑で多様なものにしている。こうした事態は同時に各国の国際政治研究者が「立体映像」を制作する能力を試しているとも言えるのである。

問題はあるが調整可能な大国間関係

新しい時代の大国間関係に対しては、我々は新しい心積もりを持ち、両極端に走ることは避けるべきである。敵となれば相互に対立するしかない。盟友となれば、相互に協力するしかない。大国間の度重なる摩擦は必然であり、国家利益の衝突は永遠に消え去るはずがない。文化、イデオロギーおよび社会制度の異なる国家間では必然的にこのような摩擦や衝突が起こるが、比較的似ている国家間でもやはりこの種の規則的な動きから逃れることはできない。しかし、新たなグローバル化と冷戦終焉後の時代においては、大国間関係にはいくつかの重要な新しい特徴、新しい動きが出てきた。

第一に、経済・貿易面の相互依存関係は、グローバル化の動きの下で絶えず深化と拡大を遂げている。ただし、その大半は非対称の相互依存であり、相互依存の程度は国家の実力と規模によって決まる。この種の経済・貿易上の相互依存の出現によって、国家間の関係は深い社会的基礎と民間レベルの基礎を有するようになり、国家間に発生する対立の根本要因が抑制されるようになった。

第二に、「闘っても一方が敗れるということはなく」、摩擦があっても協力は放棄せず、協力によって紛争を未然に解決する事例が日増しに増えてきている。大国間には矛盾があり、摩擦があり、さらには一定程度の紛争があるけれども、紛争は一般にみな一定程度あり、各自、矛盾がコントロールを失い、戦争の臨界点を突破することは希望していない。なぜなら、このようなことは国際イメージがよくないし、自らの根本的利益を損なうことは誰もが知っているからである。大国間の熱戦が再びなく、両極の対立時代のような冷戦の雰囲気が過去の歴史となったことから、国際関係のなかで「敵、友」の境界は変化してあいまいであり、これでなければあれである、黒でなければ白である、「あなたが死んで私が生き残る」といったロジックは次第に効果を失い、それによって国家間の矛盾の相対性はこのように顕在化してきた。昨日の敵は今日の友かもしれないし、今日の競争相手が明日の協力パートナーとなりうる。政治と安全保障の分野ではライバルであっても、貿易と投資の分野では協力パートナーかもしれない。ある政治・安全保障問題では競争者であるかもしれないが、ほかの政治・安全保障問題では協力者であるかもしれない。このような状況はそのほかの分野にもあてはまる。ますます多くの大国が注視しているように、各種の国際的な制度と組織の諸活動は冷戦終結後、明らかにその重要性を増しているが、それはグローバル化時代の相互依存の趨勢を反映しており、こうした多国間のメカニズムが国際政治の新たな要因となっている。というのは、条件がゆるす範囲内では、大国はできる限り多国間のメカニズムを利用し、それを放棄しないからである。

第三に、覇権主義と強権政治が依然横行している時代に、各地域で紛争と係争問題が絶えず浮上したり沈潜したりしている局面において、各大国は強力に相互間の経済・貿易関係を促進すると同時に、殺傷兵器を製造し戦略拠点をおさえ、兵を配備し用心して万一に備える。しかし他方で、筆者が見るところ過去の戦争形態と異なって、今後の大国間の対立は、極端な状況下での戦争や衝突を含めて、局部的な短期決戦になる可能性が高く、科学技術と情報技術を中心としている。それは国家間の正常な経済・貿易関係に影響しないという前提の下で発生し、終結する可能性すらある。このような事態は一般の人が理解している「世界大戦」あるいは教科書的に言われる「全面対立」とは大きな隔たりがある。

その意味では、現在の大国間関係は広がりと多面性を持つようになったが、その重要な原因の一つは、時代の特徴が根本的に変化してきたところにある。すなわち、かつての大国間関係は軍事的な争奪と対立を主とし、軍拡競争と戦争準備の取り組みなどの要因がそのままストレートに緊張と不安心理を増加させ、小さな導火線が轟然として大きな爆発と持続的に悪化する紛争の局面を作り出した。他方、今日の大国間関係は経済・貿易と総合国力の競争を主力としている。この面では依然として多くの矛盾と摩擦があるが、本質的にはすでに水と油の相容れない関係ではない。経済・貿易や人の往来が増大したことに、グローバル化時代の国家間関係の重要な特徴がある。商業貿易の雰囲気は相互の対立を和らげ、経済が共通認識の基礎を拡大し、政治の摩擦が必ずしも非政治問題の利害衝突に及ばない。安全保障分野の対立は必ずしも貿易分野にまで広がらない。現在の戦争の形態および周期もまた過去に比べ大きく変化してきた。大国間関係の基礎が変わってきたのである。

多極化戦略と国際規則への態度

再び中国の外交戦略を語ろう。明らかなことであるが、我々が論じる多極化の基本的目標は米国の一国覇権的な世界の形成を防止することであり、これにより出現する不利な影響あるいは圧力を避けることである。しかし、米国との二国間関係を正確に処理することは多極化を実現する重要な道筋の一つでもある。中長期的状況から判断すると、米国は依然として世界の突出した強国である。この国は現代資本主義の「新経済」の特徴を十分に体現し、国力の強さや勢いと科学技術の進歩との必然的な関係をよく示しており、また手本とすべき優れた制度を保持している。米国は相当長期間、国際関係と中国の対外関係に影響を与える主要因となるだろう。米中関係は長期的に見れば、摩擦・衝突が起こりうるが、それは必ずしも必然的に戦争が発生することを意味しない[5]。このことに対して、我々は幻想を抱くことはできないが、あまりに悲観的になる必要もない。多極化を提唱することは、米国と必ずしも全面的に「対抗する」ことではない。多極化は経済グローバル化時代の各国の相互依存と発展の必然の要求でもある。このように認識しないならば、中国の多極化要求は多極化を同様に主張する多くの国（たとえばフランス、多くの発展途上国）の理解と支持は得られない。米国は国際関係における中国の主要な戦略パートナーであると同時に戦略ライバルであるが、伝統的な意味での「盟友」でも「敵」でもない。

さらには多極化を進めることが反米を提唱することと同じではないように、我々は覇権主義の推進と主導権の争奪をいっしょくたに議論してはいけない。中国は言うまでもなく国際関係において覇権主義と強権政治に断固として反対しているが、中国が国際関係に対して、とりわけ中国に関わる地域の多くの問題に対して自らの主張を保持することを希望する。たとえば、ＡＰＥＣ、朝鮮半島およびインドシナ問題で役割を果たす。我々は他国の内政に対する米国の勝手な干渉には反対するが、米国が牽引する多国間レベルや国際レベルのあらゆる行動に反対するものではない。真の世界大国、地域強国で、自らの対外政治外交行動において主導権をとろうとしない国は一つもない。我々が覇権主義と強権政治に反対する判断基準は、世界の平和と安定を害しているかどうか、および国際法が尊重する各国の主権と独立を損ねていないかどうかであって、主にその行動の効果を見なければならない。どのつまり、各国の外交および国際的な諸活動において、新世紀に有利で、「冷戦思考」とは異なる国際関係の動きが生まれているのは当然のことである。

日本、西欧およびロシアは現代の国際構造で主要な地政学的戦略地域であり、当然、中国の多極化方針の主要対象国でもある。歴史的原因により、そして「一山不容二虎（両雄並び立たず）」の思想が災いして、日中両国間の不信は根深い社会的基盤がある。中国の対日活動の目標は、小さな改善から着手し、外部勢力の介入あるいは両国間のささいな出来事によって両国の根本的利益と地域の安定という大局を損なわないようにすることである。銘記しておくべきことは、日本人はいかなる条件下でも米国との同盟を放棄できないということで、これは第二次世界大戦後の日本の国家方針の根本である。我々はこの面で日本の考え方が変わることを望んではならない。事実、日米安保同盟もまた日本の軍事大国への発展を一定程度制限してきた（たとえば、日本の核兵器の研究と開発を制限してきた）。西欧は統合のレベルが最高に発達した地域であり、全体としても良好で、あるいは域内のいくつかの主要国（ドイツ、フランスなど）の単独の声も出なくなり、国際政治の中でますます大きな役割を果たせることは間違いない。しかし、西欧は中国とは（地理的にも文化的にも）隔たっているので、我々は一方では西欧との更なる協力を勝ち取り、他方ではこのような協力の限界と影響も注視しておく必要がある。言い換えれば、西欧はわが国の多極化戦略の重点であるが、焦点ではない。ソ連の解体はロシアの生命力を大きく傷つけた。ロシアの冷戦後の不振は一定期間続く可能性があるが、ロシア外交の多くのやり方は中国にとって、メリットもデメリットもある。我々はロシアとの関係の将来に対して冷静に見通しを立てておく必要がある。当面の急務は、両国の経済・貿易関係を急成長させ、中ロの戦略的パートナーシップが政治と軍事の分野に留まっていることを避けることである。両国の根本的利益から出発し、世界全体から観察するならば、中ロ両国はかつてのような盟友関係を再び繰り返せないが、再び敵同士になるべきでもない。両国の共通の目標は、現在の世界秩序を破壊することなく、その合理的安定を保持し、双方の敵意と対立を減少させ、周辺地域と世界全体の良好な協力の雰囲気を導き出すことである。

中国はアジア太平洋国家である。アジア太平洋地域は中国が外部の技術、資金および近代的な管理方式を吸収する主要な源泉である。そのため、アジア太平洋地域は中国の対外戦略の出発点であり、拠り所でもあり、改革・開発政策の推進と安定的な発展を保障する最も重要な地政学上の外部地域である。周辺関係、特にアジア太平洋地域の周辺関係を良好にすることは、一貫して最重要の外交任務である。

現代中国の変化の軌跡から観察すると、「北方重視」（ソ連を模範としようと、あるいは「北の脅威」にもっぱら対処しようとも）から、「東南指向」（香港、台湾、日韓および米国などアジア太平洋経済圏）へと、鄧小平指導下で過去二〇年余りかけて完成した歴史的転換、これこそが国内の計画経済から市場経済への大変化を実現させる外部環境を基本的に保障した要因なのである。中国がもし多極化のなかで名実相伴う一極になることができるとするならば、まず、アジア太平洋地域において発言権と影響力を持った一つの極にならなければならない。新しい多極化の情勢の下で、中国の「善隣友好、周辺安定」の方針は引き続き貫徹されなければならないだけでなく、「積極的に参画し、さらに大きな影響力を発揮する」という方向を目指して進まなければならない。中国の外交活動が第一に研究し解決しなければならないのは、「どのようなアジア太平洋地域を二一世紀にもたらすか」といった将来を先取りした課題である。我々がアジア太平洋地域において安定した大国の地位を獲得したあかつきには、中国は世界的な役割を果たす上で確固とした地政学および地経学《ジオエコノミクス》上の拠り所を持つことになる。

短期的に見れば、中国が多極化を推進する上での基本目標は、米国が国際関係において一人で勝手に決めるという局面を避けることである。中期的に考えると、主要国の力が相対的に均衡するという基礎の上に、平和と発展を新世紀の人類と世界各国が追求する中心テーマとすべきである。長期的角度から見通すならば、繁栄する社会主義中国を打ち立てた基礎の上に、不合理な国際政治経済秩序を改善し、国際社会のさらに高いレベルへの進歩を促し、たとえば国際政治関係の民主化と国際経済関係の合理化を実現するよう、努力する。注意しなければならないのは、米国および西欧に有利な今日の国際メカニズムには、特有の規則と秩序があり、本質的に多くの不合理、不公正な要因が存在するものの、なお優勢で、現にいくつかの「メリット」があることである。中国から言えば「便乗効果」が期待できるものを含んでおり、我々はすべてを排斥し、否定することはできない。人々の意識の中に以下のような印象、すなわち、中国人が提唱している多極化は必ずしもただ現存秩序に反対することを目標にし、「群雄並起、乱世之秋〔群雄が割拠する乱世の時代〕」の到来を放任しているのではなく、平和と発展という大局をはっきりと認識するという前提の下で、責任ある大国という態度で現在の世界の政治経済構造に対して漸進的な改革を進めているという印象を作り上げなければならない。

グローバル化という新しい条件の下で、大所高所から考える国際戦略方針はきわめて重要である。中国の国際政治学界には近年、将来の中国の国際戦略の方向に対して異なる認識と主張が存在する。ある人は、主に中国国内におけるニーズに着目して、社会の基本的安定の保持と高度経済成長の持続などの目標の優先性を強調する。またある人は、中国の覇権主義反対の責務を重視し、古い国際秩序を改造し、古い規則を修正することに参画すべきと強く呼びかけている。筆者が見るところ、考え方の違いは根本的なレベルの難題に関わってくる。すなわち、今後相当長期にわたる中国の国際戦略の基本方向は、国際システムの現状を基本的に維持し、現有の国際規則に参画しそれを遵守し、「建設的パートナー」となることであろうか。それとも、現実の、また潜在的なすべての力と資源を動員し、各種の方式と策略を動員して、古く、あきらかに不合理で欠点をもつ国際秩序を改造し打ち倒そうと努力することだろうか。さらに単純化して俗的に言うなら、我々が優先して考えるべきことは、「富国」かそれとも「強兵」

か、「善隣」かそれとも「反覇権」か。筆者が見るところでは、どちらを採るかではなく、結局重心の置き方が違うということなのだが、政治家と政策決定者に提出する選択肢は非常に異なるものになり、導き出される国内の資源配置と国際戦略・戦術がまったく異なるものになる可能性がある。たとえば、前者の案は国内の経済発展を優先するよう要求し、後者の見解ではさらに大きな国防予算と外交経費を要求する。前者の案は内部の民族感情を抑制し、西側の先進国世界に対してさらに開放しようという姿勢を主張するが、後者の立場は国際関係において「ロシアと組んで米国に対抗する」ことや、国連において弱小国に同情的な投票行動をとり、西側を絶えず悩ませている「トラブル国家」に対して支持の声あるいは実際の援助等を与える提案を行うことを支持する。

どちらを採るにしても、腹が決まる前に、まず二つの前提について調査研究を行う必要がある。第一は自らの歴史、実力およびニーズに対する再考である。「中国の台頭」にははたしてどのような含意があるのか。いわゆる「台頭」、現に進んでいる「台頭」はどの程度までなのか。中国は、内外の人が言うように——いわゆる購買力平価（PPP）で——すでに世界第三、もしくは第二の経済強国となっているのか。それとも全体としてレベルのまだまだ非常に低い（あるいは極端に低い）発展途上国なのであろうか。どのような指標が世界列強の属性か（「両弾一星」（原子爆弾、ミサイル、人工衛星）」、経済・軍事規模および国連安全保障理事会常任理事国の地位など）、どのようなことが依然として後発工業国レベルにあるか（全体の資源、生態系環境、経済効率、国民の資質など）、どのようなことが世界の平均レベルから遠く劣っているか（一人当たりの資源と生産高、所得分配とその格差、ある種の社会的安定の指標など)、これらは一国の国際的地位と世界への影響力に対していかに貢献し、どのような面で制約しているか。わが国が歴史上(国内政治経済史と外国との交流史を含め)吸収する価値のある経験や教訓があるか、政策決定者層は直面する各種問題の解決にあたってどのようにプライオリティやウェートを確定させるべきかを戦略思想家たちはしっかり推測しなければならない。たとえば、対外援助と外資導入、沿海開放と西部開発、中央のマクロ・コントロールと地方の自主、「大中華経済圏」の奨励と国内各民族の団結の維持などの「二者」の間に、それぞれどのような比重が与えられるのか。我々の資源状況、国民の資質、発展水準などは果たしていかなるものか。国内の発展と国際的責任の二つにはどのように比重を置くべきか、またどのように両者のバランスをとるか。中国は世界の一員として何をすべきか、また何ができるか。他人に対して何をするか、また自分に対して何をするか。台頭以前、台頭している最中、そして台頭後の「すべき」と「できる」にはどのような違いがあるのか。それぞれの段階の出発点は異なり、選択基準に差があり、価値観が異なり、内省の度合いに差があり、外部に対する内部の影響が違うなど、すべて大きな隔たりがある。これは確かに「どのような世界を二一世紀にもたらすか」という課題に関係し、悠久の歴史をもちながら近代の落伍者となった民族が現代の進歩性に見合った自分自身のかたちを創り上げるという問題に関わってくる。

第二は国際規則に対する具体的分析である。単にゲーム論の視角から言えば、強力な反抗であろうと、消極的な対応であろうと、国際規則がもし長時間、広範囲にわたって抵抗にあったならば、広く普及していくことは難しく、たとえ強制力によって実現したとしても持続させることは難しい。そのため、広範に受け入れられ、実行されている国際規則は、たとえ少数の大国が共謀した結果によって、あるいは消極的に受け入れざるを得ない特定の事態によってもたらされたものであっても、大半の場合はそこには合理性と必然性が内在しており、存在する理由と特別な価値がある。実践面から観察すると、主に第二次世界大戦終結後に出現した各種の国際規則に対しては、複数の国がそれぞれの角度から批判、非難ならびに反対意見を提出しているが、これらは国際社会の秩序を整合させ、協調させる面において一定の役割を果たしてきた。当然、時代が発展し、各国が進歩するなかで、人々の認識が向上し、国際規則の欠点や弊害も次第に暴露され、改善や改造を求める声がそれ相応に大きくなるということを注視しなければならない。筆者の見るところ、完全に少数の覇権国家の強権、とくに超大国米国の実力によってもたらされている国際規則もあれば（いわゆる「覇道」の体現）、国際社会の多数の要求や利益を直接表現している国際規則もあれば（ある人は「王道」の行動と称している）、たとえば国際金融規則や国際貿易規則のように、「覇道」と「王道」が交じり合った規則もある。各種国際規則の形態、機能、結果はまったく異なり、これらの積極面と消極面は時代の変化に従って変化する可能性がある。そのため、我々は見極めに注意を払わなければならない。既存の国際規則のなかで、どのあたりがゆとりをもって対応できるか、どのあたりに慎重な対応が必要か、どのあたりが改変できまた改変しなければならないか、どのあたりが改変しなければならないが実現が難しいか、どのあたりが短期的には服従せざるをえないが長期的には挑戦が必要か、どのあたりが短期的には紛争になりえるが長期的にはみなにメリットがあるか、どのあたりが他国の覇権の要因で受け入れざるを得ないか、どのあたりが我々自身のシステムの欠陥で作り出された摩擦なのか、どのあたりの変化が可能か。「戦術」から言えば、たとえ「覇気」がみなぎり、あきらかに不合理・不公平と思われる国際規則であっても、戦略としては考えるべき問題がある。中国は米国のような世界的な強国ではない。現在、一定の世界的な影響力と利益を持つ地域大国である。我々はすべての国際組織には加盟していない。我々が握っている「票」と「入場券」（たとえば安全保障理事会常任理事国の地位と核保有国クラブのメンバーシップ）はまた各種要因によって割り引かれている。そのため、現在、わが国がすでに到達したレベルを高く評価することはできないのである。中国の目下の第一のニーズは依然としてチャンスをとらえ、発展を加速し、国力を上昇させ、人民の生活レベルを改善し、時代の進歩に合っていない自国のいくつかの問題を改善することであり、これは簡単に言えば、自身の発展と進歩である。このように考えれば、西側が制定し主導する国際規則に対して中国人として比較的有利で実際的な方法は、自らが先導者のようになるのではなく、孫悟空のように先回りして忍び込むことであり、道理と利益にかなった節度あるやり方で批判意見を提出し、自らの力量がついて発言権が自然と増大するのを待ち（ドイツ人が欧州統合とEUのなかではたしてきた役柄と同じように）、そのときに再び改革を提唱すれば、さらに多くのチャンスがあるはずである。

わが国の改革開放路線を推進した約二〇年の実践経験から見ると、中国人が国際規則を理解し受け入れるのはカテゴリー毎で選択的であり、また国内の発展とニーズに従って次第に認識を高め、次第に態度を変えていくという過程があった。前者について言うと、国際規則はおおよそ三つのカテゴリーに分かれる。第一は管理、技術、規格などテクニカルなカテゴリーであり、たとえば、国際上の海底資源管理の規定、石油流出・汚染の防止メカニズム、航空業あるいは銀行業の共通ルールおよび各種の専門用語の使用などである。第二は、システム、メカニズムのカテゴリーであり、とりわけ政治、経済および安全保障に関する国際規則である。たとえば、国連、WTO、国際軍縮体制および最近の一時期アジア金融危機により語られることの多くなった国際金融規則、IMFの改革案などである。第三は文化的背景、民族心理あるいは風俗習慣に関係する一部の国際規範である。たとえば、人権、女性の権利、マイノリティの権利および個人と国家の相互関係に関する各種条約である。あきらかに、第一のカテゴリーの国際規則に対して共通認識は比較的容易に得られ、みなが国際規則と結びつけたやり方が必要だと言う。第二のカテゴリーの国際規則に対しては、各種の論争と立場があり、選択するときの差も比較的大きい。アメリカをトップとする西側諸国はこの面で十分に覇権を行使しており、我々は慎重に注意深く対応していくべきである。第三のカテゴリーの国際規則に至っては、反対の意見が賛成の立場より多いようである。これと関連して、異なる部門、異なる利益団体ないし異なる階層の人は、国際規則に対する態度とそれを受け入れる程度もまた大きな違いがある。国際貿易および金融問題に従事する人の多くが「(国際規則への)加入」という見解に同意する可能性があるが、軍縮および「敏感」な分野にかかわる専門家は、国際規則を自国に導入すべきだとの外部の提案に対しては比較的慎重な態度をとる傾向がある。これは自然なことであり、また容易に理解することができる。いかなる国家においても、似たような現象が存在する。しかし、国際規則に対する理解と態度は、外部世界全般に対する我々の理解や態度と同じように、すべて漸進的に理解し、認識を深め、絶えず適応していく過程であるということに注目しなければならない。中国国内の各方面の進歩に従い、国家利益の意味するものに対する異なる認識によって、また国際的条件と環境の変化に従い、このような「学習」と「適応」のプロセスは異なる結果と政策をもたらすはずである。たとえば、一九五〇〜六〇年代、我々は国連を承認しなかったし、また承認する方法もなかった。しかし、現在は自らの常任理事国としての役割を重視した重要国家である。かつて、中国は地球温暖化防止の義務を負う可能性はなかったが、今日、中国は自ら「京都議定書」の調印を申し出ている。国際環境が変化しており、中国自身も変化してきている。そのため、国際規則に対して単純に「不変をもって万変に応じる」という方針は採用すべきではない。

このような比較的複雑な問題をもしうまく処理することができるなら、悠久の歴史と文明の伝統を有する中国人が備えている政治の知恵を体現でき、改革開放後の中国人の大所高所の視点を反映させることができる。それが成し遂げられれば、中国人が提唱する多極化はさらに多くの支持が得られ、さらに大きな成果を収めることができると筆者は確信する。したがって、中国の台頭は、人々の憂慮を引き起こしたり他国の脅威になったりしないばかりでなく、世界の平和の力を増強し、米国の覇権が作り出す各種の問題と悩みのタネを巧みに減少させ、周辺地域と世界全体をさらに安定し繁栄したものに変えていくことができるのである。

国際組織への態度——受動的参加から能動的参加へ

総じて言えば、過去の半世紀余りにおいて、中国の国際組織と各種条約への参加の態度は、拒絶から承認、さらに参加へ、比較的受動的な態度から相対的には能動的な態度への変化があった。しかし、具体的な事例から分析すると、たとえ現在は過去に比べると能動的であると言っても、検討し総括するに値する経験と教訓がある。ここではまず海外の見方と評論を引用する。これらは一面性や不当なところがあることは否めないが、参考とすることができる。

米国のコロンビア大学教授で中国問題専門家のサミュエル・キムは、国連に復帰したばかりの時期と比べて、中国の一九九〇年代以降の行動は比較的保守的で消極的だと考え、以下のように指摘している。たとえば、「〔国連安全保障理事会では〕棄権することが日常的に選択される投票方式になっている」。一九九〇年〜一九九六年の七年間、中国が棄権した回数は合計で二九回に及んだが、これは安全保障理事会の五常任理事国の合計棄権回数四五回の六四%を占める。「中国の国連に対する活動は積極的な役割を果たしてこなかっただけでなく、消極的な影響も与えてこなかった。事実、中国が取ったのは、時機を見て処理するといった最低限の参加戦術であった。これは中国が安全保障理事会に提出する案件がますます少なくなっており、反対票を投じることもますます少なくなっていることにまさに現われている」。「中国は いつも台湾およびチベット問題を起点として国連安全保障理事会の運営に関わっている」、「中国について言えば、もし人権、台湾に関する問題あるいは制裁『でなかったら』、国連決議の起草に参加しない。たとえば、中国はかつて安全保障理事会におけるソマリアに関する論争に対して参加せず、全く関心がなく、どのような見方もなかった。もし可能であれば、決議を作成する責任をほかの国に放り出し、その後自らは受け入れが可能かを表明する。自らと関係のない重要問題においていかなる時間も浪費しない。」中国は自らが提供する「総合国民収入統計」に基づいて国連分担金の比率を下方修正するよう要求する。「国際社会では中国が提供する統計数字について大きな議論が存在するが、中国の分担金比率は五・五％（七〇年代）から下降し続け、現在は〇・七二％のレベルを保持している」、「中国は国連の分担金比率において、たとえばブラジル（一・六二％）や韓国（〇・八二％）、メキシコ（〇・七九％）など、一部の第三世界諸国に及ばない。」海外のある計算方法によれば、中国のGDPはロシアのおおよそ八倍であるが、ロシアの国連分担金は中国の六倍である。「簡単に言えば、中国は国連の財政体制の受益者であって、貢献者ではない。というのは、中国が国連から得ている多国間枠組みの資金ならびに技術援助は国連に納めている分担金や負担している維持費用をはるかに超えているからである。」キム教授は批判して言う。国連のその他の加盟国の代表から見ると、近年の安全保障理事会での中国の行動（多くの問題において参加が少なく、安全保障理事会の常任理事国の間の非公式交渉に対して関心を持たないなど）は、中国がちっとも関心がないと映っている。(6)

ハーバード大学教授のジョンストンは、中国の状況を比較的熟知し、中国に友好的な外国学者と公認されている。彼でさえもまた中国の国際組織への参加方式は「比較的受動的」であり、参加と設計の意識に欠けると思っている。ジョンストンは次のように指摘している。数量からだけで言えば、一九八〇年代と九〇年代に中国は国際組織への参加活動は大きく増大したが、「体制に加入したあとの中国は必ずしもアジェンダの設定者ではない。中国は常にほかの国が提出した議案に反応する。事実、中国の受動性は発展途上国の外交官を不思議がらせるものであった。中国は国連総会あるいは安全保障理事会で建設的解決方法を提出することが非常に少ない。たとえば、中国が軍縮会議で提出する解決方法は原則を強調することが多く、具体性あるいは実用性をもった解決措置は非常に少ない」、「一般に、中国は二つの状況下における反応は決して受動的でない。第一は明らかに安全保障上の利益に影響する状況である。たとえば、過去一〇年余りの軍縮会議において、中国は非常に積極的に米国に対してずっと圧力をかけ、米国が宇宙空間の非軍事化問題を話し合うよう同意を求めており（これは米国が弾道ミサイル防衛システムを発展させるのを制限できるためである）、同時に、米国が提出した核分裂性物質生産の問題をめぐる期限の設定に反対している。第二は、台湾の国際空間を孤立させる中国の外交戦略に関わる状況である。最近の数年、中国は数回、安全保障理事会で拒否権をちらつかせて、また行使して、台湾が国際空間に拡大することを防ぎ、国連の平和維持活動を阻止した。外交官らの報告によると、アジア太平洋地域の一部の組織において、大部分の中国外交の目標は台湾がいわゆる『国際空間』を獲得することを阻止することである(7)」。

公平に言っても、こうした批判は必ずしも適切ではない。中国もまた主体的に提案を提出するときがある。たとえば、江沢民主席がＡＰＥＣ経済首脳非公式会議に参加したときに提出した、各メンバー間の中小企業協力とハイテク交流を発展させる動議、朱鎔基総理が中国・ＡＳＥＡＮ首脳会議に参加したときに提出した、今後一〇年以内に「中国・ＡＳＥＡＮ自由貿易地域」を設立しようという提案、中国政府が「九・一一事件」のあと提唱し各国が締結した反テロ条約の提案はみな、こうした面での積極的表現だと見ることができる。しかし、同様に事実に即して見ると、中国は人口第一の大国ならびに発展速度の速い国家として、とりわけ安全保障理事会の五常任理事国の一つならびに核保有国として、国際平和の維持と発展に関して確かに十分には貢献していない。とくに中国と直接関係のない領域や問題（たとえば、周辺地域以外の紛争多発地帯）において、我々が主体的に提唱することは少なく、先頭に立って協議するときは多くない。他国の人々は、こうしたことは中国のスケールや能力とつりあっておらず、人類全体の平和と発展に対する貢献は限定的であると感じている。その原因は非常に多いが、すべてに道理がないわけでもない。たとえば、中国人はいままでずっと国際的活動が低調で、声高に叫ばず、あるときは多くのことをやるのに説明が少ない。中国人は一人当たりの平均所得が依然として低く、政府と外交部は国際的にあまり明確に認識されていない問題に貴重な資源を浪費したがらない。文革期とその前の一時期、国際関係で「大旗を掲げ」、大げさなことを言った教訓は、国民に自嘲の念を思い起こさせるものであり、そのため、今日の国際関係のなかではより実用主義的な態度を採ろうとする。その他のありうる要因としては、中国の伝統的思考様式には李沢厚〔改革派の思想家〕が「実用理性」と呼ぶものがあり、これは現世のメリットと利益を比較的重要視し、抽象的で危険を伴うと考えられるものをあまり重視しない考え方である(8)。そのため、中国外交官は国際舞台には一般にあまり顔を出さないし、我々自身のアイディアが国際的な公認を得るという場面もまた稀である。

中国と国際組織の関係において、こうした中国の特徴は同時にプラスの結果とマイナスの結果をもたらす。プラスの面では、たとえば、我々の直接的な経済および安全保障面の利益は保護を得ている。マイナスの面から見ると、たとえば、我々の国際イメージと外部世界に対する影響力は割り引かれてしまう可能性がある。各種の批判（ときには激しく鋭い非難）に対して、外交部門もまた少なからずくやしい思いをしている。彼らから見れば、国内の経済発展を保証するためにできる限りサポートすることこそが最大の成功であり、最良の外交である。一研究者として、筆者はこのことが理解できると同時に、むしろ次のことをさらに分析し研究すべきだと感じる。なぜ外部の評価と自分の感覚にかくも大きな落差が存在するのか、また、なぜ国内各部門の利益の間、政策決定者層と庶民の間に外交活動の成果（たとえば対米外交と対日外交の成果）に対して相当異なった評価が存在するのか。これは結局、中国の現有の体制とメカニズムの一部に欠点があるからなのだろうか。それとも、宣伝や解釈がひどいからなのだろうか。あるいは実務担当者の努力不足ということなのだろうか。いずれにせよ、もし、過去のこのような方式とその特徴が続くとするなら、時間の推移と中国の外部世界への関係の拡大が続いても、伝統的なやり方と思考習慣が変化することは困難になる。希望しようとしまいと、承諾しようとしまいと、中国人は世界に融合したあと、いっそう多くの権利、メリット、責任および義務に向き合い、我々の思考様式と行動様式を新しい状況に適応させなければならない。我々はまた、中国外交の短期と中長期の目標に対してよりいっそう鮮明な描写と説明を行い、国際組織と条約への参画に対する中国の立場を含めて、さらに系統的に掘り下げた解説を行う必要がある。

相互作用プロセスにおける建設的役割

新世紀に向かって、中国は新しい状況に適した大国の戦略と大国の風格を持たなければならない。建国初期、中国人の最大の願望はこれまで積み重なってきた貧困と弱さのイメージからの脱却であり、独立自主の国家を打ちたて、屈辱的に跪《ひざまず》いてではなく、きちんと立って外国人と対話することであった。こうした感情は中国人の心に一〇〇年にわたり纏《まと》わりついていた。毛沢東は強大な相手を畏れず、鬼神の威力さえ信じないとの気概を持ち、人々の尊敬と親しみを勝ち取った。しかし、彼は中国の発展問題を解決しなかった。毛沢東時代の中国経済と中国社会は、我々のこの時代の変革と同じような躍進のリズムと息吹を欠いていた。中国と外部世界の関係は、一種の緊張した対峙の中に陥った（もちろん、これは我々自身が作り出した原因だけによるものではない）。鄧小平が改革開放を始め、中国の閉鎖していた大門を開き、中国人に世界を理解させた。また世界には中国への関心を引きつけ、両者の間に密接な相互作用が生じた。しかし、主に配慮したのは国内の衣食と発展の難問題を解決することであったため、外部世界に中国の意図があまり理解されなくても、とくに中国が台頭したあとの国際戦略目標がはっきりしていなくても、鄧小平時代の中国人は国際関係において「物言わずに、光を隠して英気を養う」という低姿勢を主に取った。いわゆる「中国脅威論」の出現は、一方ではある種の下心を持った西側勢力の先導によるものであるが、他方では中国の台頭が速く、また我々の説明の仕方が十分でないからでもある。〔江沢民ら〕第三世代の指導グループを起点として、新世代の中国の政治家たちが追求するものが次第に鮮明になってきた。わが国の指導者が近年来いろいろな場で反復して強調しているように、中国は国際社会の重要な責任を担う大国として、当然、国際問題においてさらに多くの活動をすべきであり、世界の人口の五分の一を占める中国人は世界の平和と発展のためにさらに大きな貢献を果たすことができる。(9) 筆者は、この方針は非常に必要なものであると考える。グローバルな問題をさらに考え、アジア地域と地球規模で台頭している大国としての責任をよりいっそう担ってこそ初めて、中国は自国のニーズをうまく表現することができる。またそうなってこそ初めて、国家の発展と世界の進歩を相互に促進し、相互に足を引っ張ることがないようにすることができる。台頭後の中国は、貧しさと弱さを積み重ねて停滞していた時代に採用していた国際組織戦略を単純に踏襲することができないことは明らかである。新しい世代の人は新しい考え方とやり方をもって、先人のよいものを継承した基礎の上に、創造的態度で発展させなければならない。このため、歴史が残した心のわだかまりを克服しなければならない。過去において外部の列強が中国人にあまりに多くの教訓と屈辱を与えたのを見出すことは難しくない。「教師はいつも学生を裏切るものである。」そのため、我々は国際組織と現在の体制の多くの提案を含め、国際的な呼びかけを拒否することになれており、呼びかけや提案の背後にある利益が明確でない時には特にそうである。我々の一部の同志が「光を隠して英気を養う」、「先頭に立たない」といった言い方〔一九九一年に鄧小平が提示した「外交二十四文字指示」の最も重要な部分〕を用いるとき、そこに表現されているものは単なる謀略でなく、あるときは心中にある一種の不信感と外部状況に対する無理解が表われている。国際組織の日常の業務に対応する中で、介入しないこと、承諾しないこと、先頭に立たないこと、あるいはできるだけ参加を先延ばしすることは、実務担当者の間では、お決まりの思考様式および活動習慣となった。中国の国力が弱く閉ざされた状況下で育まれ、改革開放初期に作られたこうした態度は、今に至るまでなおも中国人の国際組織政策と多国間交渉戦略に影響を与えている。筆者の見るところ、こうした態度はずっと継続していくことはできないし、また、中国が次第に地域大国となり、かつグローバルな立場で影響力を増大させている現実とは不釣り合いである。現在必要なのは、いかにしてもっと参加すると同時に、有効に独立性を保持しさらに大きな発言権を勝ち取るかという問題について考えることである。地球温暖化防止条約（京都議定書）と人権条約への対応は、この際に容易に思いつく現在の事例であり、核不拡散と平和維持などの領域もまた同様の状況にある。これらは中国がこれから古い国際秩序を改造し、提案を提出する支点であり、我々はさらに大きな進取の意識が必要である。中国人は志を持つべきであり、自分のことをきちんとやるだけでなく、人類の発展と国際社会の安定にさらなる貢献を果たすべきである。

その意味では、中国が国際組織へ参加する複雑なプロセスは、単純に自我の調整、一方通行の受け身の過程であるだけではなく、実際には、これはシステムに対する影響、改造、修正といったフィードバック作用のプロセスである。それはあたかも特定の社会環境において一人の人間が生活しているのに似ており、彼の行動様式や考え方は、そうした環境の影響を受けていると同時にまた、社会の傾向や風潮の一要因を構成しうる。さらに特に考慮しなければならない事実は、中国は大国であるということである。人口の数はもちろん、資源・領土面積、経済力、歴史の深さ、文化の独立性、軍事力などは等しくこのとおりである。このような大国は単独の行為体として、「社会環境」の中での影響力の大きさは弱小国家が比肩できるものではない。もちろん後者は同様に特殊な行為体として大国には代行できない影響のし方があるけれども。さらに、ある大国が発展・勃興している隆盛期にあるとき、あるいは衰退・没落している下降期にあるとき、国際社会、国際体制、国際組織および国際条約などの「社会環境」に対して、二種類の完全に異なる作用効果（フィードバックの力）が生じる。衰退中の大国は、活力ある中小強国より影響力が小さい可能性があるが、上昇中の大国は必ず一般の国家の輻射量をはるかにオーバーして影響力を発散できる。二〇世紀前半の中国はあたかもバラバラの砂のように内部は混乱が絶えなかった。したがって、西洋列強がほしいままにこの国を分割できた。建国前の中国は、名義上は国連の創始国の一国であったが、いかなる場合も米国、英国など西洋大国に従属するしかなく、安全保障理事会の常任理事国が持つべき尊厳は少しもなかった。独立自主の新中国は、国際情勢において軽視すべからざる一つのパワーと公認され（すべての人ではないが、多くの人には多極構造の中の重要な一極と見られている）、各国際組織のなかでの中国の態度や発言はおおむね広範な注意と傾聴が払われている（その量や質と中国の地位とは依然としてまだ釣り合いがとれたものでないけれども）。分析の示すところでは、一定の社会環境のなかで、ある行為体の影響力の大小は、その規模と能力によって決まるだけでなく、それ自身のダイナミックな発展状況と観念の形態に深く根ざしたものである。活力ある行為体であればあるほどその追求しようとするものは広がり、それは外部環境にますます作用するようになる。成熟した民族的思考と独立志向を打ち立てれば、それだけその他の行為体と全体の環境に対する吸引力

（求心力）を増すことができる。これと反対に、硬化して閉ざされた行為体はおのずから遠心力を生み出す——外部環境との相関関係は下降傾向を呈し、相互に影響しあうエネルギーと関心はともに減少する——はずである。そのため、この側面の意義について言うと、一九八〇年代以降の中国の改革開放の絶えざる深化は、内部の高度成長をもたらしただけでなく、国際環境とその他外部要因に対して新たな相互作用の基礎を構築した。世界各国が中国を新しい目で見ており、まずは自覚なしに、後では意識して、従来の対中政策を調整した。たとえば、ＥＵは一九九〇年代半ば以降に連続していくつかの対中長期戦略を登場させたが、これはこの新たに台頭した東方の巨人に対する重視を表現している。二〇〇二年、中国ＷＴＯ常駐大使孫振遠が中国事務所で開催したレセプションはＷＴＯの歴史上かつてない盛況ぶりであった。これは、この新たに加盟した経済大国に対する国際社会の重視を表わしている。ＡＳＥＡＮは近年来一貫して中国と南シナ海〔中国では「南海」または「南中国海」と呼ばれる〕における行動規範について共通認識ひいては取り決めをまとめることを渇望している。中国の承認と参画なしには、南シナ海に関わるいかなる安全保障措置も集団協定も意味がない。中国が変革を進め強大になることは、中国そして世界に変化をもたらした。このことはまた、世界人口の五分の一を占めるこの国家が人類の歴史に足跡を残し国際的発展に貢献するための最も重要な基礎でもある。もしこのような共通認識を打ちたて、積極的な進取の姿勢をとれば、中国人は国際組織においてさらに積極的な貢献を行い、もっと多くの提案を行うことができ、さらに国際体制を我々が希望する方向へ推進していくことに有利となるはずであると考える。

多国間外交の展開

中国は台頭している大国であり、現在の世界の五分の一以上の人口を擁している。我々は自らの発展について考えるだけでなく、国際社会において担う責任とわが国の外部イメージに配慮する必要がある。我々の国家は地球「核保有国クラブ」、国連安全保障理事会、投資・貿易などの分野およびアジア地域における重要な役割、さらに社会主義大国と発展途上大国という二重の立場に関連した役割において、現代世界で広く重視されている外交方式である多国間外交をさらに重視しなければならない。一人当たりの国民所得は依然として低いものの、中国の総合国力は一人当たりの生産額などの指標では十分に反映できないものであり、むしろそれは国土面積、人口およびいくつかの主要分野の生産品と密接に関連するものである。たとえば、両弾一星を手に入れた後、数十年近くのたゆまぬ努力を重ねた結果、中国は米国とロシアに次ぐ宇宙大国となり、また日増しに増大する宇宙と宇宙空間の利益を得るようになった（たとえば、特定の一国あるいは複数の国が破壊的な宇宙兵器を保有するのを防止する、あるいは人類がとくに必要としている宇宙関連の民需製品を開発するなど）[10]。また中国はすでに世界貿易大国の一つとなった。中国経済の対外依存度は多くの先進国を超え、わが国の国民生活レベルの向上と投資水準の絶えざる増加はかなりの程度、対外経済・貿易活動の展開に依存している[11]。近年来、石油のシーレーンの重要性が上昇する一方で、国内の石油パイプラインを延長することが難しくなるにともない（とりわけ国内経済の急速な成長と比較して)、同時に一般大衆の生活レベルが向上し、また中国の世界に対する関心が増大するにともなって、中国は海洋大国、エネルギー大国、南極・北極開発の大国となる方向へ向けて足を踏み出した。ますます多くの中国人は、「海洋国土と海洋権益」(たとえば、大洋海底のマンガン資源およびその他鉱産物の埋蔵)に注目し、各種の海上資源の輸送ルートと航行ルートの安全通行に注目し、南極の開発・利用および南極条約の命運に注目するようになってきた。中国もまた地球全体の安全保障に重要な責任を負う大国であり、中国自身が直接に関わる地域の安全保障と世界情勢の安定に対して次第に影響力を強める願望を抱いている。たとえば、国連安全保障理事会常任理事国の一つおよび唯一の発展途上国の代表として、わが国は米国の弾道ミサイル防衛システムを公に支持することは困難であり、核拡散の暗い影が四方に蔓延すること(南アジアで近年発生した事態のような)に同意することも当然できない。朝鮮半島あるいはインドシナ半島においていかなる激しい不穏な情勢が出現しても関与しないで座視することはさらに難しい。中国が心から望んでいるか否かにかかわらず、周辺の隣国および世界の主要大国と意思疎通して協力する必要がある。多国間外交を含む各種の形式、仲介斡旋とか間接的協調とか直接的関与を用いて、安全保障に関わる潜在的な患部を取り除き、不利な情勢を緩和し、国際的な諸活動におけるわが国の発言権と影響力を増大させる必要がある。

中国が現在ますます多国間外交の方式を重視している理由をあいまいにしておく必要はない。重要な理由は、米国の冷戦後の覇権主義的行動とその超大国の地位、および米国の一部勢力が大国間関係を処理するにあたっての覇権的な思考と単独行動主義が、大国間関係を緊張させ、さらには国際戦略情勢のバランスを失わせる可能性を生み、広範な地域で持続的な不安感を作り出したことにある。筆者が見るところでは、米中間の現在の摩擦は一方では根の深い構造的矛盾であるが、他方では誰もが簡単には排除してしまうことができない複雑な相互依存関係があり、双方ともに対立と協調という二つのやり方で相手に対応せねばならない。まさに、両国の指導者やアナリストがこれまで何度も指摘したように、米中の社会制度、イデオロギー上の違いは大きい。また両国間には経済・貿易分野において重大な共通利益があるが、同時に貿易摩擦が長期に存在する。世界と地域における軍縮および核拡散防止の分野での両国の利害関係は複雑かつ重大であり、時に一致し、時に矛盾を抱えている。両国は人権、環境保護、麻薬および密輸犯罪の防止などの問題で共通のニーズを持つだけでなく、少なからざる対立点がある。米中間のこのような複雑な対立と協調はブッシュ政権の登場によって際立って見えるが、指導者が変わったからといって対立と協調の構造が根本的に転換するはずなど絶対ありえない。言い換えると、こうした関係は長期的で曲折に満ちた過程を表現しているのである。米国は現代の世界で、そして今後の長い期間にわたって唯一の超大国として君臨し、その指導的地位に対してたとえ潜在的な「挑戦」であっても許すはずはなく、各種の手段で「挑戦」を阻止するだろう。中国は現代の世界で最も急速に上昇する発展途上大国として、上述した多くの領域において一定の実力と新たな要求を持つ大国として、米国が主導する国際政治、安全保障および経済・貿易秩序に対して深い批判を提起し、またますます多くの合理的な権利要求を提出することになるだろう。[12] そして中国は、こうした批判と要求が次第に大きな賛同と支持を獲得する可能性があると見ている。そのため、米国の覇権主義の圧力に対して、中国は安定した米中二国間の戦略関係の維持と経済・貿易関係の拡大に努めると同時に、新しい道を切り開き、広く付き合い、多国間外交のチャネルを発展させ、自らの良好な発展のためだけでなく、グローバルな戦略的安定のためにも、あらたな活動空間を開拓する必要がある。

さらに、多国間外交を発展させることは、中国が世界大国に向けて必ずや歩むべき道であると言うこともできる。ここで、まずとくに議論しなければならないのは、謙虚な外交風格の保持と良好な国際イメージの樹立の関係であり、また人々が常に述べる「光を隠して英気を養うこと、そうすれば成果がある」という言葉の意味合いである。大国の風格と大国の外交を語れば、すぐに大げさに自己主張をし、夜郎自大となり、はなはだしくは国内の経済発展の主要な目標を忘れて、国際舞台で西側世界、とりわけ米国と張り合い、「大旗を掲げ」、「第三世界反米連盟のリーダーとなる」という見方が存在するようである。実際にはこれは一種の誤解である。中国はこのように大きく、発展はこのように速い。自覚しているか否かにかかわらず、国際関係に巻き込まれる程度は以前とは比べようがない。現在、わが国は「樹未だ大きからざるにまず風を招いている」。多くの問題があるのに隠そうとし、参加しない、議論しないということは基本的には困難になってきた。一つの例を挙げよう。もし、中国が国連安全保障理事会でいつも棄権していたら、いつの間にか、公式・非公式に中国と胸襟を開いて協議し具体策を考えてきた他の常任理事国だけでなく、もともと中国に厚い期待を寄せていた多くの中小国家でさえも失望し、中国の立場を理解しなくなる。このままいけば、中国の常任理事国の地位は有名無実化する。概して言えば、外交戦略の目標を確立し、主体的に様々な行動を採ることは、どこでも誰かに挑戦するということではなく、我々の利益と国際環境との相互作用を深く考え、国際社会の諸活動に積極的に参加し、これによって自他ともに利し、「プラスサム政治」を成功させるということである。

大国外交としての多国間外交

それでは、何を大国の風格を持った外交、とりわけ、現代の特徴にふさわしい大国外交と呼ぶのか。原則上、この概念は少なくとも以下の内容あるいは要点を兼ね備えていると筆者は考える。

● 戦略上、大国は外交において、時代の特徴を把握し、自らの目標、統一的なグローバルな方針および地域戦略を推進することに比較的長じており、このため、自国の国力、海外資源および各種既存の国際メカニズムを利用することに熟練している。おのずから、大国外交は比較的優れた大局観を持っていなければならず、メリット・デメリットのバランスに長けており、短期的および局部的な利益のみに左右されない。捨てることも与えることもでき、進退が自在である。

● 一般に、大国は外交上、危機管理メカニズムを備えており、内部の各部門間の協調メカニズムもまた比較的整っている。健全な大国外交において、特定の集団や部門の利益が国家や民族全体の利益を凌駕《りようが》するような情勢は出現することがあってはならない。

● 大国間の関係において、大国はその他の大国に従属せず（これと弱小国家がやむを得ず採る戦略とは鮮明な対照をなしている)、大国の間の摩擦解消に決して幻想をもたない(はなはだしい場合、両者の間には日増しに摩擦が多くなり得ると予想する)。しかし、終始、適度なある程度のバランスを保持し、既存の摩擦のコントロールを失うこと(例えば、きびしい軍事的対抗、戦争での死傷が他の分野で持続的なマイナスの影響を引き起こすこと)のないようにする。

- 求心力の点で中小国家と比較してみれば、大国は独立した文化価値システムと適切な戦略領域を持ち(とりわけ平和的な隣国との国境と協調的な周辺環境を指す)、中小国家と周辺地域に対して特別な威嚇力と親和的な作用を持つ。大国外交は柔軟性が大きく、戦略領域も広い。
- 国際メカニズムの側面から観察すると、大国はあらゆる方面で代表権を有し、十分に唱導するチャンスを持ち、グローバルな問題に積極的に参加する態度を抱き、多くの提案を行い、多くの影響力を持たねばならない。一般的に言うと、大国は重要な国際組織内で主要なリーダーとして振る舞い、事務局の要職を占める機会が多く、事実上、国際的な課題をリードする役割を担っている。

上述の簡単な概念説明から容易に理解できることは以下の点である。第一に、いわゆる大国の風格を持つ外交は、現実における単純な強権政治とは決して同じではない。たとえば、米国が超大国であることはいささかも疑いないが、その単独的《ユニラテラル》な覇権行動は広く批判を受けている。それは米国のそうした行動が強権政治の息吹を充満させているからである。第二に、大国の風格を持つ外交は大げさに自己主張をするようなものでなく、すべてのことで実際に先頭にたつものである。真の大国の風格とは、内実がしっかりしており、十分な自信の上に打ち立てられる風格であり、力強い内部体制や総合的で抜群の国力、外部から受ける幅広い声望などの要素と、それらの相互作用によって形成される風格であると言うべきだろう。第三に、中国の現実の外交は大きな成績をあげ、幅広い賞賛を得ているが、上述したいくつかの面において、真の大国外交の標準からの隔たりはなお大きい。「ハード」面で大きな隔たりがあるだけでなく、「ソフト」面で同様に大きな欠陥が存在する。たとえば、中国の外交政策の目標から判断すると、我々は確かに微妙で奥深い含蓄のある概括的表現を用いている。たとえば、人類の平和と発展を勝ち取る、国家の独立自主を保持する、平和共存五原則を堅持する、グローバル化に参画し多極化を推進する、国際政治経済の旧秩序を改造するなどである。こうした概括的な表現は一般的に言うならすばらしいものであるが、これらの中のどれが大国にだけある特質であり、どれがいかなる国家でも追求できる目標であろうか。どれが中国特有の要求であり、どれが一般の大国が均しく満たさなければならない条件なのか。どれが短期あるいは中短期の目標であり、発展を主とする段階に保持しなければならないものに属するのか。どれが中長期あるいは長期の目標であり、中等レベルに発達した大国が追求できるものか。我々の現行の国際メカニズム――政治、安全保障に限らず、経済・貿易、環境保護、文化、学術用語の面においても――に対する基本戦略は「参加過程のなかで擁護する」か、それとも「参加過程のなかで改造を求める」ということか。言い換えれば、中国は「建設者」か、それとも「挑戦者」か。たとえば、中国は国連安全保障理事会について自らの改革案をもっているか。その戦略的な考慮とは何か。またその国際法根拠は何であるか。中国には中長期の安全保障戦略があるのか。それと米中あるいは日中安全保障関係、中国と朝鮮半島の安全保障関係、ＡＳＥＡＮとの安全保障関係との間にどのような関係があるか。中国は地球温暖化の動きに対して何を提唱し、あるいはいかなる戦略を提起するのか。我々は最大の発展途上国として、対応方針上いかにして自らの発展に関わる権益を擁護すると同時に世界の多くの国家と国際社会の呼びかけを考慮するのか。

同様に、アジア太平洋地域にあって一挙手一投足が全体に影響を及ぼす一大国として、中国はこの地域のそのほかの国家との関係を依然としていっそうすり合わせる必要がある。改革開放以降、我々は極左思潮の外交に対する負の影響を正し、周辺国との関係を拡大し改善した。しかし、中国の二〇カ国余りの隣国（直接国境を接しない国も含む）のうち、歴史および現実の複雑な原因により、半数近くの国家とわが国には依然として主権に関わる権益をめぐる対立があり、それぞれ陸地の境界区分、海上の島・大陸棚の帰属、二〇〇海里経済水域などさまざまな面で対立している。こうした国家のなかには、大国もあれば、中小国家もある。ある矛盾はそれほどではないが、あるものは困難で手を焼く。二〇年にも及ぶ中国全体の経済と総合国力の高度成長に直面して、多くの国は心から敬服しているが、同時にあれこれの懸念も抱いている。わが国と主権でもめている国では、「中国脅威論」が主張される機会はなお相当あると認めざるをえない。台湾問題はさらに敏感な頭痛のタネであり、中国の将来の外交活動の一つの「ネック」となる可能性が高い。中国が多国間外交に参加する手段は限られているし、依然中国が未加入のかなり影響力をもつ国際機構もある。中国人が国際組織のリーダーやコーディネーターを担うケースは非常に少なく、こうした現状は中国の人口、国土面積および総合国力から考えれば、きわめて不釣り合いである。我々の最重要な国際メカニズム（たとえば国連安全保障理事会）における提案や活動は人々が期待するほど活発でなく、国際平和維持活動の分野での参加度も相対的に低い。わが国の国連分担金は依然として相対的に少ない。率直に言うならば、こうしたことは多かれ少なかれ我々の発言権と影響力を制約している。

多国間外交を我々が目指す大国外交の重要な構成要素と見ることは、中国が国際的な諸活動においてより主体的に行動し、わが国の国家利益をより有効に守ると同時に、国際社会の根本的利益の実現をより十分に推進することに役立つ[13]。いささかも疑いなく、中国が多国間外交を実践する準則は、一方で、既定の外交構想全体、すなわち、独立自主の平和外交方針を実行し、イデオロギーと社会制度の違いをもって線引きをせず、広く国交を結び同盟を組まず、第三国を標的とせず、平和と発展を推進することを旨とし、世界の旧秩序を徐々に改造することに沿うものでなければならない。我々が実行する多国間外交は伝統的な二国間外交と相互補完的で、同時に行っても矛盾しないものでなければならない。しかし、もう一方で、多国間外交は、我々が慣れている二国間外交とは結局は異なっている。国際的に公認されてきた多国間外交の考え方とやり方は、中国が具体的な外交実践の中で選択していくことが求められている。ただ得るところがあって失うものがない、権利とメリットを享受するだけで相応の義務と責任を負わないということは不可能であることは明白である。このプロセスは過去のやり方と利益を放棄し、大胆に新しい構想と措置を試みようとすることを排除しない。たとえば、G8に対する伝統的な認識（いわゆる「金持ちクラブ」）を放棄し、二国間あるいは多国間の方式を通じて意思疎通と相互関係を強化することが求められるかもしれない。あるいは我々に対抗者、はなはだしい場合には潜在的敵と付き合うこと、とくにＮＡＴＯのような西側軍事組織や日米安全保障条約と接触する可能性を排除しないことが我々に求められるかもしれない。ＡＳＥＡＮと米国が合同軍事演習を展開するとき、適切な招聘《しょうへい》があれば、中国は柔軟な方針を考慮すべきかもしれない。インターネット時代が暗示していることは、もし、一つのチャンスを自ら放棄するならば、力を発揮する支えをすぐに失ってしまうということである。逆に、一つ接触点が多いと、その分だけ代表権が増え、意見を表明する機会が増える。我々は米国軍と接触できるのに、なぜ軍事上ＮＡＴＯと接触することを恐れなければならないか。この面で、ロシア人は非常に長けている。彼らは多くのレベルの接触を通じて、自らの意見に耳を傾けさせる度合いを強め、ＮＡＴＯ内部の強硬な反ロシア勢力に対する効果的な牽制機能を作り上げた。もちろん参加は賛同や黙認とは決して同じではない。それは願望と意志を伝達するに過ぎない。すなわち、中国は多国間レベルでいかなる重要な活動からも外されることを望まないばかりか、国際社会の不可欠の重要なメンバーであることを自覚し、世界と地域のあらゆる重要な問題についての自分の見解を表明する権利と機会を持つべきである。参加の度合いはまたある種の国際イメージと国際能力を象徴するもので、真の世界大国はすべて歴史上だけでなく現実においても、国際上の様々なメカニズムへ自ら参加することについて非常に心を配るものである。

上述のように、現代の国際関係の多国間外交の実践では、多国間メカニズムの役割が特に重視されている。(14) 国際関係の研究者の多くは、成熟した多国間メカニズムがなければ、成熟した多国間主義はないと認識している。事実が証明しているように、国家首脳あるいは外交官個人の交流だけでは不十分であり、往々にして不安定でもある。一定の規則と機能を持つメカニズムを形成して初めて、比較的に長持ちで有効な多国間協力、および参加国全体としての影響力を拡大することができる。伝統的には中国の国際関係の考え方は多国間主義を基本的には拒否している。「メカニズム化」には確かにメリットとデメリットがあることは否定できないが、まちがいを恐れてやるべき仕事まで放棄したり、本来の積極的なメリットの活用を放棄したりすることはできない。中国は現在すでに一部の重要な国際組織と国際取り決め（たとえば、国連安全保障理事会、ＡＰＥＣ、核不拡散メカニズム）のメンバーであり、同時に、その他の国際組織と国際取り決め（たとえば宇宙空間における軍備競争に反対する協定）の権利を獲得するために努力している。また、中国は、自分自身がよく理解できていない、あるいは気の進まない国際組織と国際取り決め（たとえば、地球温暖化防止のための京都議定書、Ｇ８のミサイル技術管理レジーム）に参加することを求められている。これは中国外交にとって複雑な局面に対処するという試練であるだけでなく、中国的特色を持つ多国間外交の一つのチャンスでもある。得られる利益と担うべき義務との関係（たとえば、わが国が安全保障理事会の拒否権を行使する、平和維持活動にもっと参加する、中国の地位にふさわしい分担金を負担する、国際社会の温室効果ガス排出削減の呼びかけに対して呼応する）を適切に処理し、中国は何でも「取るだけで与えようとしない」という誤解を他国に与えないようにすべきである。このようにして初めて我々は期待する影響力を獲得し、単独覇権行為に対する有効な抑制力を増強することができる。我々は注意深く自らの利益を守りながら、多国間の活動が中国に与えうる不利な影響をなんとかして避けるだけでなく、現代の特徴と改革開放後の進歩に符合する中国のイメージを確立しなければならない。

地域を発展させる多国間外交

現代の多国間外交のもう一つの重要な側面は、地域の統合に向けた各国の政策を促すことである。西欧諸国はこの面ですでに先を行っている。若干の紆余曲折と矛盾があるものの、多くの成功の成果と経験を持っている。EUの出現と発展は現代の国際関係おいて重要な意義をもつ創造を予見させるものである。西欧に続き、現在世界各地域はすべて地域統合の過程（サブリージョンの形式を含め）を加速しており、この地域の協力の領域を拡大し水準を引き上げている。経済・貿易と技術の面だけでなく、政治と安全保障の領域に及び始めた。東アジア地域の統合の萌芽と発育は比較的遅く、この数年多くの国が統合の課題を受け、地域協力を強化する各種のアピールを行った。地域統合を促進することは、中国にとって現実には必要であるものの、経験に比較的乏しい領域である。東アジア地域の最重要国家の一つとして、わが国はこの地域において多くの利益（ならびに多くの面倒のタネ）を抱えており、多国間外交の重点を周辺地域に置くべきである。より広く言えば、もしある国が自ら属する地域でさえもうまく統合を実現できないのであるなら、地球規模の政治経済の新秩序を構築することなどどうして語れるだろうか。冷戦の終焉と新しい時代の大国間関係の調整（とくに米中関係のすり合わせ）に従い、東アジア地域においては大きな発展と協力のチャンスがあるだけでなく、相当の不確実性と紛争の潜在性が存在する。中国はまず周辺を安定させなければならない。筆者個人の考えでは、中国が推進する地域型の多国間外交の要点は以下にある。「求同存異」、「プラスサムでともに進む」の態度で、自分たちの地域の各種の摩擦と矛盾を適切に処理する。東アジア諸国の団結と相互扶助を強力に唱導し、世界におい て橋渡しと協力を強化する。地域協力システムを形成する方向に向けて徐々に努力し、絶えずアジア、とくに東アジア地域の内在的凝集力を増強する。この地域の統合問題について、困難な点は主に二つある。第一は、特別で敏感な台湾問題を適切に処理できる環境に置き、いかにして新たな道を作るかである。台湾独立勢力と外部の干渉のたくらみを思い通りにさせないだけでなく、それが我々の外交活動の障害とならないようにするだけでなく、はなはだしくはいつまでも引きずるような足手まといの根源とならないようにすることである。短期的に見れば、二つの激烈な要求（迅速な統一の試みと台湾独立勢力の目標達成）はどちらもまったくあり得ず、現状維持が相当期間続くはずである。そのため、新しい構想の要点は、積極的かつ建設的に現状を維持し、現在の良好な情勢を破壊することを避けることであると考える。第二は、日中両大国の複雑な関係を適切に処理し、グローバルな発展と平和という高みからお互いの役割を改めてしっかりと確認し直し、各種のトラブルが増大するのを注意深く避け、歴史をしっかり心に刻み、歴史を超越することに心がける。この問題の鍵は、両国の長期的な関係をいかにして、グローバル化時代における相互の国家利益の尊重に基づかせ、新しい地政学、地経学および地文化学《ジオカルチャー》の上に定位させ、受動的、情緒的にならず、突発事件や歴史の怨嗟の影響を受けやすい基本的な条件をできるだけ排除するかにあると筆者は考える。もし、中国の新しい指導者と外交専門家が本当にこの二つのことをうまく行うことができるなら、他に問題があったとしても、中国が成功裏にアジア地域の団結強化という目標を実現することを妨げることはできないし、二一世紀にはアジア人は自信を持って胸を張り、他人から唆《そそのか》されて間を裂かれたり外部勢力によって左右されたりする時代は再び来ないと信じている。

国際関係における三つの政治文化

本章の最後に、次の時代の新しい国際関係を構築する上での政治文化の重要性について特に述べておきたい。今日の人類は、依然としてそれほどは発達していない状態にあり、人類の持つ根源的な欠点はなお折りにつけ顕在化する。従来の国際構造（いわゆる「熱戦」と「冷戦」）の影響は依然として非常に頑強であり、人間の善意に基づいた理想主義的な進歩の側面はなお強大ではなく、広範には普及しておらず、受け入れられる程度もそれほど深くない。国際社会がさらなる進歩を実現したいならば、これまでの政治文化とその思考様式を真剣に再考し、その中から汲み取るべき経験と教訓を探し出し、国際社会をさらに高いレベルへ進化させるよう努力する必要がある。

最近の国際関係理論の研究において示唆に富んだ見方がある。すなわち、国家間関係を考える場合、三種類の政治文化、あるいは国際政治哲学が存在するというものである。一つは、あなたが死んで私が生き残る、こっちでなければあっち、共に天を戴かずの政治文化であり、国家間では勝敗を決めるための闘争をしなければならず、お互いに考えるのはいかにして相手を消滅させるか、あるいは圧倒するかである。帝国主義列強が横行した時代にはこのような政治文化があり、冷戦とその思考もこのようなものであった。この種のものは一面で性悪説に源流を持ち、その側面を圧倒的に拡張させた。同時にそれは現実主義的な権力闘争がもたらした嫌疑の世界を反映し（いわゆる「囚人のジレンマ」）、人と人の間、国家と国家の間に最後に残されたものは打算と闘争しかなく、狼の群れと狼の群れの関係（イギリスの哲学者ホッブスの喩え）と同じである。強調しておかねばならない点は、人類が二一世紀を迎えたとき、こうしたものは確実に過去に比べ大きく減少したが、完全に消失したとは言えないということである。古い話はしないが、「九・一一事件」後を見るだけでも二つの極端な声がある。一つは、ビン・ラディンのような極端な反米テロリズムの声であり、彼らは米国の覇権主義に対抗しようとするだけでなく、残忍な手段で無辜《むこ》の人を殺傷し、道行く人に危害を及ぼす。もう一つは、米国の強硬派の声で、彼らはタリバン政権とビン・ラディンの仲間の拠点を粉砕してしまうだけでなく、「悪の枢軸」論を唱え、イラク、イランおよび北朝鮮などを転覆あるいは打破する対象に組み入れた。筆者が見るところ、この二つの極端な声と勢力は、国際関係の中で危険であり、人類史の中ではその野蛮性と後進性を証明することになるだろう。

第二は、高度な競争性をもった政治文化である。国家間には争奪があるだけでなく協力もある。争奪と協力は、狭い意味では自分の利益のために行われるのであり、本質的には争奪が協力より重視され、全人類共通の福祉と安全のための協力というのは少ない。現実世界において人々が見る大半はこの種の政治文化に属する。こうした政治文化は過去数百年の国際関係の基調をなしていたのであり（「熱戦」、「冷戦」あるいはいろいろな「イデオロギー」の争いは言うまでもなく）、現在に至るまで、各国の政策決定者の思考の唯一の標準でもある。それは合理的でもあるが、盲点と弱点をも持つ。合理的な一面は、それが国民国家の利益を根本とすることにある。盲点と弱点の一面は、他の国民国家の利益に対していつも見ていながら見ないふりをし、さらにはわざと低く評価することに表われる。実のところ、あらゆる環境が友好的な雰囲気でなく進歩が見られないとき、自分の発展と精神状態も制限を受けてしまう。国際関係における構成主義《コンストラクティビズム》の理論が十分証明しているように、国際関係は一種の相互作用であり、相互に影響を及ぼし、相互に制約するプロセスである(15)。あなたが先方を敵とみなすと、自分の行動と相手の反応を通じて、先方は本来敵でも味方でもなかったが、やがて救いようのない敵に本当に変わってしまう可能性がある。あなたがもし先方を友人あるいは共存できる隣人と見て、自分の行動でこうした思考を実践するならば、先方もまた同じような反応を示す可能性があり、したがって、双方をしてもともと潜在的な敵であったものを新たな良好な関係に変えてしまう。さらに言えば、積極的な相互作用は進歩的な民族性と進歩的な国際関係、国際環境を造り出し、消極的な相互作用は後れた民族性と後れた国際関係、国際環境をもたらす。

第三は萌芽状態にあり、まだ完全に体系的に整ってはいない政治文化である。中国人はそれを「大同文化」（「大同」とは『荘子』『礼記』などに見られる「私の世界を超え天下を公とし、平等で憎しみのない情の溢れた理想的な世界」)」あるいは「合和文化(『後漢書』に「四海合和し、万世福を蒙る」とあり、「合和」は「互いに和らぐ」の意)」と呼び、西欧の人は「カント文化」と呼ぶ。[16] この種の政治文化はグローバルな共通の利益とプラスサムの結果を重視し、協力の潜在力を発掘し問題の増殖を抑制することに注意する、真の「求同存異」哲学である。これは一種の高いレベルの国際関係文化であり、人類社会が一定の発展段階に進歩して初めて実現が可能であるといわなければならない。EUの成長の歴史だけが、部分的にこの政治文化の存在とその価値を検証している。この政治文化の真の意味は、国民国家の利益の実現は、国家間の差異と異なる国家・民族の特徴を十分に考慮した基礎のうえに完成するものだということにある。それぞれの国家の政策決定者と民衆が自らの利益を追求するとき、お互いにすでに到達している共通認識(あるいは取り決め、さらに法律)をまず真剣に照らし合わせ、仔細に考え、十分に尊重する必要がある。あらゆる人が自覚して自分自身、国内社会の責務、ルールを遵守する市民となるだけでなく、自覚して自らの社会、民族および国家が国際社会における責務を自覚した「国際ルールを遵守する市民共同体」となるようにする。彼らがなかよく付き合う鍵は、いかに公平に利益を分配するかにあるのではなく、いかに公正に対立点を処理するかにある。適切なシステムが「求同存異」という方式で人々を共存するように導けば、国際関係も新たなレベルへ引き上げていくことができる。

国際関係の現実のなかでは、実はこれら三種類の政治文化が並存している。あるときは互換関係となり、あるときは並存状態となり、あるときは一方から他方へ転換することとなる。政治が何を望むか、その時の国家体制、外部環境がどうであるか、そして問題の具体的領域がなにか、また歴史の記憶と現状との調整をどうするかによって主に決まる。事実が証明しているように、歴史的に見ると、「共に天を戴かずの文化」はすでにますます捨て去られ、少なくとも人心を得られなくなっている。グローバルな「合和文化」あるいは「カント文化」は、未だ遠い見通しと呼びかけであるに過ぎない。今日の国際社会では、多くの国は依然としてこれら両者の間にある第二の政治文化を忠実に守り、実行している。三種類の政治文化の間の低いところから高いところへの転換は、とても長い過程であり、困難と挫折に満ちている。ここで筆者が強調しておきたいことは、理論の創造と刷新は純粋な学術的動機のため、あるいは政治指導者や市民のご機嫌をとるためだけにあるのでは決してなく、確実にそれ自体が歴史的価値を有しているということである。グローバル化時代の多国間主義と多国間外交の問題を取り扱うとき、このような歴史的な眼と高い質を備えなければ物事に取り組み物事を論ずることはできず、具体的な矛盾と利害関係がからむ場合、国際関係学がすでに証明した「囚人のジレンマ」に往々にして陥る可能性があり、容易にそこから抜け出すことはできない。中国は古い文明国であると同時に、また現代世界で台頭している大国であると認められている。中国はいかに後れた政治文化を避け、先進的な政治文化を普及していくか。筆者が見るところ、現在、この問題に対する回答はまだ不十分で、模索しなければならない課題は依然として巨大である。

贅言《ぜいげん》を弄《ろう》すまでもなく、多国間外交は国家間の協力を創造し、自らのチャンスを拡大することができるだけでなく、我々が慣れ親しんできた外交の思考と方法に対して新たな問題をもたらす可能性もある。

グローバル化時代の多国間外交は新たな起点であるだけでなく、内外の積極的な相互作用の過程でもある。中国的特徴を持つ多国間外交を発展させることは、一種の才能を隠して外に見せない策略と陣営の中で作戦を練る芸術であるだけでなく、一つの学習適応、自己革新の過程でもある。改革開放過程のなかで着実に台頭してきた中国は、多国間外交の中に含まれる現代の国際交渉戦略を熟知しなければならない。こうした形式を通じて、絶えず中国の発展の外部環境を改善し創造するだけでなく、相互に適応するなか中国と世界とをさらに融合させる。多国間外交を適切に処理し、その運用に熟練していくことは、結局のところ、中国が「建設的で合理的な興隆」へ向かう鍵であり、中国と世界が協力し合って共に進む重要な鍵である。新世紀を迎えた中国人はさらに高いところに立ち、さらに遠くを見なければならない。我々は常に自分は「発展途上国」であると強調するが、実際、一人当たりの生産額や技術レベルあるいは社会福祉など「ハード・パワー」面で今の先進国に比べ大きな差があるだけでなく、法制建設、生態系保護、市場整備状況、市民の政治参加および多国間外交の方式の掌握といった「ソフト・パワー」面の不足を述べなければならない。中国が直面している真の脅威は、外部の単数もしくは複数のわが国を分裂させ弱体化させようとたくらむ相手からでなく（この面の脅威の存在をまったく疑問としないわけではないが）、自分自身が発展しない、あるいは発展が十分でないことから、国家建設面の重大な誤り（「文革」期に中国が作り出した損害がまさに典型である）から、そして我々自身この種の内在する欠陥に対して注意せず、さらには消極的に無視することからもたらされる。中国が外部世界へ影響を及ぼす最良の道は、自身のあり方を確立することである。我々が鄧小平の始めた改革開放の道を引き続き確固不動のものとして歩み続けることによってのみ、外交を含めあらゆる活動をこの方向に向けて努力することによってのみ、中国は新世紀においてあらたなイメージを東洋の地に打ちたて、人類に対して更なる貢献を果たすことができるのである。

4――市民社会と政府外交

経済社会の大きな変化と外交への影響

一つの時代の哲学思想はその時代に内在する精神の反映に過ぎない。同じように、中国外交の変化は二〇世紀以降のグローバル化の縮図であり、この時代の中国国内の深い変革の延長である。一九七〇年代後半から、中国は国内政治において「階級闘争を基本とする」方針を捨て、「プロレタリアート独裁下の継続革命」という間違った理論を否定し、国家と民族全体の注意力と活動の中心を「四つの近代化」建設に移した。これは中国現代史の重要な転換点であり、中国外交の新たな一里塚でもあった。一九七八年には、中国の広大な農村は毛沢東が定めた人民公社制度の様々な規定を打破し、個人経営を内容とする家庭生産請負責任制の実行などが始まった。これは農民に労働と経営の自主権を獲得させ、生産者の積極性を最大限引き出し、生産力を迅速に解放し、中国の農業改革と経済全体の改革の突破口となった。中国のような農業大国にとって、これは真の革命であり、個人の自由こそ解放をもっとも象徴するものである。一九七九年以降、深圳、珠海、汕頭《スワトウ》、厦門《アモイ》で「経済特区」を試験的に建設し、巨大な成功を迅速に収めるとともに、全国各地の模倣を引き出した。経済特区は本質的には社会主義が資本主義から学習するという試みであり（管理方式、資本導入ならびに先進技術の導入などを含む）、これは古い生産力の束縛を打破するだけでなく、古い教条主義と伝統的観念の束縛を振り払い、西洋社会に対する人々の見方を一新させた。八〇年代初めに経済改革が一定の成果をあげ、その基礎の上に中共（中国共産党）中央は「建国以来の党の若干の歴史問題に関する決議」を採択した。決議の重要な意義は、毛沢東に対して歴史的な分析を行い批判を加え、彼に対する人々の迷信を打破し、経済体制改革を全面的に推進し、外交思想面の過去の方法をあらためて審議するのにふさわしい雰囲気を作り出したことにある。(1) 中国外交の重大な転換が一九七〇年代後半から始まったことは決して偶然でない。二〇世紀末になって、江沢民を中核とする中国共産党はさらに「三つの代表」の重要思想〔「党は先進的生産力、先進的文化、最も広範な人民の利益の代表」という新しい位置づけ〕を提出したが、それは執政党の根本的な考え方を、時代の特徴である、民衆のニーズと進歩的な文化と生産方式にさらに適応させたものである。このような歴史的な思想の躍進は、中国の各方面の活動（内政と外交を含む）の、新しい世紀における進展のために、計り知れない積極的役割を果たした。

中国の市民社会はまさにこのような政治的雰囲気と環境の下に次第に成長し始めた。一種の経済現象および社会現象として、市民社会は市場経済の土壌の上に生まれたが、市場経済は中国社会の構造変化の過程のなかで重要な推進力となっている。従来の社会構造が分離し新しい職業が急速に生成してきており、多くの農民が都市の新住民となり、中産階級と企業家階層が台頭している。これらは改革の中で恩恵を受けた階級と階層であり、政治、財産、社会的プレゼンスなどの問題に対して、また国際協力と国家間関係に対して、これまでとはまったく異なる感性、認識をもっている。これと相呼応して、古い「身分」とその意識は中国の歴史舞台から加速度的に退出し、新しい呼称が古い呼び方に取って代わった。伝統的な社会主義社会の主力階級――プロレタリアートと農民階級――の内部にも重要な分化が発生した。たとえば、農村企業の大々的発展によって、農村に住むのはかならずしも農民に限られなくなってしまった。既存の国有企業も、より多彩な株式会社、外資合弁企業ならびに集団所有企業（郷・鎮・村などの政府が経営する企業で、一般に郷鎮企業と呼ばれる）に分裂した。とりわけ重要な一つの現象は、市民団体と専門家協会の発展が非常に速く、全国レベルだけでなく、各省市の下まで、それらの及ぶ領域も拡大し、これまでの伝統的な「労働組合、青年団、婦人連合会」という補助役をますます超越していることである。社会分化の過程も政策決定の分散化と社会自治の発展という趨勢を引き起こした。各地方と個人はさらに大きな自主権を獲得した。新しい社会構造のなかで、知識の水準、専門化の度合、情報の所有といった要因は過去に比べるときわめて大きな役割を果たしている。たとえば、メディアで仕事をする人はいっそう大きな社会的尊敬を受け、より大きな影響力を持つようになっているし、環境保護活動家の行動は大きな関心と支持を得ている。外部世界に興味を抱くことは、多くの人から見ると、知識と財産と機会の象徴であり、社会的地位と収入の重要な表われの一つとなった。教授や学者、さらに学生が獲得した社会的評価がその一例である。新しい社会構造のなかにおいて、政治家の権威、民衆の心のなかにおける政府の威厳、および政府役人・各級公務員の社会的地位はおしなべて相対的に低下した。彼らに対する民衆の批判と厳しい眼差しは明らかに強まった。理論的に言えば、今日の中国ではいかなる具体的外交政策も、すでに民間に深く根ざしたものや民間の数多くのニーズを内包し、同時に、日増しに増大する民衆からの制約と社会的な心理によって否決される可能性を含むようになってきた。

政治ニーズの向上と市民意識の増強

多分、ある人々は中国の民衆は政治問題に強い関心があると考えているだろう。しかし、一般大衆は政治にまったく関心がないと言う人もいる。中国民衆のイメージに対する様々な見方をどう判断すべきだろうか。民衆のなかの大多数はあまり政治を理解しておらず、関心も持ちたくない。彼らは自分の身の回りのことや自らの利益に関心がある。突発的な不満はただ彼らの見方の単純さを表わすにすぎず、こうした人々の影響力もおのずから限られている。社会の中には自分の境遇と国家の大局的な変化や、政府の決定した政策の好し悪しを意識して結び付ける人々が少なからずいるが、全体に占める比率としては、こうした人の比率は高いとは言いがたい点に問題がある。もっとも、彼らの影響力は人数の比率をはるかに超えている。たしかに、政府のいかなる政策もこれまで社会の民衆から一〇〇%の賛同を得ることはできなかった。経済と社会が発達すると、いかなる政策でも社会の中で獲得する賛同の比率は理論上当然小さくなる。それは選択幅が増加し、人々が異なるいろいろな政策をますます比較するようになると、賛成・反対の態度を決めるのは容易でなくなるからである。工業の発展した国では、政府の重大な政策決定に対して国民投票を実行するなら、「六〇%あるいは七〇%は非常に高い数字だと考えられている」[2]。我々が市民社会と中国外交の相互作用を議論するとき、市民社会のなかのどのような人、どの団体あるいはグループが、そのほかの人あるいは団体と比べて外交を含む国家の大事に関心があるか、なぜ彼らはこうした関心があるのか、および彼らはどのように対外政策の制定に影響を与えるかについて、具体的な分析が必要である。その意味で言えば、「市民社会」に関わる簡明な定義に関連して、ここでのキーポイントは、情報に精通していて、時事に敏感で、知識水準と教育程度が高く、大きな影響力を持っている市民と社会団体を分析し理解することである。そこで、政治エリート、オピニオン・リーダー、知識人およびNGOの状況が、ここでの関心と重点となる。

まず政治ニーズの発展について大まかに議論しておきたい。

中国の社会構造の変化に従い、人々の社会的な様相と政治ニーズに変化が生じた。たとえば、ある社会調査報告によると[3]、社会の広範な民衆は、幸福な生活と個人の自由をよりいっそう求めるだけでなく（若い世代はとくに顕著）、政府が市場化の過程のなかでさらに社会保障を提供すること、収入格差を縮小すること、さらに清潔で美しい社会環境（騒音と都市の「三廃（排気ガス・産業廃水・固形廃棄物）」排出の減少を含め）、官僚の腐敗など各種の不公正な社会政治現象を抑制すること（表1参照）[4]、政策決定と情報の透明度の向上、広範な政治参加、各レベルの人民代表大会（中国憲法上の最高権力機関で日本の国会に相当）と政治協商会議（共産党と民主党派、無党派人士、各界の指導的人物を集め対話を進める全国レベルの諮問的機関）における直接選挙による代表の増加、メディアがより民意を反映することなどを要求し

表1　中高級党・政府指導幹部の政治体制改革に対する見方

(単位：%)

	内　容	第1位の選択	第2位の選択
1	行政機構・機能のいっそうの改善	21.6	19.6
2	党と政府の関係の適切な処理	30.4	12.7
3	党内民主の拡大	23.5	15.7
4	世論監督の強化	2.0	10.8
5	反腐敗闘争のための力量の強化	3.9	2.9
6	党組織の簡素化	3.9	3.9
7	幹部任期制の厳格な実行	4.9	8.8
8	民主党派のいっそうの役割発揮	―	1.0
9	人民代表大会の役割の向上	2.9	13.7
10	政策決定メカニズムの改善	6.9	10.8
11	その他	―	―

ている。社会学の視角から見ると、二〇年あまりの改革と開放の進展は、物理的な側面の大きな変化をもたらしただけでなく、多くの新たな社会階層を創り出し、社会の分化過程を加速化させ、人々の観念や思想を劇的に変化させることとなり、広く社会的な自立意識や物事を吟味する意識をもたらした。これは中国が国際社会の主流的な趨勢に融合する上で決して無視できない影響力となる。政策決定者はより実務的かつ開明的になり、外部世界の反応により敏感となった。総体としての政治体制は依然として改革と転換の過程にあり、多くの根本的な矛盾はなお解決に至っていないものの、既存の構造内には深刻な変化が出現し、民衆の日増しに強まる要求はますます政策決定レベルに到達するようになり、無視できない変革圧力となっている。

その典型的な事例には環境保護意識の高揚がある。民衆の環境保護意識の高揚はますます多くの環境保護のための組織と行動を作り出したし、また政府の国内外の環境政策に対する有力な制約となっている。次のような状況を見ただけで、中国が改革開放以来、とくに一九九〇年代以降、国際社会において採用した、地球の生態系環境保護に役立つ一連の行動を容易に理解することができるだろう。たとえば、核実験の停止および関連条約の調印、生物化学兵器の徹底廃棄の呼びかけ、地球温暖化を防止するための国際会議に積極的に参加してそれ相応に決定を尊重することなどである。実際に、これもまた、国内の民衆の態度を反映したものであり、環境と発展に関する政府の認識の向上でもある。近年、北京の半官半民の生態系環境保護組織「グリーン・ボランティア・アクション」は一連の活動を展開し、評判は日増しに高まっており、影響も日増しに増大している。その範囲は街道居民委員会（都市における末端の行政組織）、大学、高校、小中学校および政府機関にまで拡大している。その活動内容には節水、紙の節約、節電、自動車の排気ガス減少を提唱し、自然食品、環境にやさしい技術の開発、ゴミの分別収集とリサイクル、物を大切にすることを提唱し、自然保護、植林造林、緑地の育成、砂漠の防止および規定違反行為の通報、環境保護意識をピーアールするための文芸・創作活動の展開などが含まれる。(5) 北京で最も有名な民間環境保護組織には、いわゆる「四大緑の党」がある。すなわち、「自然の友」、「地球村」、「緑家園」、「山諾会」である。これらとその他の民間組織および学術団体、メディアの組織化および提唱の下で、北京の市民はすでに分別収集用ゴミ袋を使用し始めた。映画スターや歌手と民衆が一緒に街頭で環境保護を宣伝し、小中学校の生徒は使い捨ての割り箸使用を放棄する宣言を出した。「北京の緑を守る希望プロジェクト」と名づけられた、北京の西北郊外の砂漠化を防止し、市民の寄付を奨励し、砂漠地を回復する活動は急速に広がり、上は七〇歳余りから下は五歳までの数多くのボランティアの人々がこの活動に参加した。北京のますます多くの道路は緑の植生に覆われた。捕獲禁止野生動物を素材にしたレストランはメディアによって報道され、民衆に批判された。北京の青少年基金会は「母なる黄河を断固として保護する青少年の行動」を展開し、新聞紙上やテレビでは繰り返し「マイカー族の環境保護提唱」が報じられた。近年は毎年一度の人民代表大会と政治協商会議において、環境保護は両会議の代表たちとメディアに最も注目される焦点の一つとなっている。多くの市民は、世界で最も工業汚染のひどい十大都市のいくつかが中国にあることを知っている。彼らはまた、中央政府と地方政府がこうした局面を改善する強硬措置を採っていること、たとえば、北京市政府がこの二年間、自動車の排気ガスに厳しい新基準を採用し、市の中心地域で石炭を燃料として使用することを禁じ、各種の作業場の煤塵を規制し、各種の規定違反行為に対してきびしい措置を講じていることなどを理解している。国家林業局が一九九九年に出した全国調査報告(6)によると、都市住民のうち、七三%の人が九〇年代に森林保護、植林造林および野生生物保護に対して関心を高めたと表明し、七八%の民衆は重大災害と生態系環境の異常現象がそうした関心を高めた主な理由であると認識しており、九割を超える人が、森林資源が破壊されたことが九八年に中国で発生した大洪水の主因であったと思っている。民衆の中で大学以上の教育水準の人々は七割が政府の行動が積極的でなく、改善が遅すぎると批判している。もう一つの調査報告は、北京の民衆の環境保護知識の水準と、政府の関連措置に対する彼らの関心とを浮き彫りにしている。多くの環境保護用語のなかで、八九%の市民が「オゾン層」ということばを知っており、「砂漠化」、「酸性雨」および「温室効果」という用語を聞いたことがある比率は、それぞれ八一%、七九%、七八%となっている。メディアが北京市街地における大気質週間情報の公表を九八年に開始して以来、八四%の市民が一貫してこの報告に関心をもち、フォローしている。教育水準が大学学部以上の市民はほとんどすべて大気質日間情報に関心を持っている(九八・二%)。大気質に関心のない市民が調査対象に占める割合は一三・二%に過ぎない。[7]

中国の環境問題と世界との関係に関して、中国人民大学哲学科の環境問題研究グループが三回にわたる調査研究を経て最終的にとりまとめた一九九〇年代半ばの『環境問題調査表』は、一つの側面から世界と中国の環境問題に対する中国民衆の見方を映し出している。この調査の結果は以下のとおりである。六三%の人が「環境問題はすでに生活の質に影響を与えている」と考えている。四二%の人が「環境は経済発展より重要問題となり得る」と認識している。二五%の人が「中国の工業は発展していないので、工業汚染などの環境問題は先進国より軽微である」と言っている。五六%の人は各級政府が環境破壊とその処理に対して主たる責任を負うべきであると信じている。五九%の人が中国は今まで地球規模の環境問題に対して「一定のプラスの影響を与えている」と考えており、一四%の人は「とても大きなプラスの影響を与えている」と考え、二八%の人は「一定のマイナスの影響」あるいは「比較的大きなマイナスの影響を与えている」と認識している。[8] 上述の各方面の圧力と影響により、現在、中央から地方までの各級政府には、以前のように環境保護問題の重要性を無視する官僚はすでにいない。

情報メディア手段の急速な発展と政府監督の役割

情報の急速な伝播と情報手段の急速な発展は、人々が情報と知識を得るルートを従前に比べはるかに増大させるとともに、人々の国内外の重要事項に対する見方に比較と批判のまなざしをもたらした。中国の通信事業は一九九〇年代に入り、年平均四〇％以上の速度で成長しており、中国は世界で最も成長のスピードが速い国である。(9) 電話とテレビは単に主として国内で民衆が情報を理解したり伝達したりする手段として用いられ、しかも政府の意見を浸透させやすくしたとするならば、インターネットは国際化、グローバル化の情報伝達の特徴を兼ね備えており、国境を越えた情報と知識の伝達を容易にした。一九八七年に「中国のネット利用第一号」の銭天白教授が初めて電子メールを発信してから、中国のインターネットが民衆の生活に使われるようになるまで、わずか一〇年余りである。たったの一〇年余りのうちに、中国のデジタル化技術の普及はコンピューター・ソフト、情報サービス、ネットおよび通信のためにこれまでにはなかった機会を提供した。衛星テレビはすでに飛躍的な発展をとげるテレビ事業の中核となっている。不完全な統計ながら、現在、全国に三つの中国国営の衛星放送網と一万を超える地上受信局がある。また、北京や上海、広州などの大都市のホテルと政府部門および一部の研究機関では、すでに香港のフェニックステレビ、米国のＣＮＮなど地域的、世界的衛星総合番組が見られる。中国のインターネット利用者は青壮年を主としており、しかもその多くは学歴が比較的高い。利用者は経済が発達した大都市と沿海地域において増加が著しい[10]。筆者が勤務する中国社会科学院世界経済与政治研究所では、研究室と職能部門ごとにすべてインターネットと接続しており、五〇歳以下の研究員と図書関係職員はすべてコンピューターを使用する。そのうちの多くは自分の通信システムをインターネットと接続している。注意すべきことは、二〇〇一年以来、中央から地方までの各級政府はいわゆる「政府ネット利用プロジェクト」をはじめていることである。現在、国務院の各部・委員会（日本の政府各省庁に相当）と直属機構は個別的な特殊な要因を除いて、基本的にインターネットにおいて自分のホームページとアドレスを持ち、定期的に情報を発信している。各省・市から県・郷レベルの政府もまた、この方面の活動を重視し始めた。たとえば、北京市懐柔県政府の情報ネットワークはすでに県の主要部局をカバーし、一五の郷鎮政府はすべてネット加入、県政府は全国で初めてネットによる行政手続きシステムを立ち上げ、政府の活動効率を向上させただけでなく、政務の透明度を増加させた[11]。多くのネット利用者は調査に対して、「インターネットは自分の活動、生活、学習に対して非常に大きな影響を与えている[12]」と答えている。

ネットの発展は、民間の情報ルートを大いに拡大させ、政府の活動に対する監督を強化した。この点は対外政策行為を観察するときにも同じように有効である。いくつか例をあげると、一九九八年一一月に、江沢民主席がロシアと日本を数日訪問したあと、筆者は北京市「三味書屋」が開催した外交政策に関する小規模の懇談会に参加した。一〇〇人近い読者と、招きに応じて出席した数名の国際問題専門家（北京大学の王勇博士、中国社会科学院米国研究所の金灿栄教授および筆者）が、一緒に国際的に話題となっている時事問題について講演と討論を行った。我々をいささか驚かせたのは、中国外交部と政府系メディアが今回の訪問時に日中両国間の重大な対立点をまったく一般に知らせていなかったにもかかわらず、シンポジウムでは多くの読者、聴衆が、わが外交部の一部の外交官の日本に対する態度に批判を提出したことである。ある発言などは激烈を極めた（誰々の辞職を要求する、何故なら日本人に対する譲歩が多すぎ、韓国に対して〔一九九八年の日韓共同宣言で〕行われたような公式文書上での謝罪を日本側にさせるという目標を達成していないなどの如くである）。会議で質問したところ、こうした批判意見の情報源はインターネットからで（主には英語および海外の中国語の各種情報）、海外の華人はまさにこの件に関心をもってそのころ呼びかけていた。また数日が過ぎて、別の外交問題に関わる仕事に参加したとき、外交部の友人から、彼らもまた国内のこうした方面の叱責を聞き、ある種の圧力を感じていた。一つの例は、コソボ危機の際における中国の知識人の情報の獲得方法である。筆者の知るところでは、少なくともハイレベルの知識層では、たとえば中国社会科学院国際研究の各研究所、外交関係の研究機構（国際問題研究所、現代国際関係研究所のような）、中央テレビ国際ニュース番組制作グループでは、非常に多くの人が米国のCNNや英国のBBCを見ることができ、あるいは直接日々の国際的メディアの大量のニュースを得ることができる。私の知るところでは、中国の学者の多くの場合、最終的に選択した立場が中国政府の立場と一致するか近いものであっても、それは外国で噂されるように中国当局の情報制限あるいはコントロールを受けた結果ではなく、NATO、とりわけ米国の覇権行為に対する不満の表われであり、中国が受けた軽視と襲撃に対する憤怒の表われである。これは偶然でなく、中国大使館が米国のミサイル攻撃を受けたとの情報が伝わってから数日後には、米国のホワイトハウスとペンタゴンの情報網が怒りを感じた中国人の抗議に遭っている（米国人は「ハッカー攻撃」と称した）。その量たるやものすごく、一部のプロバイダーは一時的に閉鎖を余儀なくされた。こうした行動の大多数は大学生とコンピューター会社の若者が仕組んだものであり、これは西側の人たちが言っているような「当局による情報封鎖」を反映しているのではなく、情報開放の下で生まれた愛国主義が吹き出したものである。

第三の例は、もっと代表的かもしれない。ネットの影響力、とりわけ大都市と若年層における広範な使用を考慮して、中国外交部は二〇〇一年から、不定期にウェブ上で市民が提出した外交部に対する疑問に対してその場で答える試み、また中国の外交政策のなかで一般の人に伝えていないか、あるいは人が理解しにくい問題について解説する試みを始めた。第一回は二〇〇一年一一月だった。以来現在までほとんど毎月このようなサービスを行っている。毎回、一〇〇から一〇〇〇のメールによる質問があり、外交部側もまた政策の範囲内でできる限り質問者に収穫があるよう努力している。たとえば、二〇〇二年一月二三日に行われた外交政策の質疑応答会では、中国外交部の政策研究室主任の崔天凱が合計一六三の質問に答え、時間は二時間に及んだ。範囲は広範にわたり、激烈で先鋭な質問や、理性を欠いた質問もあったが、非常に高いレベルの質問もあった。たとえば、「米国軍がもし中央アジアに長期駐留したら、中国に対する脅威となるかどうか」、「今回の反テロ戦争において、日本は大きな軍事的利益を得たが、日中関係の前途はどうか」、「日本が歴史問題で誤りを犯しているが、われわれは我慢しなければならないのか」などである。崔天凱は忍耐強く適切にこうした質問に回答し、多くのネットでの質問者を喜ばせた。これは中国の外交部門の新しい態度、広大な民衆に向けての積極的な態度を反映していると言うべきであろう。このことは「改革開放は国民の権利意識を次第に増強し、政府当局も世論の新たな動きを意識して民衆に政策に対する理解を求めようと努力し始めた[13]」ことを示している。

二〇〇二年一月二〇日の『北京晩報』は次のように報じている。「中国の市民のなかで、少なくとも一〇人に七人は、中国と欧州、米国、ロシアとの関係が二〇〇一年に進展を遂げた、もしくは安定を保持したと思っている。これは、零点調査〔中国の調査会社〕が北京、上海、広州、武漢など一二都市の一四歳以上の住民三九六四人に対して数回にわたって実施した戸別訪問調査の結果で、ウェブで公表された最新のものである。訪問を受けた市民のうち、三二・九％の人が中欧関係は二〇〇一年に進展があったと考え、三六・七％の人が米中関係に進展があったと感じ、三九・六％の人が中ロ関係に進展があったと思っている。総合的に言えば、約四割の市民が中欧、米中、中ロは過去一年間により接近したと思っている。これと比較すると、日中関係が後退したと感じる人は一八％、進展があったとする人は一九・六％である。調査が示すように、教育水準と評価結果の相関は顕著である。中卒以下の教育水準の人が、中国といくつかの大国との国際関係の状況について、判断することが困難と感じている人の比率は、その他の教育水準の市民に比べて高く、大卒の人々の間では中ロ、米中関係が進展したと思っている人の比率があまねく高い。また、「零点調査とCCTV『生活コラム』とが一〇都市四二三六人の住民に対して行った別の共同調査の結果によると、約七〇％の市民が中国の現在の国際的地位は高いレベルにあると思っており、この結果は二〇〇〇年の同調査の結果と完全に一致し、二〇〇一年上半期の同調査の結果より高くなっている。二〇〇一年の中国の対外関係の発展、とりわけ中国のWTO加盟によって、国際関係の変化が一般市民の生活の変化とますます相関するようになってきた。」これは現代の政策決定者層が考慮すべき重要な側面であり、国家の外交および安全保障政策を制約する社会的な基礎である。

民意調査——新たな社会意識の表出

現在、コンピューターを開き、新聞を読み、テレビを見るとき、人々はますます多くの民意調査に類する報道を見かけるようになっている。これらは見慣れ聞き慣れて一般の家庭生活や市民意識のなかに入り込んで、知らず知らずに政府の政策決定と外交の内容にも影響を与え、知らず知らずのうちに中国人の国際意識と責任感を高め、次第にしかし非常に着実に中国は現代世界への融合を推進している。

ここで世論調査に従事する一つの研究機構を紹介しておこう。それはより広範な「意見NGO」の縮図と見ることができる。(14) 中国人民大学は国内で最も伝統があり、最も著名なメディア人材育成の基地である。一九七〇年代後半からの改革開放以降、この大学は一連の新たな課題と領域に取り組む中で、この分野における自らの優れた部分を強化しようとした。八〇年代半ばに設立された中国人民大学世論研究所はその重要な成果の一つである。この研究所は八〇年代半ばから九〇年代後半にかけて社会の世論と民間動向についての大量の綿密な調査研究を実施し、広範な社会的影響を有し、比較的高い学術的価値を持った七〇あまりの調査研究プロジェクトを完成させた。社会と政策決定者層に多くの新しい材料、新しい証拠および新しい思考を提供した。たとえば、この研究所の所長で、著名な世論学者である喩国明教授の話によると、次のとおりである。「今日的な政治問題について、我々はかつて多年の追跡調査を通して、社会転換の過程にある中国人の社会価値の変化の方向とその特徴を全面的に調査した。人々の関心の重点を含めて、すでにかつての『国家→集団→個人』式の『国』を優先する心理的な関心の順序から、現在の『個人→集団→国家』式の『人』を優先する心理的な関心の順序への転換が表われているとの総括を行った。我々は多年にわたる社会心理の一連の調査を基礎として、社会の世論状況に対する観測を通じて『赤信号運行〔危険な動向〕』、『黄色信号運行〔注意すべき動向〕』、『青信号運行〔安全な動向〕』といった主観的な予測警報指標の体系を社会に提供できるかを試みた。情報伝達の研究では我々の調査分析を通じて、宣伝効果の大小や宣伝の行き届いた範囲、効果のあった人・グループの分析を正確に評価し、問題点はどこにあったかについて一段と理解を深めることができた。我々はかつて多くのメディアが伝達する対象のために受け手の基本的『標準イメージ』を描き出した。それはメディア関係者に対象についての感覚をもってもらうという基本の上にたって、意識的にスポンサーのニーズに合う伝達の内容、方法を把握させるだけでなく、メディア関係者に現実の受け手と理想的な受け手との間の距離を理解させることができ、それによって意識的に調整し、本来伝えるべき対象にうまく伝わるようにした。我々はまた、新聞業の市場状況に関する調査、新聞価格に関する心理的予測調査などを実施して成果をあげ、メディア市場の見通しを立て、有効な競争と持続可能な発展のための客観的に有力な基盤をつくった。[15]」筆者の関心に即して言えば、この研究所は「中国民衆の『平和観念』調査」、「中国民衆の日本観調査」の分析報告ならびに「わが国都市住民の朝の生活形態とテレビ視聴希望に関する調査報告」、「北京市住民の大気汚染問題に対する見方」、「北京市住民の社会政治文化」の抽出調査報告など重要テーマの調査研究をもっぱら実施し、専門家と政策決定者に多くの一次的な重要なデータを提供している。

喩国明は次のように紹介している。わずか一〇年あまり前、「民意調査」は絶対多数の中国人にとってまだ見慣れないものであったが、今日では、「科学の眼光で社会を観察し、公衆に数量化した真実を与える」という民意調査結果の報道は女性や子供を含めほとんどの人々にまで知られる話題となっている。この一〇年あまりに中国社会においてすでに発生した変化およびまさに発生しつつある変化は時代を画するものであると言えよう。世界各国の近代化が進展してきた歴史を概観するならば、民意調査事業が民主政治の発展と市場経済の発育に伴って生じることを発見するのは難しくない。民主政治がよいかどうか、市場経済がよいかどうかにかかわらず、これらには共通の特徴がある。すなわち、これらはすべて目が下〔民間〕に向き、民意の選択をもって、あるべき政治や経済とするのである。現代の民意調査はまさに民主政治と市場経済を良い形で運営できるかどうかの鍵となる主要メカニズムを保証するものである。「民意調査事業は一国の興隆の程度や発展の水準を測る上で、その国の民主政治と市場経済の発育の度合を相当程度示すことができる。[16]」

世論調査それ自体が中国においては新鮮なことであるが、さらに重要なのは調査の設計者の考え方かもしれない。喩国明は次のように説く。「十数年前、私と私の同僚たちははじめて近代的な民意測定方法を採用し、社会民意の調査・測定を実施した。当初我々は散漫で、無秩序のようで、非常にか弱い民衆の意見と叫び声があることに気がついた。そして客観的、系統的、科学的方法によって現状を浮び上がらせることに焦点を絞り、それによって巨大な社会的効果を生み出すようになったとき、我々は突然ある種の悟りを開いたような気分だった。民意の測定方法は、我々が苦しみぬいて見出した、社会主義的近代化の事業に奉仕する有効な方途ではなかったのか。」示された道理は以下のようなものである。「社会というものは、意識を持ち、何かを訴え求めようとする無数の社会成員の『力』の衝突、融合、妥協を通して前進するものである。民間の発展はそれ自体の規律を持ち、いかなる個人の意志によっても変えられない。それは見えない『魔法の杖』のように、社会の発展方向を指し示し、民の欲するところはすべてを建設できる。たとえ最初は非常に弱小にあるいは完全に消滅できると見えたとしても、あるいはたとえその事業が当初は非常に強大に見えたとしてもである。民意調査は軍事の刀剣、政治家の権力、企業家の財のようなものではなく、天の理性、民の心を透視する利器である。これをよく理解し、科学的に利用すれば、我々は歴史を変える社会プロセスのなかに自覚して参画でき、このプロセスのなかで主体性を発揮できる。[17]」

表2　北京市の民間組織の活動領域分布

活動分類	比率(%)	活動分類	比率(%)
文化・芸術	8.65	環境保護・動物保護	16.34
スポーツ・健康促進・娯楽	11.54	コミュニティ開発	9.62
クラブ	0.96	就職および再就職サービス	3.85
民間学校	0.96	政策コンサルタント	20.19
職業教育・成人教育	13.46	法律コンサルタントおよびサービス	11.54
調査・研究	32.69	財団	9.62
病院・リハビリセンター	1.92	ボランティア協会	8.65
老人ホーム	5.77	国際交流	22.12
心理カウンセラー	3.85	国際援助	4.81
社会サービス	22.12	業界団体・商業団体・学会・同窓会	50.00
貧困救済・防災・災害救助	18.27	その他	10.52

環境保護意識の増強に従い、社会は各級政府が環境の改善活動を強化し、メディアを通じてこの方面の状況を監督することをますます求めるようになった。この面では、NGOの貢献は欠かせない。

中国において、このようなNGOが一体どれほどあるのかを統計的に把握することはとてもむずかしい。清華大学のNGO研究センターの王名所長の紹介によれば、中国の民間組織の発展は、一九九〇年代の半ばに一つのピークが出現した。九八年末において、全国的社会団体は一八〇〇余りに達し、地方レベルの社会団体は一六万五六〇〇を超える。同センターの北京市での調査によると、中国の首都の範囲内におけるNGOの活動領域は表2のような分布を示している。[18]

もし、婦人連合会、青年連合会、労働組合のような、政府が資金を提供し、そのメンバーも政府公務員扱いの「非政府組織」、あるいは「海外民主化運動」や「法輪功」のような反政府の「非政府組織」を除くなら、法律が許可する範囲内では、大体、二種類のNGOの存在が見出せる。一つは、青少年基金会、貧困救済基金会などの組織である。これらは政府の支援を受け、たとえば共産党青年団組織系統の支持はあるものの、必要なときは自分で資金を集める。たとえば、二〇〇一年に貧困救済基金会は七〇〇〇万元を集め、青少年基金会は八〇〇〇万元を集めたが、これはどちらも大きな数字であると言うべきであり、彼らの能力を証明した。[19] もう一つの、国際的なＮＧＯに比較的類似したものは、廖暁義の「地球村」とその他の環境保護組織のように、主に大学や大都市の多くの研究センター、プロジェクトに存在している。彼らはほぼ完全に自己資金に頼り、活動は自分の組織と条件に依存し、ある具体的領域・問題に関心を持ち、政府との間には一種の独立した関係を保持する。

『三聯生活週刊』の記者の報道[20]によると、国内の各種非政府組織の経済源は不安定であり、また比較的多元的でもある。たとえば、「出稼ぎ女性労働者の家」の資金は農家女性文化発展センターによるものである。このセンターは『農家女性百事通』誌から発展したものである。センターの所長李濤の紹介によると、フォード財団の資金援助、および米国、アイルランド、カナダなど大使館の援助資金を含め、主な資金は海外に依存しており、平均して毎年の集金額は一五〇万元前後である。海外援助を受け入れようという発想は、一九九五年の世界女性会議の時期から始まったもので、彼らは謝冰心〔著名な文学者〕の娘である北京外国語大学の呉青教授を顧問とし、これにより、センターは「外資利用」上、一定の強みを有するようになった。北京大学女性法律研究センターの主な資金も同じようにフォード財団の資金援助によるが、二〇〇一年だけで同センターが費やした費用は一一〇万元にのぼる。しかし、これは日常の支出を満足させるだけである。もし、専門テーマの研究プロジェクトを実施したいなら、さらにほかの資金集めを行う必要がある。センターはかつて英国大使館文化部と協力して、中国の女性の権利保護に関する本を出版した。現在、同センターはフォード財団と英国、スウェーデン、オランダなどの国の資金援助により、家庭内暴力に反対するプロジェクトに参加している。これは「巨大プロジェクト」であり、北京大学側もその中の一部プロジェクトの受託者として二〇万元余りを使用している。その他の小プロジェクトもまた基本的に各種のNGOが請け負っており、資金状況は大体同様である。

上記の二つの事例は一定の代表性を持っている。すなわち、資金集めというキーポイントにおいて、現在、国内の多くのNGOは程度の違いはあるものの、すべて海外の資金援助、とくに少数の各種財団と在中国大使館の賛助に依存しているのである。

では中国自体のNGOはどれくらいの数に上るのか。民政部には全体の数字がある。全国で登記された各種の社会団体は一三万余りある。[21] 民間が経営する非営利組織は七〇万となる。未登記のものは一〇〇万を超えるかもしれない。ある人は中国の各種NGOは三〇〇万あまりに達すると推計している。[22] 非常に多くのNGOはしばしば組織の人員上の安定性に欠け、資金源も固定していないにもかかわらず、非常に活発で、しかも相対的には過去に比べてさらに大きな影響力と社会への参加という実感があると言うことができ、中国の民間社会の積極的成長に重要な貢献を果たした。たとえば、『三聯生活週刊』の記者の取材によると、中国の国際非政府組織協力促進会はこの面で手本の役割を果たしている。同促進会は一年に多くの活動を展開し、国際的にも多くの共感と支援を受けている（毎年一〇〇万ドルの資金助成額がある）。促進会はドイツ政府、フィンランド政府および国連開発計画（UNDP）と協力プロジェクトを実施している。促進会は二〇〇二年をキャパシティ・ビルディングの年と決め、天津職業技術師範学院に中国基層非政府組織能力建設研修センターを設立したが、これは系統的に中国の非政府組織の現場における指導者と管理者を育成し、中国社会の自らの組織力のためにしっかりした基礎を打ち立てる計画である(23)。

筆者の見るところ、合法的範囲で、中国のNGOは基本的に一九八〇～九〇年代以降成長し始め、そのなかの多数は九〇年代半ばから後半に誕生した。活動領域から見ると、中国のNGOはあらゆる領域に及んでおり、外国の状況と似ている。上述のNGOのように、その領域は生態系保護、衛生教育、女性・児童保護、貧困地域の開発、マイノリティの自立支援ならびに慈善事業などにわたる。しかし、深く考察するならば、中国のNGOは独特なところもあることがわかる。第一に、中国の国情により、こうしたNGOには政治、安全保障問題にかかわるものが少ない。海外では非常に多くのNGOが反戦、反核、反軍備、内政干渉反対といった活動に従事しているのと異なり、彼らは多くの精力を社会経済あるいは教育・福祉問題に費やしている。現行の政策とそのやり方を批判するとき、「善意の批判」を取り改善して進歩することを奨励し、これによって政府の認可と存在の合法性を保証した。第二に、既述のように、現在に至るまで、各級政府は労働組合、共産主義青年団、婦人連合会といった共産党の直接指導の下にある「非政府組織」の経費以外は、完全に民間化したNGOに対して基本的に口を出さず、干渉せず、資金援助しないという立場をとる。そのため、NGOの生存（財政的に言えば）は基本的には自らの集金に拠っている。国内の多くの企業は政府との関係、および過去の政治運動の教訓を考慮し、あるいは税制上のインセンティブがないことから、一般にＮＧＯへの資金援助をあまり望んでいない。このような状況の下で、多くのＮＧＯは海外の資金援助を求めることを余儀なくされているのである。

最後に、ＮＧＯの発起人と組織者の多くは、政府部門と国家機関の現役職員とＯＢ、および大学と研究機関の中で国際情勢を比較的理解している知識人たちである。女性労働者や弱小団体によって完全に自発的に形成されたＮＧＯにおいても、「官」、「学」といった特別な背景を持つ人が重要な役割を果たし、少なくとも思想啓発と方向の指導の役割を果たした。このような二種類の人は、その多くが改革開放時代に自分の知識と名声を獲得し、各種の政治的地位と権力を手にした。二〇年余りの経験のなかで、彼らは同じように中国の改革開放事業の難しさと紆余曲折を身をもって感じ、少なからざる人が波乱のあと、もとの「鉄飯碗〔極端な平等主義〕」を毅然と捨て去り、ＮＧＯの創業に身を投じた。そこで、このように思想が開放的で先見の明がある人々にとって重要なことは、彼らが発展させようとしているＮＧＯの目標が一方では具体的領域の改善、他方では中国全体の進歩と国際潮流へのリンケージに着目するようになってきたことである。

「準中央外交」――新たに台頭した圧力集団(24)

世界の多くの新興工業国と同様に、グローバル化の進展過程のなかで、中国の「準中央外交」、あるいは「準国家政府の国際行為」も非常に増加した。一方では、準国家の政府と組織は日増しに国家の対外政策の制定過程に介入しており、他方では、準国家政府と組織はますます広範な国際活動を展開している。そうした活動は、市場化と法制化が進む新たな条件の中で、地方レベルの各政府や組織が自主意識を高めたことを示し、広範で深い影響を与えた。ここで述べる「準中央機関」（たとえば、各省・市・自治区政府、地方にある各種の重要な対外交流機関など）は「市民社会」の範疇と単純に同じとは言えず、いわゆる「外交」も伝統的意味の外交活動と同じではない。しかし、彼らは確かに「国家と社会」に対して重要な刺激と調整の役割を果たしており、新たに台頭した圧力集団を構成し、新時代の複雑で変化が多く新しさに満ちた中国外交に強く影響を与えている。

中国共産党第一一期中央委員会第三回全体会議（一九七八年。以下「党一一期三中全会」と表記）以降、権力が過度に集中した行政体制と固く閉ざされた計画経済モデルを改革するために、国家は下級機構への権限委譲と対外開放政策の一連の措置をとり、地方政府と民間組織の対外交流の積極性と創造的精神を大いに引き出した。以下の面にこうした積極性の代表的なものが見て取れる。

まず、各レベルの地方政府は各自の国際化・発展戦略を提示した。それら政府は自らの地域的メリット、資源上のメリットを把握し、政策の革新によって国際分業に参画する程度を高め、周辺国家・地域との経済技術協力を強化し、それによって当該地方の経済発展と人民の生活改善を推進した。中国の各省・市・区の発展戦略から見ると、一部の学者やシンクタンクが提案しているように、未来の中国の沿海・辺境地域は、若干の国境をまたぐ産業協力システムを拡大させるだろう。たとえば、東北各省と北東アジア・ロシア極東地域は北東アジア産業協力システムを、長江下流と韓国・日本を含む関係各国は長江下流産業協力システムを、西南の各省・市・区はインドシナ半島・南アジア大陸などとアジア西南地域連携産業協力システムを、西北各省・市・区と中央アジア各国はシルクロード産業システムなどを構想するようになった[25]。その他の内陸各省・市・区もまた尽力して「国内外連携」を実行し、積極的に国際化の流れに参加して、自分たちの地域のために、さらなる利益と中央政府における発言権の増大をめざしている。

次に、経済・貿易関係の発展は、すでに各級地方政府の中心的任務となっている。そのため、輸出拡大、外資導入において、各級政府と関係組織はそれぞれベストを尽くし、あらゆる方法で貿易振興と外資誘致活動を行っている。たとえば、経済貿易代表団を次々と派遣し、各種経済貿易商談会、輸出企業・外国投資に対する税の減免およびその他の優遇政策などを実施している。対外開放が最も早かった広東省を例にあげると、一九八五年から一九九五年に、広東省の毎年の輸出額は三〇億ドル足らずから五五四億ドルへと増加した。年間の外資利用額もまた九億ドルから一二〇億ドルあまりへと上昇している[26]。似たような目標を達成するために、各地は積極的に国際友好都市関係を発展させ、地方の文化交流とその他領域における国際協力を展開している。一九八〇年代に入ってから、中国の各級地方政府の国際友好都市ネットワークは急速に拡大した。統計によれば、八〇年代初め、地方政府レベルでは年平均三三組の国際友好都市が成立した。一九九二年の一年間に五七組が、一九九三年には七三組が成立した。権威筋の資料によれば、一九九九年末までに中国と五大州一〇〇カ国余りと九三七組に友好都市が成立した（省・民族自治州レベルの友好関係を含む）[27]。

さらに、各地は相次いで対外交流のための組織機構の管理を強化した。各省・市・区政府の外事弁公室〔地方政府内で対外関係の事務を扱う部署〕は人員を拡充し、活動領域を広げている。彼らは当該地方の指導者と中央政府の外交部門の二重指導の下にあり、その地域の政治的な交渉課題を処理する。たとえば、改革開放前、河南省人民政府の外事弁公室にはたったの一三人しかおらず、下部には秘書課、接遇室および観光課などが設けられていた。八〇年代半ば、河南省政府外事弁公室の編成は八九人に増え、下部には秘書課、人事課、接遇友好課、宣伝教育課、渉外専門家課および観光課などが設けられた。同時に、各地は対外経済貿易委員会を新設し、対外経済事務の処理に責任を負った。ある地方は対外経済貿易委員会の下にもともとあった外国投資管理機構を分離し、独立した外国投資委員会を設立し、それによって外資受け入れの能力を高め、手続きを簡素化し、対外サービスの効率を向上させた。「省級政府の裁量の下で、中国の各省・市・自治区はすべて地方レベルの輸出入会社と海外投資会社を直接保有している。それらの編成の中で対外交流に従事する政府職員の人数はカナダのケベックをのぞくあらゆる準国家政府を超える。省長たちの海外出張の回数は、海外の準国家政府の首長より常に多い。[28]」

特に指摘しておきたいのは、香港、マカオでの特別行政区の成立によって、自主的な国際活動を展開することのできる特別な待遇を有する地方ユニットが中国に出現し、多層的な対外交流とそれらの相互補完、相互均衡のために模範的な作用を果たし、国際上、積極的な影響を及ぼしたことである。たとえば、鄧小平の「一国二制度」の偉大な構想によれば、一九九七年、中国政府は香港返還後、基本法の形式に基づいて中央と特区政府の対外活動を処理する権利と責任の分業を明確に規定した。香港特別行政区は原則上、外交と国防以外、香港に関係するあらゆる対外活動、すなわち、経済、貿易、金融、航空輸送、通信、観光、文化、スポーツ、出入国管理などを含む領域を自主的に処理できる。特別行政区政府は海外に政府あるいは半官半民の経済貿易代表機構を設立できる。一定の条件下において、さらに国際組織に自主的に参加でき、また外国と協定を調印できる。たとえばAPECに参加し、主権国家とビザ免除協定を調印できる。外交部による外交は当然主導的なものであるが、香港、マカオでの特区政府の上述の活動のような、外交部ではない部門が行う「大外交」は、新時代の中国の対外交流の領域を広げている。中国は香港とマカオの実践の成功を踏まえて、地方分権と自治のための空間をさらに広げ、また改革開放後の外交のしくみに層の厚みと多彩さ、豊富さを増した(29)。

筆者の見るところ、日増しに強まるこうした地方の自主性と積極性は、「準中央外交」の枠組みの下でいくつかの重要な発展をもたらし、中国全体の対外関係と国際戦略にプラスの影響をもたらした。第一に、本章の主題にもどると、各地の対外交流は民衆の監督と社会の推進により密接にと結びつくようになり、総じてみれば、それらは事実上、中国の日増しに多元化する対外関係のしくみに対して、市民社会の色彩をさらに浸透させ、あるいは市民社会のさらに大きな制約を受けさせることとなる。とりわけ、比較的発達した省・市からもたらされる先進的思想観念、実務的な具体的な方法、効率の高い執務態度は、北京の民衆や政策決定者層のさまざまな考えや政策に日増しに影響を与えている。

第二に、あれこれの矛盾と摩擦があるものの、地方と中央の関係は全体としてお互いに協調が取れており、目標は大体一致している。さらに、現在に至るまで既存の権限分担の基本構造はまったく変わっていない。すなわち、中央はマクロの問題、たとえば外交と国防（および台湾問題）、財政金融の基本政策（利率などの手段を含め）、各地の主要指導者と軍隊の人事の任免など、国家の基本利益と基本方針にかかわるあらゆる事務を管理する。地方の権力のさらなる拡大や各種の利益のいっそうの発展も、こうした範囲の外に限定される。地方の権力が拡大している領域のうち最も主要なものは、地方の財政・教育や地方の対外経済・貿易などである。したがって、双方は相互に牽制しあうある種の複雑な関係をもっているものの、根本的に矛盾し衝突することはありえない。これは中国歴代の国家指導者がもつ大局観であり、中国の安定と統一性、全体の団結を保持させる基礎である。

しかし、他方、大きな構図の中で見れば、中国では地域の発展条件が同じでなく、経済と文化・教育の基礎が異なり、さらにそのほかの面の原因もあって、各地の「準中央外交」あるいは「準国家国際行為」には顕著な不均衡が存在することは認めなければならない。沿海地域、とくにいくつかの経済特区が改革開放の初期に中央から権限が委譲されて若干のイニシアティブを獲得したが、初期段階のこうした戦略はある意味で、後の発展のための重要な原動力の一つとなった。発達した省・市の中央への税の上納比率は遅れた省・自治区よりはるかに大きいが、これもまた当然、彼らが保持している発言権の「底力」の所以である。内陸の多くの地域、とりわけ「外国市場から遠く、交通が不便で、経済力に乏しく、周辺国の経済情勢もなお安定せず、対外交流を発展させるには困難が大きい」辺境の省・自治区は、上納する税が少ない（常に中央から経費の交付が必要である）だけでなく、準国家的な対外交流およびその影響は少なく、中央の方針に対するインパクトも自ずから小さい。

問題と限界

あきらかに、現在のところまだ、中国の外交政策決定に対する市民社会の役割を過大評価するべきではない。

まず、中国の外交は依然として厳しい政治手続きのコントロールを受けており、外交部以外の部門は、個人や民間の力はとりあげるまでもなく、わずかに周辺的な影響を与えられるだけである。「外事に小事なし」、この言い方はいかなる国家においても有効であり、中国のように相対的に集中した行政管理体制下にあればなおさらそうかもしれない。特に中国の市民社会の発生が影響している主な領域は依然として国内問題であり、国内問題の中でも主に経済と社会の問題であって、国際問題、すなわち外交と安全保障の問題は、政府にとってもっとも敏感な問題である。

次に、中国のNGOの財政能力は依然として非常に脆弱であり、有機的な仲介機能を発揮できる状況にはなお程遠い(30)。さらに重要なのは、いくつかの理由から、現在の状況では主要な情報のチャネルは依然として官〔党・政府〕が握っており、厳しいコントロール下にあるということである。メディアがその時の政治を批判したり、民衆に対する意見の表明にはなお制限がある。上述したいくつかの積極的な影響はなお間接的であり、比較的弱い。推量するに、こうした影響力はただ段階的に、一歩一歩階段を上るように進むものであり、時間に従って推移するものである。とくに国内政治の民主化と社会の階層分化の程度が高くなれば、外交が国内政治の影響から受ける力も大きくなる可能性があり、市民社会が演じる役割はきわめて重要になる可能性がある。

最後に、ますます多様化、多元化している社会においては、どのような指導者のいかなる対外政策の表明およびその具体的なやり方であっても、社会の広大な民衆のなかに特定の支持グループをみつけ出すことはできる。さらにたとえ同じ指導者の同一の政策に対してであっても、異なった時期、例えば危機状態の時と通常時とでは支持率もまた著しい相違が出る。中国のように日増しに近代化し国際社会の主要な潮流に融けあおうとしている大国にとっても、このような状況を回避することはできない。そのため、市民社会の政府外交に対する影響を判断する際には、こうした影響要因の有限性と局限性を見なければならず、市民社会の政府外交に対する役割を過大評価することはできない。ましてや、およそ民衆の要望には一定の合理性があり、政府はそのとおりにやるべきであると単純に言うことはできない。時によっては、多数がかならずしも真理を掌握しているとは限らないし、とくに彼らが長期的視野で物事を見ているとは限らないのである。

地球市民社会の影響

市民社会の中国外交への影響を考える際、国内面のほかに、我々は国際社会の要因にも当然注意しなければならない。現在の中国において改革と開放が確実に不可分となっているためである。国際上の影響と圧力なしに、これまで発生し、現在生起している、そしてこれから起こりうる中国の変革はありえない。ここではとくに「地球市民社会（global civil society，略称ＧＣＳ）」の役割を提起しなければならない。デイビット・ブラニーなどが指摘しているように、二〇世紀後半以降、国際関係において多くの新たな変化と特徴が現われたが、「地球市民社会」はこうした中で注目すべき一つの趨勢である。(31) 新たな要因にはいくつかの伝統的国内政治と関連した、いわゆる「非国家・非政府」の要因が含まれており、利益集団、民族・宗教団体、科学者団体、政治家のネットワークなどがこれにあたる。こうした要因は伝統的な国家の境界をますます超えて、国際政治を新たな「世界政治」の方向へと転換させている。国境を超える世界というものはますます現実味を増し、受け入れられるようになり、人々はますます国家を超えた利益のために結合し行動する。従来の科学技術の下では人々はただ自分を特定の国民国家の範囲内にある民族としてしか想像することができなかったとするなら、現在の科学技術の進歩によって、人々はますます自分を地球市民あるいは地球村の一員だと考えるようになる。多くの人が、国家は新たな難題を処理する方法を持たないが、地球市民社会ならばそれができると認識している。例えばテレビは、フィリピンの「ピープルズ・パワー」〔黄色い革命〕とベルリンの壁の崩壊はグローバルな進歩を反映しており、地球規模で勝ち取った民主化運動であるとの印象を人々に与える。テレビの商品広告は、現在のグローバルな経済がいかに重要になり、いかに深く浸透しているかを絶えず人々に示している。これらが示しているのはまさに地球社会あるいは「地球村」の現象である。これは、人類のあらゆる環境は地球全体の生態系システムに深く依存しているので、各国の間にどのような関係や矛盾があろうと、みな同じ船に乗って助け合わなければならないということを世界の人々に示しているのである。コソボ、コンゴ、ルワンダあるいはソマリアからの難民の波は地球規模の救援意識と責任意識を呼び起こす。すべての人がみなこうした状況に突き動かされるわけではないものの、これらは疑いなくすでに一定の影響力のある流れとなっている。

このような状況について若干補足しておこう。というのは、それは確かに留意するに値する一種の地球規模の圧力、各国の外交政策決定者が配慮せざるを得ないある外部の変数を反映しているからである。伝統的な国際政治の一つの特徴は、基本的に国家間あるいは政府間の政治（inter-national or inter-governmental）だということである。国際政治のアジェンダ、内容およびルールは、いずれも「国家利益」の主導性を反映しており、一般にそれは排他的で利己的な国境内部の利益に動かされる。新たな「世界政治」はそうではなく、「国別アイデンティティ」に反対する傾向を強くあるいは自然に兼ね備えている。しかも、重要なのは、この種のＧＣＳあるいはＮＧＯは経済のグローバル化、科学技術の一体化および情報産業の猛烈な発展に従い、国際関係のなかで日増しに実力と発言力をつけているということである。

国際イメージ

国際社会におけるこの種の力と声の増大は、疑いなく中国人が対外交流の際に注意し参考にしなければばならない重要な点である。すでに提起したように、とりわけ改革開放の進展、および国際的諸活動への中国の関与の深まりにしたがって、中国人の新たな責任意識もまたこれに伴い生じ、強化されてきている。これは中国自身の力が強くなっているという潜在意識も含めて、政府の公式の宣言が道徳観や国際アピールを持つようになったことから見ることができる。そこには積極的に国際社会へ参加するという考えもあれば、伝統的な「面子」を保つという側面もあり、はなはだしくは利益とイメージの関係に対する複雑な得失の計算がしっかりとなされているものもある。しかし総じて言えば、これは中国人の自分の立つべき位置についての再調整、国際社会に対する新たな意思表示を反映しており、歴史の進歩とある種の深いレベルの文化的なものの考え方を代表している。たとえば、かつて文化大臣を担当していた著名な作家、王蒙氏は近年たびたび中国の国際イメージの問題に言及し、それを中国が台頭している新しい時代の重要な指標の一つとみている。王蒙氏の観点は広範な影響を及ぼしている。筆者はかつてある先生から、王蒙氏が春節〔旧正月〕の晩餐会で、格調があまり高くない短い出し物に対して厳しい批判をしていたと聞いた。その出し物で、おばあさんに扮した俳優と遠く米国にいる孫とが電話で会話している。「おまえは今、一日中レストランでつらいアルバイトをしていて、おばあさんの心を痛めている。いつになったら、私たちの国が強大になって、私たちのところで外人に皿洗いさせられるのだろう。」王蒙は「これは低俗なもので、文化ショービニズムをかき立てているようなものだ」と鋭く批判した。彼の見方は質の高い中国文化人における代表的な発言と言うべきであろう。筆者はまた王蒙氏の「グローバル化の潮流と文化大国建設」という文章を読んだことがある。このなかで彼は、グローバル化時代において、中国人は文化大国建設に尽力し、斬新なイメージを世界に提示しなければならないと主張している。「経済建設は我々の国家活動の重点であり、中心である。経済が向上しなければ、ほかのものもすべて語るに値しない。しかし、我々は経済の視点があるだけでいいわけではない。我々の国家の建設に対して、我々の国家のイメージに対して、経済の視点のほかに文化の視点があるべきことは明らかである」、「我々の言っている文化大国の建設は決してもとの殻に閉じこもって進歩しないというものでなく、さらに開放して世界のすべての先進的で有益なものを吸収し受け入れ消化するものである。『海納百川、能成甚大〔海はあらゆる川を受け入れて、とてつもなく大きなものとなることができる〕』というが、文化大国はまさに海のように開放的で、閉鎖の概念ではない。超えるのは民族であり、超えるのは世界であり、すなわち自分の個性と身分があってはじめて立身の地がある。同時に、世界を超えてはじめて民族を超えるのである。すなわち、世界の文化と衝突することを含めて、世界を吸収し、世界と交流できてはじめて生きた文化といえる」、「わが国は現在経済において懸命に前進しているが、まだ世界の前列に至っていない。しかし、我々はまず、良好な教育を受けられる国家にすることはできる。我々がやるべきことは自らの文化的特色をもち、自覚して自らの文化的特色を保護し、しかもすべての進んだ文化を吸収する国家にすることである。我々は徳を持った君子の国家を目指すべきである。わが国の現状はこの面において、我々の伝統ならびに地位と不釣り合いである。文化国家の建設は非常に高大な理想であり、任重くして道遠しである。(32)」あきらかに、ここで言う「イメージ」あるいは「君子」などの語彙はすべての人が理解し同意するものではまったくないが、これらは確実に比較的先進的な中国の知識人および指導エリートの考え方を表わしており、改革開放後の中国の知的世界と指導層の追い求めるものを示している。

外交の学習過程

国際関係の学習理論[33]が我々に教えるところでは、どのような国の政府と指導者もみな絶えざる「学習」過程にある。その結果として、政策が改善、調整あるいは修正され、関連した影響を生み出している。こうした理論の拠り所となる、いわゆる「学習」は、以前経験した持続的な変化過程から生じ、いかなるシステムにも適用される（人の大脳および神経システム、文化心理構造、社会組織システム、国家および国際システムなど）。学習過程は新たな認知過程（これまで理解されていなかったものを理解する）でありえるだけでなく、政策の成否から経験や教訓を汲み取り自我修正を行う過程でもあり、当然また新たな推論と政治判断を生み出す過程でもあり、しかも指導者自身の代替わりもまたこうした学習を加速あるいは改変する過程である。歴史は外交専門家の一面を写し出す鏡であり、外交政策の決定は事実上絶えざる学習と改善の過程である。さらに、著名な国際サイクル論の理論家モデルスキーの言い方に従うならば、世界政治の全体およびそれに対する理解の変化や発展は、すべてはじめから終わりまで学習という基礎のもとでの進化として表われる[34]。もちろん、環境の圧力は、あるときは目で見えるメリットとしばらくは目で見えないポジティブで深い影響を生じ、あるときはまた心理上の拒絶とネガティブで複雑な結果をもたらすかもしれない。一つの国家について言うと、前者は国連への加盟、WTOや地域経済・技術協力機構への参加のように各種のメリットを享受できるときであり、後者は外国の制裁を受けたり、国際的メディアの批判を受けたり、各種の軍縮・軍備管理交渉が自国の利益と衝突するときである。しかし、いずれにしてもこれらはみな「学習」という範疇と内容に属するものであり、外交政策の決定者にあれこれの経験と教訓を与え、期待していた改善の実現を含め、より複眼的で全面的な見方によって自らの活動を判断する上での助けとなる。

この種の理論によって、現代中国の外交政策の変化と進展を考察することも、同様に可能である。現代中国の外交とは、ここでは主に改革開放以降の外交を指す。それは、党第一一期三中全会のような一里塚となる転換（そのなかには、国内外情勢についての新たな認識と、それを踏まえた新たな発展戦略と国際戦略が含まれる）だけでなく、「六四天安門事件」後の国際社会からの圧力と制裁に対する国家指導者の深刻な受け止め方と心理的な計算、さらに数え切れないほど多くの小さな調整と改善を含んでいる。一つ例をあげよう。改革開放後、中国は、一九八〇年から国連の枠組みの下で軍縮交渉に参加した。当初、中国は主に国際社会に向けて参加する願望と協力への前向きの意志を表明しようとするだけであったが、交渉の進展と中国代表団の会議の運営方法に対する理解の深化に従って、次第に具体的な提案（「化学兵器の定義に関する問題」、「遺留化学兵器に関する提案」等）を提出するようになり、かつまたその他の国の代表と顔見知りとなり協力し合うなか、ついには国際社会が化学兵器の削減に関する中国の一部の提案（たとえば「化学兵器使用禁止」の表現）を受け入れるようになった。[35]これは確かに一つの学習、学習、再学習のプロセスである。

外交政策の学習は技術面の熟達と向上だけでなく、基本方針の改善と充実をも含んでいる。外部環境に対する適応と対応があるだけでなく、国内の変化とその要求に対する絶えざる適応と対応もある。銭其琛副首相は「中国の外交政策は改革開放以降、『必要な調整、充実および改善』を行ってきた。主なよりどころは、『経済建設を中心とした新たな時代における国内の任務のニーズと国際情勢の発展』である」[36]と述べている。ここで言う「経済建設を中心とした新たな時代における国内の任務のニーズ」は非常に広い範囲を包含していると筆者は考える。それは市場そのものあるいは経済建設という物理的なニーズを指しているだけでなく、市場化の深まりとともに形成された社会分化の圧力もあれば、知識人とメディアがもたらした理性の自覚、批判意識およびより広い思考空間もあれば、企業家と各種経済アクターが利潤を求める動力とこれによって生み出された政治的要求もあれば、社会の民衆が外部環境と情報の影響の下で生み出す各種の利益と要求もあれば、国民経済が地域化とグローバル化の過程のなかで生み出す自由化の衝動とその調整もあれば、さらにここで一つひとつ言及できないその他の新しい役割、新しい状況もある。この中には当然政府の要因、企業の要因が含まれるし、民間社会の大量の要素もある。政府の立場から言えばいわゆる「任務」は当然、実際には各種の利益を満足させ、各種の矛盾を調整し、各種の紛争を解決することを指す。「経済建設を中心とする」方針を推めると同時に「国際情勢の発展」に着目することは、政府がそれぞれの利益・需要をある部分で満足させ、調和させ、解決する過程において、伝統的な政治的思考と強制的な方式を放棄し、できる限りグローバル化時代の国際社会と歩調を一致させなければならなくなってきていることを意味している。

現代世界の現実の変化に対する中国外交の適応は、主に一九七〇年代後半以降の二〇年余りに起こった。変化は平和と発展という世界潮流に適応したものだが、中国自身の改革をも反映している。理論上は、いかなる国家においても市場はすべて国家と社会との間の良性の相互作用の仲介である。中国固有の制約条件はあるが、市場経済は中国社会における階層分化の過程と民間組織の成長にとってさらに不可欠である。中国の改革はそれ自身特徴を有しているが、その特徴の第一は漸進性であり、第二は経済領域から始まったことであり、第三はトップダウンであるとともに、ボトムアップの原動力をもっていることである。中国の改革のこうした特徴は、中国の市民社会の成長およびその役割の多くが間接方式であることと重なり合っている。すなわち、知識領域での探究を通して、世論への影響を通して、民衆意識の変化を通して、政策決定者層の思想観念と意思決定方式に影響を及ぼすようになっていく。これは中国のメリットでもあるが、あるときには我々の不足部分となる可能性もある。さらに、研究によって、外部要因が中国外交に及ぼす影響が重要であることが明らかになってきている。このような国際的影響がなければ、今日見られるような中国外交の変化はありえない。新世紀に入った中国は、国内の改革開放の進展に従い、国際情勢の変化により、外交政策の制定と遂行はますます「国際社会」のさまざまな要因からの影響を受けることとなった。したがって、さらに複雑でダイナミックな変化をおびるようになった。

ここで国家と社会の積極的な相互作用の内在的な関係を明らかにすることにより、市民社会の中国外交に対する新たな関係イメージを描いてみたい。マクロな政治と比べると、ミクロな行為は依然として比較的周辺の位置に置かれているかもしれない。しかし、後者の力と影響はまさに上昇している。市民社会の成長の基本的原動力は、グローバル化の急激な推進と、国内で対応して起こった改革開放の絶えざる深化から出てきているものである。逆に言えば、市民社会の成長はまたグローバル化のメリットを強化している。グローバル化の進展は疑いなくずばり既存の国家と政府体制のデメリット、さらに伝統的社会組織の欠陥を暴露し、個人の創造性と各種NGOの活躍に大きな空間を提供した。民衆の態度は昔も今も権力者に対して影響力を持っており、古代中国には「水能載舟亦能覆舟（水はよく舟を載せ、またよく舟を覆す〔両刃の剣〕）」ということわざがあるが、グローバル化の最新の条件下において、国家政策に対する市民の行為の影響は過去とは比べものにならない。情報時代の到来、各種メディアの拡張、新しい教育内容ならびに人々の視野の拡大、そしてとりわけ財産権保護の強化と経済状況の改善は、市民の権利意識、法制観念および分析能力を増強させ、一般人の政治参加のチャネルを広げ、さらにミクロな各領域の積み重ねによって、マクロ領域の調整や変化をより容易に生み出し引き出していく。いかなる政治家や各レベルの政府といえども、民衆の意向を軽視することはできない。ミクロの行動の迅速性、自覚性、広がりならびに持久性はこれまでのいかなる時代にもなかったことである。ミクロ行動レベルの多様な変化は世界秩序の基礎と形態を構築するにはほど遠いかもしれないが、この方面における大きな資源であることは間違いない。(37) 同時に、ミクロ・レベルの進歩はまたマクロ・レベルの恒常的な調整をもたらしている。後者は政治学習のプロセスを表わしており、学習の成否は政治家の知恵、能力、開放性および寛容度によって決まる。中国外交のこの二〇年余りの巨大な変化、中国の世界における影響力の増大、中国の新世紀の到来に際して明るい未来は、主要な政治家の非常に優れた作品であり、中国の党と政府の先見の明によってもたらされたものであるだけでなく、中国のトップダウンとボトムアップの相互作用から知らず知らずのうちに形成されたものであり、市場経済の猛烈な発展、法制建設の絶えざる強化、とりわけ市民社会の着実な成長によって形作られたものである。後者は毛沢東時代とそれ以前の「国家本位」から新しい時代の「市民本位」へという歴史的転換の重要な礎石を打ち立てたのである。

5——周辺地域の安全保障環境の分析

新世紀に入った後、中国の外交と国防の主要な任務は、依然として鄧小平の提唱した改革開放政策以来の基本的な内容を受け継いでいる。すなわち、国内の経済建設と改革事業のために、平和で安定した国際環境を作ることである。ここで言う「平和で安定した国際環境」とは、まず、良好な周辺地域の安全保障環境を指す。すなわち、隣国や周辺地域と睦まじく付き合い、歴史に残された様々な対立や争議事項を適切に解決し、全体の環境および雰囲気を中国人民が国内の経済建設および各種事業に安心して取り組めるようなものにもって行くことを言う。その意味で言えば、新しい時代の中国の外交と国際戦略を研究する上では、周辺地域の安全保障問題の所在を明確にし、由々しい事態が起こるのを避け、トラブルを未然に防ぐことが、重要な内容の一つと言えよう。加えて、経済のグローバル化の今日的な特徴は、まず、地域内部の相互依存、とりわけ、似通った性格を持つ国同士の経済・貿易関係の一体化として表われることにも、着目する必要がある。すなわち、経済のグローバル化の最も直接的で、目に見える結果は、各地域経済のグループ化と一体化である。もしも、グローバルな競争で不敗の座を保ち、さらに、一段と高いステップに邁進していきたいという気持ちが域内各国にあるなら、これらの国が相対的に良好な政治関係と相互協力的な雰囲気を保つことが必要であろう。そのため、中国の研究者は、わが国を取り巻く周辺地域の安全保障の有利な条件や、隠れた危険をわきまえ、それらにどのように適切に対応して、いかに利益を求め損失を避けるかを心得、「プラスサム」の関係の実現を目指して努力すべきであろう。

しかし、現実を観察してみれば、いくつかの相互に矛盾している現象も見られている。一方では、一九九〇年代以降、とりわけここ数年来、中国政府は政府間ルート、および、いわゆる「トラック2」〔政府に近い組織、半官半民組織による外交性を帯びた活動〕において、数多くのアクションをとり、かなり多くの提案や協議を推し進め、中国の周辺地域の安全保障面における協力に積極的な役割を果たしてきた。例えば、中国の指導者はここ数年来、国際関係、とりわけ国際安全保障関係において、「新安全保障観」を確立する必要性があることを重ねて強調し、中国の意向を示した文書をも発表した。また、中国は先頭に立って、「上海協力機構」〔中国とロシアを含む中央アジア五カ国が国境近辺の少数民族の反政府活動を抑えたり、経済協力を進めるために一九九六年に設立した「上海5」を発展させ、二〇〇一年に設立された、地域安全保障協力も含めた機能を持ち上海に本部を置く常設機関〕を立ち上げた。さらには数度にわたり、ASEAN地域フォーラム（ARF）の討議に参加し、ASEANと東アジア諸国との対話・協議プロセスに入った（ASEANと日中韓とのいわゆる「10＋3」の対話や、ASEANと中国とのいわゆる「10＋1」の対話など）。二〇〇一年一一月には中国とASEANが一〇年以内に自由貿易協定を締結するという合意に達し、また中米日、中ロ印の対話や朝鮮半島の「四カ国協議」メカニズムにそれぞれ参加した。中国人民解放軍も、シンガポールで行われたいわゆる「シャングリラ対話」（アジア太平洋の一部国家の国防省高官が個人の身分で参加した非公式な多国間協議メカニズム）に、招請に応じて参加した。中国の外交部門およびその傘下組織がアジア太平洋の一部諸国の関係部門と行った各種の地域安全保障に関する協議は数え切れないほど多数にある。その内容は海難救助、反テロ、タンカーの石油流出防止、海賊およびその他の海上犯罪行為の取り締まり、麻薬密輸取り締まり、核関連の施設および物資の安全確保、各国海軍が相互に誤認と衝突を避けるための「南シナ海行動準則」を制定して、域内各国が非伝統的な安全保障分野での対話と協力を促進してきた。また、これらの対話と協議のかなりの部分が北京もしくは中国の他の都市で行われていたことは、これらに対する中国の外交機構の重視と誠意を表わしている。

他方では、地域経済統合に関する理論と政策においても、地域の安全保障協力に関する理論と政策においても、中国は未だに独自性のある成熟した体系的な地域主義の理論と政策を形成していない。他の地域と比べれば、とりわけ、統合の理論と実践が最も長い伝統を誇り、最も発達している西欧地域と比べれば、中国のこの面における欠乏と立ち遅れが目立っている。例えば、欧州人は第二次世界大戦終了後の半世紀において、初期の欧州石炭鉄鋼共同体（ＥＣＳＣ）から後の欧州経済共同体（ＥＥＣ）、やがては今日のＥＵを推進し、地域全体にまたがる工業の発展、農産品貿易、域外関税、共通の外交および国防政策、移民・難民問題への対処、食品と薬品の共通政策の制定、単一通貨としてのユーロの普及など、数多くの面において、ユニークで統一的ないわゆる「欧州の立場」および「欧州の政策」を打ち立ててきた。と同時に、長期の実践を経て、政治家、思想家および理論研究者の共同努力により、地域主義に関する数多くの特色ある理論や仮説が形成されてきた。「機能主義」、「新機能主義」、「連邦内部の自治・分権論」、「スピルオーバー仮説」、「コミュニケーションおよび社会的交流理論」などがその例である。これらの新たな学説が、以前から発達していた社会民主主義の思想的伝統、マルクス主義の社会批判理論、「第三の道」などの思索に加わることにより、系統立てられた効果的な欧州人独自の思想宝庫が築き上げられ、現実の政治や経済に弛まぬ思想的刺激と理論的根拠を提供している。一方、アジアおよび中国自身を省みれば、地域内部に現われた各種の摩擦や矛盾が世界から注目され、また、アジア諸国自身も不快感を抱いているというのが現状と言えよう。これらの摩擦と矛盾はかなりの程度で、アジアが一つの全体として躍進していくことをさまたげている。中国側から反省すれば、我々も同様に、現存の問題を直視し、新たな解決の道筋と方法を探し、アジアの安全保障環境の改善および地域安全保障協力の質の向上を促していく必要がある。

中国の安全保障環境における七つの「ポイント」

中国の安全保障環境は一定不変なものではなく、この数十年来、終始変化し続けている。ある方向では問題が比較的緩和されつつあり、別の方向では隠されていた問題が日増しに顕在化しつつあり、また別の方向ではそうした構図は曖昧で不明確になり、絶えず変化と転換の過程を歩んでいることもある。

筆者の見るところ、以下の七つの問題（もしくは「ポイント」）が最も注目し検討するに値する。これらの問題は中国をとりまく地域における安全保障政策の注目点であり、重要な基本問題である。もしくは中国が新世紀において周辺地域の構造を調整し、ひいては統合を進める際の出発点であり、中国の国家利益、とりわけ安全保障利益にとって、それぞれ異なる中身と意義を持っている。七つの「ポイント」とは以下のものである。

台湾問題

台湾問題は中国の国内問題ではあるが、一般の内政問題で見られない特殊な重要性、複雑性および敏感性がある。例えば、歴史と現実の種々の原因により、台湾問題は過去三〇年あまり、米中二国間関係において、最も「事」の起こりやすい頭の痛い問題となっている。予知できる範囲の未来において、唯一の超大国〔米国〕が最大の発展途上国〔中国〕と安全保障上で衝突する可能性の隠されている危険ポイントでもある。米国は、超大国としてのグローバルな覇権戦略に基づき、これまでよりも多くの新式の兵器を台湾軍事当局に売却しており、中国人民解放軍はこれにより厳しい圧力を受けている。中国にとって、ソビエトの崩壊後、安全保障面での真の挑戦は、主としてこの方向から来たものである。解放軍は、「寧失千軍、不失寸土〔たとえ千軍を失ったとしても、一寸の国土をも失わせない〕」という決意を示してはいるが、ハイテクという条件の下において台湾海峡で起こるかもしれない戦争にいかにして勝ちぬくことができるのか、これは真剣に考えなければならない問題である。海峡両岸のそれぞれの社会の内部関係からみれば、台湾と大陸は近頃、政治や経済、社会生活において、既に歴史的な変化が起き、しかもこの変化が現在もなお継続している。このことは両岸関係に少なからぬ発展のチャンスをもたらした反面、深刻な対立と挑戦をももたらしている。筆者は個人的には、軍事上、台湾独立という最悪の事態に対応できるようにしなければならないと思う一方、台湾問題の解決は最終的に政治ルートに頼る可能性が大で、それにプラスして、外部ルートを補助的に使うこととなるだろうと見ている。大陸側からみれば、過去数年来の台湾との関係の歴史から数多くの経験を総括することができるし、数多くの教訓を汲み取ることもできる。例えば、最近の台湾で行われたいくつかの重要な「選挙」に対する〔大陸の〕関係機関の予測は、実際の結果と大きな開きがあった。それにより各方面の活動が受け身的な立場に立たされ、批判されるようになった。新世紀において、いかにして新しい考え方をもってこの膠着状態を打開するのか、これは政治リーダーの使命であるだけでなく、学者や研究者の避けられない責務でもある。歴史的にみれば、最終的に平和的な方式で祖国を統一できるかどうかは、海峡両岸の中国人、とりわけ政治家の見識、研究者の知恵が全面的に試される試練であり、中国の平和的台頭の国内の傾向および外部への責任を世界にピーアールすることでもある。これは名実相伴った「試金石」と言えよう。どの角度から観察してみても、台湾問題が解決できるか否か、そしてその具体的な解決方法は、中国の将来の安全保障環境に継続的に影響を与えていくことだろう。これは疑いなく最重要の問題である。

朝鮮半島の分断状況

朝鮮半島の南北の分断状況は二〇世紀後半、冷戦時代の「遺物」の一つである。韓国と北朝鮮の政治制度、経済レベルおよびイデオロギーは、現在の世界で、同文同種の同一民族の内部で見られる違いの最も大きいケースと言えよう。双方の軍事力の結集とその背後に絡んでいる大国間関係は、現代世界で最も複雑な国際安全保障構造（冷戦時代における東ドイツと西ドイツの国際安全保障構造を除けば）であるかもしれない。ある意味では、台湾海峡の対立の行方は予断を許さないものの、それはあくまで一国内部の事柄であるため（超大国の関与があるとはいえ）、グローバルな不安を引き起こすことはない。しかし、朝鮮半島でいったん新たな戦争という形の対抗が起これば、それは世界史上で新たな「基軸の転換」を意味し、世界は再び陣営を形成し、全面的な対立の場面に陥ることになるだろう。ここ数年の様子から見れば、朝鮮半島の情勢は流動性が大きく、予測しがたい。例えば、一九九〇年代半ば以降、朝鮮半島は「紛争が発生する可能性が最も高い地域の一つ」だと言われていたが、九〇年代も後半になると、南北双方の最高指導者同士が握手をし和解をしたことが世界から注目された。二〇〇一年から、このような接触の過程は米国共和党新政権の強硬な立場（とりわけ、ブッシュのいわゆる「悪の枢軸論）のため、ぷっつり切られてしまう。このような情勢は二〇〇二年上半期、北朝鮮と日本、北朝鮮とロシアの最高指導者同士の会見や、北朝鮮の新義州経済特区創設の発表で大きく改善されたが、その直後に、いわゆる「北朝鮮核計画」の発表で、北朝鮮と米日韓との関係が再び緊迫した情勢に陥った。上述のように、流動性が大きいため、外部の人々や国際社会は、次に何が起こるのか、なかなか予測ができない。朝鮮半島は中国にとって地政学的に見て重要な戦略的意義があり（米国主導の西側軍事勢力の侵犯に備える「東北の玄関」である）、過去には、中国と北朝鮮は米国を相手に共に戦ったという記録もある。一九九三年、中国は韓国と国交を結んだ後も、北朝鮮および韓国と等しく良好な関係を保ってきた。以上のことから、中国人はこの地域の動向に目を配らざるをえず、朝鮮半島の安定こそ周辺を安定させる重要な内容だとみなさねばならない。南北双方のわだかまりの解消と最終的な統一は、長期的で骨の折れる過程であることに注目し、これを認めなければならない。[(1)] 中国は現在、米国を除けばこの地域で最も大きな発言権と影響力を持つ外部の国である。「現状の安定化」、「南北に対する等しく良好な関係の維持」、非核化と突発事態の防止を、現段階におけるわが国の対朝鮮半島政策の主な内容として推進していくべきだろう。

日米安保条約の問題

日本と米国が第二次世界大戦後に調印した二国間安全保障条約は、世界で最も大きい経済大国同士の国家安全保障同盟の礎であり、アジア太平洋地域で対象範囲の最も広い軍事協力協定でもある。米国の軍事費は世界各国軍事費の総計の五分の二を占めており、その軍事力は他のいかなる国をも遥かに凌いでいる。日本は米国の核の傘に守られているものの、日本の技術の精密さや優良さ、兵器の品質は東アジア地域で上位にランクしている。仮に、日米安保条約が二国間の「相互防衛協定」で、日本と米国自身の安全を守るためのものであるとすれば、他の国はこれに文句をいうこともないだろう。しかし第一に、第二次世界大戦期間中、他国を侵略したという歴史について、日本はドイツほど深く反省しておらず、アジア近隣諸国の信頼をあまり得ていない。このため、いかなる国際的な軍事活動であろうと、日本がそれに乗り出そうとするなら人々は懸念する結果となる。第二に、中国にとって見れば、日米安保条約の特殊性は、西側の二大先進国が、東アジア地域で起こるかもしれない突発事態に備えるための軍事協定であることにある。日本と米国がその戦略的な防衛範囲と攻撃目標をどのように解釈しようとも、北朝鮮や中国のような社会主義諸国（およびその他の非西側諸国）は真に安心することはできない。第三に、中国人がこの条約を懸念するのには、もう一つの特別な理由がある。すなわち、センシティブな立場にある台湾は、かつて長い期間にわたり、日本の植民地であったことである。しかも、日本国民は今もなお、台湾に特殊な「感情」（もしくは好感）を抱いている。一方、台湾独立勢力はこのような「感情」を巧みに利用し、日本国内の権勢を握る親台派と密接なつながりを保っている。日本政府と防衛庁はここ数年、日米安保条約の「新しいガイドライン」に関する説明では、「周辺事態」に関して曖昧な解釈を行っている。とりわけ、「九・一一事件」の後、日本の国会は海外派兵に関するいくつかの法案を迅速に採択したが、このことも中国人の懸念を強くした。戦後日本の「平和憲法」が今にも改定されるかのようであり、「専守防衛」は今日突破されつつあり、「集団的自衛権」はまもなく現実化しようとし、東アジアの戦略的バランスと安定性が崩れそうになっている。(2) 将来の日本が必ずや軍国主義の道を歩むとは言わないが、日本は米国の奨励下で軍備を増強し、数多くの周辺諸国が不安を抱くような情勢を作り出したことは確かである。東アジア地域にある二つの大国として、日本と中国は関係の改善に真剣に取り組まざるをえない。仲良くすれば双方に利益があり、その恵みは周辺諸国にも広がるが、戦えば双方が損をし、その災いは周辺諸国にも及ぼされるからである。今日に至るまで、両国の間では、いかにして相違点を残しつつ共通点を見つけ出し、さらに、未来に目を向けるようにするか、とりわけ安全保障問題において、かの有名な「囚人のジレンマ」をいかにして抜け出すかが課題であった。筆者から見れば、これは依然として解決の困難な懸案事項であろう。

緊迫したインド・パキスタン関係

筆者は折りにつけ、南アジア大陸は冷戦終結後しばらくの間、国際関係における三大「紛争多発地帯」の一つだと指摘してきた。まず、この大陸は夥しい人口があり、資源が不足しているため、社会競争や生存競争がたいへん激しい。その上、エスニシティの著しい差異、宗教的対立、民族矛盾ないしは社会内部の種々の差別もあり、インド、パキスタンは領土の境界線をめぐり、半世紀以上にわたり紛争を続けている。一九九八年以降、インド、パキスタン両国は相次いで核実験を行い、この種の大量破壊兵器〔核兵器〕の保有を宣言したことによって、この地域での対立の行方に人々はますます不安を抱くようになった。一方、中国の安全保障にとってみれば、上述の要因のほかに無視してはならない要因がある。第一に、インドと中国の間には領土をめぐる紛争があり、境界線の画定問題で一九六二年には戦争にまで至っていた。第二に、インド国内ではここ数年、中国の台頭が憂慮され、政治・軍事関係者と一部のメディアに少なからぬ「中国脅威論」支持者がいる。第三に、中国チベットのダライ・ラマのグループはインドの黙認の下で、いわゆる「亡命政府」を立ち上げ、中国の辺境地区の安定、民族間の団結および領土保全の大局に長期的で有形な脅威を織り成した。私は、中国とインドの間に相互信頼が欠け、両国の関係に起伏があるのは、各種歴史的要因のほか、民間交流（経済・貿易にせよ、ニュース・メディアおよび学術機構間の交流にせよ）が少ないため、相互信頼メカニズムを構築するための社会的基礎が希薄であることも重要な原因の一つだと見ている。信じられないことかもしれないが、二〇〇一年末、中国の朱鎔基総理がインドを訪問し、インド側と合意に達する前まで、隣り合っているこの世界最大の二つの発展途上国（総人口が世界総人口の三分の一強を占めている）の間に、定期航空便すら設けられていなかった。このために二国間の往来がたいへん不便で、現在の二国間の年間貿易額もわずか三〇億ドル程度しかなく、米中もしくは日中間貿易の三〇分の一にも達していない。このような社会的・経済的基盤の希薄さにより、二国間関係の枠組みはたいへん脆弱で、大きな揺れに耐えることができない。中国とインドの間には、いわゆる「自己実現の予言」が存在する。すなわち、相手をライバルや敵と見なした場合、本来は敵でもなく味方でもない両国の関係の最終的な悪化を招くかもしれないが、もし互いに相手国を普通の隣国、ひいては友好的な間柄の国だと見なすことができれば、一連の努力と相手の行動に対する評価は、いずれも、このような予言が実現するのに有利な方向に事態を進展させていくことになる。いかにして前者を避け、後者を実現させていけばよいのか、これは未解決の課題と言えよう。ただ、喜ばしいことに、ここ二、三年、中国とインドの関係では、「大局に目を向けよう」という声がある程度大きくなり、両国政府は関係改善において、いくつかの重要な取り組みをしている。[3] もしも現在の勢いを保っていけば、後者の予言が実現される可能性はあると言えよう。

中央アジアの潜在的トラブル

中央アジアと言えば、まず、パキスタンに言及せねばならない。アフガニスタンと隣接しているこの国は、「九・一一」の後、地政学上、特殊な重要性を有するようになっている。パキスタンの抱えていた内部と外部のトラブルは、「九・一一」以降、とりわけ、米国がタリバン政権を相手に反テロ戦争を起こした後、十二分に顕在化してきた。この国は、世俗的な強力な軍事政権下に置かれているものの、その統治している対象というのは、原理主義の力が強く、経済が長期的に足踏み状態に陥っているイスラム国家である。この国はインドと様々な深刻な矛盾（領土、宗教、地経学・地政学などの面において）があり、総合国力の競争においても、意余って力足らずである。また、インドの気勢に迫られ、この国は他の大国、とりわけ最大の隣国である中国や、世界最強の大国である米国とも、良好で柔軟性のある関係を保つことができていない。しかし、どのような視点から見ても、ムシャラフ将軍の治めているこの国は、世界で最も治めにくい国の一つであり、その歩む道にはいばらが多い。中国とパキスタンの長い間にわたって維持してきた友好関係を考慮すれば、我々は、この国の重大な潜在的トラブルが我々の安全保障環境にもたらす影響を分析し、対策を打たざるを得ない。

さて、話題を中央アジア情勢に戻そう。この地域の各国は、実はパキスタンと似たような状況にある。アフガニスタンおよび旧ソ連から独立した中央アジア五カ国（カザフスタン、ウズベキスタン、トルクメニスタン、タジキスタン、キルギスタン）はいずれも、低い経済水準、複雑な民族関係、蔓延《はびこ》る宗教の原理主義勢力、薄弱な全体的国防力、限られた外交手段という状況に置かれている。しかも、もっと深刻なことに、人口が比較的少ないこの広大な地域では、著しい民族分離主義、国際テロリズム（例えば、ビンラディンのグループ）および宗教原理主義（例えば、一部のイスラム原理主義復興運動）という「三つの邪悪な勢力」が存在し、近年来、それらは内外の様々な助けを得て、蔓延り、拡大し続けており、中央アジア各国の社会の安定と民族関係に対し、日増しに由々しい脅威をなしてきている。中国の利害関係からみれば、この「三つの邪悪な勢力」は多少なりとも、わが国の新疆あたりにその影響を浸透させており、わが国の西部地区の民族関係と社会の安定が脅かされ、トラブルが続発している（中国には二〇〇〇万人あまりのムスリムがおり、彼らの主な居住地である西部地区は、経済発展が比較的緩慢で、人口が比較的少ない一方、自然資源が比較的豊富で、沿海や中部の省や自治区から比較的遠く離れている地域であることは、忘れることのできない事実である）。この他新しい動きとして、アフガニスタン戦争後、米国はウズベキスタン、トルクメニスタン、キルギスタン、アフガニスタンおよびパキスタン等の諸国と反テロ協定を結んだ。米国はそれにより中央アジアに根を下ろし、従来はロシア（旧ソ連）が大きな影響力を握っていたこの地域で、独自の縄張りを張ることに成功したのである。これは、将来しばらくの間にわたり、中央アジアと南アジアの国際関係を複雑にする重大な事態であり、中央アジアの地政学的構図の重大な転換でもある。また、わが国の西南方面における安全保障にとって、新たな不安定要素がもたらされることになった。

南シナ海の争議

ここで言う南シナ海の争議とは、主として、中国と東南アジアの一部の国が南シナ海の一部の島嶼《とうしょ》、大陸棚および境界線（海上境界線）の画定およびその帰属をめぐる対立のことを指す。この問題には中国（台湾を含む）、ベトナム、マレーシア、フィリピン、インドネシア、ブルネイなどの国がかかわっている。中国の安全保障利益から見ると、このような争議の存在には以下の注目すべき特徴がある。まず、中国と争議のある国はいずれもASEANのメンバー国である。そのため、一〇の加盟国からなるASEANは一つの組織として中国と向き合い、「一枚岩の姿勢」を示そうとしていることを無視してはならない。一部の国は、米国などの外部アターが争議に介入してほしいとさえ望んでいる。次に、東南アジア（中国ではかつて「南洋」と呼ばれていた）は中国大陸以外で最も多くの華人〔現地国籍〕と華僑〔中国国籍〕が住み、中国系資本が最も豊富なエリアであり、中国の改革開放後の二〇年あまりにおいて、中国に外資を供給する主要な地域の一つでもある。そのため、安全保障利益と経済利益のバランスをとり、両者を統合的に配慮せざるを得ない。さらに、南シナ海地域には広大な海域に豊富な石油、天然ガス資源が埋蔵されている可能性がある。ここはまた、いくつかの重要な国際的な海洋航路が存在する海域でもある。中国は「世界の工場」になる可能性は持っているものの、自分自身の鉱産物資源に限界があり、南シナ海地域での権益がますます重要な価値を有するようになっている。最後に、EUと比べれば、アジアの地域統合のプロセスは緩慢だが、将来において、そのテンポは速くならざるを得ない。ここにおいて、中国は台頭しつつある大国として、それ相応の責任を背負わなければならない。

二〇〇一年のＡＳＥＡＮ＋中国の会合における、中国・ＡＳＥＡＮ自由貿易地域を一〇年以内に設立しようという朱鎔基総理の提案は、このような考えの具体的な現われと見てよいだろう。また、筆者は、他の「ポイント」と比べれば、この地域は中国本土と比較的遠く離れているが、関わっている国の数も多く、ややもすれば多国間の国際問題にまで発展しかねないため、格別に慎重に対応しなければならないと指摘したい。しかし当面は、南シナ海の争議はまだ比較的小さな問題であり、その解決は将来に延ばさざるをえない周辺の安全保障問題にとどまっている。「争議を棚上げし、共同開発する」という鄧小平の発想についても、我々の世代や次の世代の人がその具現化に向けて取り組んでいくべきであろう。最近の中国とＡＳＥＡＮとの関係における新たな進展、例えば、中国によるＡＲＦの推進、「新安全保障観」の面での中国とＡＳＥＡＮの共通言語、金融通貨分野での協力などは、それぞれの国の指導者と専門家、学者たちが世界の全体情勢を考慮していることの顕著な表われであり、新たな国際情勢の下で東アジア地域の協力が加速化するという趨勢の表われである。この情勢は人々を喜ばせ、また安心させている。

中ロ善隣関係

今日の中ロ関係は、一九八〇年前後にはとても想像できなかったような間柄となった。当時、北方からの「暗い影」が中国人の心に重くのしかかり、それは国の経済計画、軍備計画およびイデオロギーに著しく影響し、一般人の日常生活にさえ、きな臭い匂いを充満させていた。その後、鄧小平、江沢民およびソ連（ロシア）指導者の大局的な見通し、古きを取り除き、新しきを打ち立てるという卓見に導かれ、さらに、全体的な国際環境の変化や中国国内の改革開放プロセスの推進に後押しされて、両国はまず政治関係と外交関係を改善し、その後、安全保障関係および経済・貿易関係においても、多くの相互協力を推進した。

一九九〇年代以降、中ロ関係はここ数十年来で最も良い発展段階に入った。両国の国境線問題はほぼ解決され、中ロに横たわる長い国境地帯はこれまでにない安定的な局面を迎えた。中国の安全保障環境にとって、これはプラスで良好な傾向である。このことの主な意義は、日本帝国主義が中国に侵入した後の半世紀余りにわたったわが国最大の安全保障上の脅威が取り除かれたことにあり、これにより、中国は経済建設と人々の生活レベルの向上に全力投球できるようになったことにある。それだけでなく、二一世紀の到来に伴い、中国とロシアは、経済、社会の体制転換を加速するという国内情勢や、米国が唯一の超大国として他の国を凌駕しているという国際秩序に共通して直面している。そのため、両国はいずれも対話と協力を強め、国際的な戦略バランスを共に維持していく必要性を感じている。これは、中ロが今後しばらくの間、善隣友好と戦略的協力関係を築くための確固たる基盤である。中ロ関係の変化を見渡せば、全体的には、今日いくら高く評価してもし過ぎでないほどの良好な変化が現われていると言えよう。しかし、一方では、中ロという二つの世界大国の政治関係と経済関係はきわめてアンバランスな状態にあるため、一連の問題が起こっていることにも注意を喚起しておきたい。例えば、安全保障戦略上の意義や資源面での相互補完はさておき、中ロ間の経済・貿易の連携は依然としてはなはだしく脆弱である。(4) 中国人が経済近代化のプロセスにおいて、北方の隣国から得たり学んだりできるものは、米国や日本などの国から得るものよりも遥かに少ない(このことは、中国外交の重心が改革開放後、太平洋方向へとシフトした主な原因であるかもしれない)。また、ロシアでは中央の政治勢力から地方の政治勢力まで、中国がロシアの極東地域で市場を開拓し、各分野での様々な協力の機会を獲得しようとすることに対し、依然として深い警戒心を抱いている(例えば、中国は不法移民という方法で、帝政ロシア時代にロシアが中国から奪った土地を奪回しようとしている、というように)。これによって中国のいくつかの組織と地方当局は不満を感じ、自ら退いてしまう事態が生まれた。両国では国内の市場化と経済発展のスピードにおける格差によって、以上のような様々な問題は解決に向かうどころかますます深刻化していくだろう。またロシアと米国が新たに構築した戦略対話および戦略的パートナーシップは、中国にとって無形のプレッシャーになっている。こうした現象と傾向にも目を配らなければ、中ロ間の得がたい善隣関係と安全保障協力は弱体化を招きかねないのである。

中国外交のいくつかの検討すべき問題

我々が周辺地域の安全保障環境を重要視しているのは、それが中国が国内の改革、発展および安定という大局を維持する上での重要条件の一つであり、わが国が近隣地域との間にある様々な矛盾を調整し、主導的役割を徐々に果たしていく前提条件の一つでもあるからである。世界で最も安定している西欧においては、ある国が良好な周辺環境を求める場合、その国の総合国力や外交的技術を使うと同時に、地域が共同して、新たな発想と方法で歴史に残された厄介な問題を巧みに処理することに努力し、それによって全体的に一段と高い関係に進むことができた過程を見ることができる。

筆者は、以上の目標を達成するためにはいくつかの検討すべき問題があることを指摘したい。

総合安全保障と協調的安全保障を良好な周辺環境の実現のための重要目標とすること

グローバル化の時代における国家安全保障は、軍事力の増強という方式のみに頼って実現することはできない。むしろ、ますます多くの国と協力することによって初めて実現できるのである。その言味では、中国の求める周辺地域の安全保障は協調的安全保障であるべきである。すなわち、各国が相互に理解し合い、協力する中で、相互の安全保障利益を増進させ、「プラスサム」の結果を求めていくことである。理論上、安全を獲得するには、さまざまな手段と様式をとることができるのであって、一国の安全保障は必ずしも他国の安全を脅かすことを代価とするものではない。例えば、中国の指導者はここ数年、外国賓客と会見した際、中国の発展と台頭が、隣国に損失を与えたり、隣国を不安に陥らせたりするようなことはない（また、そうなることを中国は望んでいない）とよく強調している。[5] もちろん、世界の歴史と現実はこれと相反する実例、すなわち、ある国が自分自身の安全保障を確保するために、他国の安全を脅かした例は数多く見られる。最近、一部の下心のある人たちは、「中国脅威論」をばら撒いている。このこともあり、国連安保理の常任理事国として、また、台頭し続けている世界の大国として、我々は自分自身の安全保障のために取った行動が、隣国、ひいては地域全体の不安定要因だと外部から見なされないよう、格別に慎重に振る舞わなければならない。一方では、我々は国防の近代化（最近の軍事費の大幅な増加を含め）を総合的な近代化の合理的な一部分として推進せざるをえない。もう一方では、周辺諸国の疑いを解消し、彼らとの信頼関係を強くするよう努力しなければならない。例えば、『国防白書』という手段を用いて、中国外交の平和的理念や、改革開放後、中国人は隣国を喜んで助け、善隣に努めているという新たなイメージを、ピーアールしていく必要がある。

冷戦終結後、主として一九九〇年代半ば以降、アジア諸国、ひいては世界各地の戦略家たちの安全保障の脅威の源に対する認識は、幾度も変わってきた。まず、「経済安全保障（および総合安全保障）と比べれば、軍事安全保障（伝統的安全保障）の役割は低下している」という説を、アジア通貨危機の後によく耳にするようになったかと思えば、その直後に、「軍事安全保障は依然として、現代の安全保障観のコアとして、欠かすことのできないものだ」という主張が、コソボ危機後、とりわけ「九・一一」後に新たに見直されるようになっている。筆者からみれば、これらの説はそれぞれ一理があり、どちらかに優劣や順番を付けたとしてもそんなに大きな意味がない。我々の直面しているグローバル化の時代においては、多様な安全保障問題が必ずや同時に発生し作用していくに違いない。平和と発展という大局さえ変わらなければ、経済安全保障は必然的に、軍事安全保障と同様に、安全保障全体の中で重要な部分をなすことだろう。だからこそ、中国が周辺地域との安全保障協定の締結や、アジア太平洋安全保障メカニズムの構築を推し進める過程においても、いわゆる「総合安全保障」に特別な注意を払い、特別なウェートを置くべきだろう。すなわち、軍事的な摩擦や衝突を防ぐと同時に、金融危機や、貿易紛争および生態系危機の防止などと言った「非伝統的安全保障」を重視し、域内の各国内の発展と相互貿易のために安定的で安心感のある地域ムードを醸成していくことである。「総合安全保障」のコンセプトを明確に打ち立て、繰り返し強調し、実際の行動をもってそれを具現化しなければならない。生態系危機、金融危機、貿易紛争などの問題が現代の国際政治と国際安全保障における重要性を日増しに増大させていることは、これまで指摘したとおりである。これらの問題は、アジア太平洋諸国の相互関係および地域の安定にとって最も留意すべき問題でもある。数年前、東南アジアのいくつかの国および日本、韓国などを相次いで襲った金融暴風と通貨危機は、各国の安全保障および地域の安定にとってこれらの問題が重要であることの有力な証明となった。中国はこの面において、一定の優位性（経済成長率、市場の大きな潜在力、輸出の伸び率など）があるものの、隠れた問題（通貨切り下げのプレッシャー、環境汚染問題、一部の国との貿易摩擦など）が潜在しており、利害関係が大きいと言えよう。これらの問題をアジア太平洋安全保障メカニズムのアジェンダとして設定することは、域内各国が「同舟共済」意識を深め、新たな経済危機が勃発する可能性を抑えることに有利である。論理上、このことは、グローバル化の時代における、経済要因の役割が上昇し、安全保障の従来の定義が修正され、各国とも平和をもって発展を保障し、発展をもって平和を強固なものにしていくという進歩的なトレンドにも合致している。

ここではとりわけ以下のことを強調したい。すなわち、隣国および域内の他の国と安全保障をめぐり対話や協力を行う際、「周辺地域の安全保障」のかかわる範囲や内容は、伝統的な軍事安全保障だけでなく、「非伝統的安全保障」の各項目の内容、例えば、多国間対話・協議の形で、アジア金融危機のような重大な事態に集団で対処し、政府の実務機構が具体的な多国間の活動での協力を強化していくことなどをも適度に入れるべきことである。中国にとって現段階で、経済安全保障を重要な内容とする非伝統的安全保障を提唱し、それを重視することは、とりわけ大きなプラスの意義がある。その理由の一つは、中国がこれまでの二十数年間継続的に発展してきた中で、国内と国際の解決の困難な数多くの問題を穏健な方法で克服もしくは緩和し、「発展をもって安全保障を求める」という考え方・方法を示した発展途上国として注目されていることである。この考え方・方法は、中国の優位性を発揮し、国際舞台での発言権を高めることにもなる。もう一つの重要な理由は、アメリカを始めとする一部の西側諸国は多国間の安全保障対話において、複雑で手を焼く軍事分野の問題(例えば、ミサイル問題、核兵器の問題、軍事演習の問題、軍事費の問題、透明性の問題)などに、真っ先に取り掛かろうとする傾向があることである。これらの問題は、国家の主権と民族の尊厳と直接かかわっている項目が数多くあり、国内の全体的な動員体制や人員配置上の重要問題とも関連しているため、ややもすれば協議がまとまらず、会議が行き詰まった雰囲気になってしまう。他方、非伝統的安全保障問題はそれほど敏感でなく、解決の糸口も比較的容易に見つけることができ、多国間対話・協力の実現をより容易に促すことができる。最後にもう一つの明らかな理由は、グローバル化の加速により、地球規模の問題がますます顕在化してきているため、人々は安全保障に関する旧来の観念や解決方法を踏襲することができなくなったことである。とりわけ、「九・一一」以降、テロリズムの脅威といった非伝統的脅威が際立つ中で、各国ともこれをもっと重要な位置におかねばならない。

中国にとって、協調的安全保障を求める過程で、関係各国の政治制度とイデオロギーの多様性の尊重を強調することは、特殊な意味合いと重要性がある。中国は今の世界で、数少ない社会主義国家の一つである。一方、アジア太平洋地域は今の世界で、政治、経済、文化および民族構成において、最も多様性に富み、最も違いの大きいエリアである。そのため、我々が新たなアジア太平洋安全保障を求める時、このような多様性と違いに格別な注意を払う必要があり、そのアジェンダの設定やルール作りおよび具体的な行動において、このような多様性の継続と拡大を保障していく必要がある。もしも、我々の提唱、擁護および主導の下で、域内の各国がいずれもこのような姿勢で国家間の食い違いを解決し、様々な形の対立の可能性をもった問題を減らすことができれば、将来のグローバルな争議の解決に新たな発想と先例を作り出すことができるだろう。ここで気をつけなければならないことは、もしも我々が他人に自分の制度と価値観を尊重してほしければ、他人の制度と価値観を尊重しなければならないということである。それだけでなく、その中から有益で、我々が参考に値する内容を見出し、それを汲み取らなければならない。「求同存異」、「相互尊重」などは言うはやさしいが、実際に行うのは容易でない。新しい時代にふさわしい、人類の求める安全保障観には、この面での深い理解が含まれるべきであろう。我々の求める多極化とは、本質的に世界の多様性を尊重し、文化価値の多元性を求めることであるが、のみならず、ある特定の超大国の単独覇権主義を抑制したり、それに対抗するためのものでもある。言い換えれば、それは単なる戦略的目標ではなく、一つの文明の理念でもあると見なされるべきであろう。

地域全体の安全保障にかかわる問題については、以下に述べるやり方がとりわけ必要となるだろう。例えば、安全保障の協力形態に関連して、最初は、協議や対話をメインとし、取り決めや条約を補助的なものとしたほうがよいだろう。取り決めや条約を交わす場合は、非拘束的もしくは拘束力の弱いものをメインとし、拘束力が強いものは補助的なものとしたほうが良いだろう。アジア太平洋地域の特色に基づき、または、中国自身の利益から考えると、中国人の提唱するアジア太平洋安全保障メカニズムにおいては、協議や対話の重要性を特に強調すべきである。初めから各種の規則や制度を各国に押し付けようとするやり方に反対し、とりわけ、拘束力の強すぎる取り決めや条約をボイコットすべきであろう。アジア太平洋地域は西欧ではなく、ましてや西欧でさえ、一部の地域的メカニズムの投票に「全会一致」という原則がある。アジア太平洋地域では、自由意思、協議、自主を前提とすること、共通認識を基礎にすることという、協力の原則を堅持しなければならない。少数の西側諸国が進んで使いたがる一括処理方式や強制的な協定や条約に軽々しく賛同してはならない。これは、中国が守らなければならない最低条件である。と同時に、安全保障での一方的な譲歩を極力避けて、安全保障を多国間で共有化し、メカニズム化していくことが必要である。これまでの歩みを振り返れば、わが国は国際および地域の安全保障問題で数多くの調整と譲歩を行ったが、その一部はわが国単独の行動、あるいは二国間会談の結果であった。例えば、人民解放軍の兵員の当初一〇〇万人、次いで五〇万人の削減方針、国境および善隣友好関係をめぐるいくつかの協定、一部の特殊兵器の輸出制限、一部の国への戦略物資の輸出制限、特定地域の「非核化」に対する支持表明などである。今後も、わが国は単独で行動する権利を排除することはできないし、個別の国と「事前取引」を行う可能性を排除することもできないが、戦略的に考えれば、アジア太平洋の安全保障メカニズムの必要性を承認した以上、ある程度の意思表示や貢献をしなければならない。そのため、上述のような行動がもっと大きな効果を発揮できるようにしていくべきであろう。言い換えれば、それらを地域全体（少なくとも主要な国家）の安全保障と結びつけて考え、それらを中国がこの地域ひいてはグローバルな平和と安定を確立するための主体的な提唱と善意ある措置とし、それらを新型アジア太平洋安全保障メカニズムの不可分の有機的な一構成部分に変えていくべきであろう。

米国など大国のアジア地域における利益を柔軟かつ適切に処理すること

我々は米国の覇権主義を批判し、制止するのと同時に、物事の複雑性に注目し、大国間関係の多様性や覇権反対の普遍的価値にも注目すべきである。中国はアジア太平洋地域で重要な責任を負う主要な国として、また、ますます重要な世界的影響力と国際的利益を有する国として、厳《おごそ》かに以下のことを受け入れてきた。今の中国は覇権国家ではなく、覇権政策を追い求めてもいない。たとえ今後強大になったとしても、覇権主義につながるいかなる目標をも絶対に追い求めない。と同時に、中国は他の国が国際問題や地域の問題で覇権主義の方式で自らの目標や政策を推し進めていくことに断固反対する。中国の周辺地域、ひいてはアジア太平洋全体の安全保障の実現は、この地域の国際関係でこの種の動機や行動の減少を促進することであろう。「一極世界」を求める企みに断固として反対し、「多極化の趨勢」を造り出すよう積極的に奨励していく。我々の態度は明確なものである。中国は各大国との関係をきわめて重要視し、それを地域の安全保障、安定、平和と発展の「要」と「軸」だと見ている。しかし中国は、いかなる大国であろうと、「突出した覇権」を握り、自らの意志をもって他国を凌駕し、安全保障問題を含めて地域全体のことを支配することを願っていない。中国は各大国間で平等で、相互に信頼し、協調的に対話できる多レベルのコミュニケーション・チャネルを構築すること、相対的に多極化した国際システムによって現在の不均衡な情勢を徐々に修正していくことを期待している。この地域の安全保障の土台は非同盟運動であり、第三者の利益と直接対立したり、それを害したりすることを避けるべきである。中国はもっと多くの国と以下のことについて、共通認識を達成すべきである。すなわち、生まれつつあるアジア太平洋安全保障協力とは、ＮＡＴＯのような西側の伝統的な形態の軍事同盟もしくは統一的な安全保障組織ではなく、アジア太平洋地域の各国がこの地域の実状や歴史の特徴に応じて作られる、安全保障対話および協力に役立つ形態だということである。そのため、アジア太平洋安全保障の各種メカニズムはその設置目標をいかなる第三者（第三国やその他の組織を含む）にも向けてはならない。また自らの活動が、域外勢力によってこの地域もしくは域内諸国の内政に干渉する口実にされたり、その手段にされたりしてはならない。

上述の前提の下で、我々は一定程度、東アジア地域における米国のプレゼンスを認めてもよいだろう。例えば、日米安保条約が一定の期間という限定つきながら、バランサーとしての役割も果たすことを認めることなどである。この中で最も重要な役割は、日本が軍事大国の道を歩むことを阻止し、日本右翼の拡張の野心を抑えることにある。一方、中国の台頭に伴い、米国がその東アジア地域での軍事力を、中国を封じ込めるための包囲網にしようとする点は警戒すべきであろう。この包囲網が我々の手足を束縛しないようにするには、外交の視点から考えれば、周辺諸国と相互信頼関係および誠意のこもった協力関係を結び、歴史に残された各種の問題を根気良く適切に処理し、二国間関係や多国間関係にあるいかなる副次的矛盾でも、それが後戻りのできない対抗にまで発展してしまうことを防止していく必要がある。もしも我々が日米安保条約をふくめ、既存の各種安全保障枠組みの廃止をひたすら求めるならば、日米などの国の反発を招き、他の国々も中国の意図をマイナスのイメージでとらえるようになるだろう。同様に、中国は自信に満ちた大国として、原則的には米国がいくつかのアジア太平洋諸国（例えば、オーストラリア、ニュージーランド、タイ、韓国など）と既に結んでいる二国間安全保障協定に反対していない。もちろん、これは、そのもともとの範囲さえ乗り越えなければ、あるいはそれを第三国、とりわけ中国に対する手段に変えさえしなければ（例えば、台湾問題をそうした協定に含まなければ）の話である。国際関係の理論（とりわけ構成主義の学説）が示しているように、当事者が意図的に特定の方向に向かって努力すれば、いかなる国際構造をも転換させることが可能である。国際関係は事実上、社会化のプロセスで、コミュニケーションの内容は国際関係の方向そのものを決定づけている。中国は手の打てる努力を尽くしていくべきである。例えば、これらの組織、協議および関係諸国と対話をし、場合によってはオブザーバーの身分として討論に参加し、様々な方法で問題解決を図るか、問題を小さなものとしなければならない。

ここ数年のロシアとNATOの関係の変化は、我々にとって参照すべきものである。プーチン大統領とて、NATOは最初からいわゆるソ連の「脅威」に対処した軍事同盟であり、後になってもロシアを標的とする性質がかなりあるということは、重々承知している。しかし、単に対抗するもしくは自分自身の軍事力を強化するだけでは、双方は共に相手を脅威と見なす考えを解消することができない。最近、ロシアとNATOの接触と対話は、このような対峙の場面をいくらか緩和した。一方、双方の関係の全体的なプロセスを見れば、ロシアは自分自身の権利と権益を喪失してはおらず、ロシア軍当局は依然として必要な警戒心と軍事的準備を保持している。理由は明白である。すなわち、脅威となり得るいかなる組織や条約でも、外部で突っ立っているだけよりも、自ら進んで中まで入り自ら介入したほうが、敵意を弱め、脅威を低減することができるからである。国際人権分野での激しい議論を思い出してほしい。昔、我々は国際人権会議と関連条約には参加しないで、西側諸国の理由もない批判や様々な告発を拒否していた。しかし、今ではこの種の国際的諸活動（各種組織、会議および条約を含め）に積極的に参加し、世界に中国の声と説明を聞いてもらえている。面と向かい合っての勝負で、論理で負けた側が、国際社会の同情をも失わせる。その結果、我々は多数の国の理解と支持を得たが、米国はたびたび失敗し、ついに二〇〇一年、国連人権委員会の選挙で落選してしまった（少なくとも一定期間において、投票する資格は失った）。同様に、中国は国内において、総合国力を強くし、とりわけ、国防の近代化を進め、十分な準備を行い、心構えを作るべきである。ひとたび戦わなければならない情勢となれば、勝利を得ることができるようにしなければならない。すなわち、中国の軍人は様々な最悪な結果を考慮にいれる必要があるのである。一方、外交官や政治家にとってみれば、国際政治の舞台で、真心を込めて笑い（ただ衣の下の鎧を見せるというのではなく）、和気藹々《あいあい》に他者と付き合って、協力し、外交的努力をもって、単なる軍事闘争では緩和することのできない矛盾を和らげていく必要がある。総じて言えば、我々は米中関係をポジティブなもの、建設的な役割が果たせるものに変えていく必要がある。これは、経済・貿易と教育分野だけでなく、政治と安全保障の分野でも同様である。そうすることにより、中国が一翼をなす多数のトライアングル（日米中トライアングル、米中ロトライアングル、日中ロトライアングル）を、地域の安全保障を構築する上での真の安定的な枠組みにしていくことができる。米中関係に大きな「故障」さえ起こらなければ、いかなる国も中国の台頭を阻止することができないし、我々の周辺地域の安定も脅かされることはないと筆者は固く信じている。予想しうる未来において、中国と衝突する意志、もしくはそうすることができる能力を有する隣国はない。我々が「お家の事情」を適切に処理し、足取りを乱さなければ、いかなる人も中国という巨人の前進の歩みを敢えて阻止しようとはせず、また、それを阻止することもできないことだろう。この前提を認めることができれば、中国の外交は大胆に善隣友好活動を展開し、我々をかつて憂慮させていた様々な外部の条約と同盟に対して平然とした態度で余裕をもって対処し、整然と秩序だって世界の平和と人類の発展の事業を推し進めていくことができ、改革開放後の中国人の新しい姿と新たな貢献をピーアールすることができる。

我々は同様の平常心をもって、他の大国のアジアにおける利益とプレゼンスを認識すべきである。例えば、ロシアのアジア太平洋アイデンティティを認め、このユーラシア大国のアジア「回帰」を支持してもよかろう。中国はロシアと再度、同盟関係を結んだり、一九五〇年代にかつてあった「盟友」関係を構築したりするような考えはない。しかし、ロシアと正常な善隣関係や、比較的密接な戦略的関係を構築し、とりわけ、「一極世界」をめざす覇権的なたくらみに反対するプロセスで、支持しあえることを期待している。そのため、アジア太平洋の安全保障メカニズムの問題において、中国は、ロシアが重要なメンバーとしてこの地域の経済、政治および安全保障のプロセスに参入し、しかるべき役割を発揮することを支持している。このことは、中ロ両国にプラスになるだけでなく、大国の多国間外交において、避けることのできない成り行きでもある。同様に我々は一定の条件の下で、日本の政治大国としての役割を認めてもよい。その前提は、日本がその歴史を深く反省し、隣国の懸念を解消することである。欧州の経済と安全保障の統合で重要かつ積極的な役割を果たしたドイツは、日本のあるべき態度を示す重要な事例と言えよう。ドイツや日本のような経済強国が地域と世界においていっそうの役割を発揮することを阻止するのは無理があるため、むしろ物事の成り行きと勢いに応じて、それを有利な方向に導き、危険を無難に変えていったほうが良いのではあるまいか。アジアの地域協力における日本の提案と行動(例えば、「アジア通貨基金」構想の提案および技術移転での取り組み)について、我々は選択的に支持し、関与するのが良い。しかし、日本を軍事大国に導くいかなる意図に対しても、中国は少しも遠慮することなく、断固としてそれを制止しなければならない。アジア太平洋地域での安全保障分野における日本の役割は、あくまで現在の「専守防衛」に止めたほうがよいという認識を持つべきであろう。

中国にとって、以下の基本的考えに従って事を運ぶ必要がある。すなわち、現在の国際規則と多国間協議になるべく多く参加すればよく、「別に一家を起こす」必要はない。アジア太平洋地域、とりわけ我々の周辺地域の一部の安全保障協定を含め、現在の国際経済、政治および安全保障秩序が不合理で不公平であるため、改造せねばならないと人々はよく言う。これは疑う余地もないことだが、肝心なことは、それをいかに改造するかということである。これには、二つの方法が考えられる。一つは、とにかくまず参入して、後にタイミングを狙って事を運び、「改造」するということを長期的で漸進的なプロセスだとみるという方法である。たとえしばらくの間、参加できなくても、対話や協議、もしくはオブザーバー参加という形で、できるだけ「非局外者」の身分を保つ。もう一つの方法は、「非道を討伐せよ」、「大義の旗を掲げよ」と叫び、古きを破り新しきを打ちたて、一連の国際経済、政治および安全保障の新しいメカニズムを創設することである。筆者は、現在の国際的な諸条件およびパワーの相違を考えれば、前者こそが適切な方法で、中国の「安定した環境で自分自身の発展を図る」という基本的ニーズに適合したものだと考える。後者の手段は現実的でない上、トラブルを起こしやすい。その上、「中国脅威論」に様々な口実を与えかねない。前述したアジア太平洋安全保障に関する様々な構想は、能動性と勇気、そして智略にかかっている。どんな時でも、どんな事でも、自己中心的に振る舞ったり、西側諸国と力比べをしたりはしない。目下の国際情勢と周辺環境では、日米などの西側大国は紛れもなく強い立場にあるため、「別に一家を起こす」という発想や構想は、幅広い賛同を得ることができないだろう。端的に言えば、目下、我々は周辺地域の安定化、言い換えれば「睦隣（隣国と仲良く付き合うこと〕」を出発点に据えるべきで、挑戦的な姿勢で登場するのは妥当ではない。

安全保障メカニズムの戦略から言えば、我々は「有理〔道理にかなっている〕」、「有利〔利益がある〕」、「有節〔節度がある〕」という原則を遵守しなければならない。中国の古代の智略も現代の外交も、「有理」、「有利」、「有節」の方針をとりわけ重視している。いわゆる「有理」とは、事実を並べ、道理を説き、いかなる状況が起きても、道義と法理を守り、利益を見て義を忘れたり、信頼を裏切ったり、義を放棄したりしてはならないことを言う。「有利」とは、いかなることをやっても、利害関係をしっかり見極め、自分自身にとって有利になるように、弊害をなくすか、少なくとも弊害よりも利益を大きなものにしていくことを言う。侮られたり、右往左往したりする状態に陥ってはならない。「有節」とは、事が起きると自制して自分を抑え、忍耐の時は忍耐し、譲る時は譲るが、むやみに尻込みしたりはしないことを指す。一方、理由が成立すれば、妥協することもできるようにする。この三者は、場合によって、矛盾が生じるかもしれないが、そのバランスもしくは「加減」を把握して、総合的に応用していくことは、複雑な状況に対応する「芸術」とも言えよう。現代の国際闘争およびその環境は、以前よりももっと微妙で、手を焼くものであるため、我々はこれらの戦略の要訣を常に銘記しなければならない。

海洋問題を重要視すること

中国にとって海洋は日増しに重要な領域となり、海洋問題はすでにわが国の経済（特に資源）と安全保障に関わる重大な利益に及ぶようになり、また未来の中国の外部イメージやこの地域における影響力に関わるようになった。特に一九九四年の国連海洋法条約の発効以降、世界各国はよりいっそう自らの海洋権益を追求し、その保障を求めるようになった。台頭している大国として、中国は同条約の影響および各国のこれに関連した行動の意味するところを軽視することはできないし、軽視すべきでもない。ここでは、中国の海洋権益とそこにはらまれた複雑性について検討し、いかにして「利益」と「善隣」の関係を上手に処理し、関連する矛盾をうまく解決し、また中国の国際イメージを高めるかを考えてみよう。

中国の渤海、黄海、東シナ海〔中国では「東海」と呼ばれる〕、南シナ海の総面積は四七三万平方キロメートルである。中国政府は一九五八年、中国領海の幅は一二海里であることを正式に宣言した。と同時に、この規定は中華人民共和国のすべての領土、すなわち、中国大陸および沿岸島嶼(台湾およびその周辺諸島、澎湖列島、東沙群島、西沙群島、中沙群島およびその他の中国に属する島嶼)に適用すると も宣言した。しかし、一九六〇年代以降、南シナ海の周辺諸国は相次いで、その領海、大陸棚および排他的経済水域を一方的に発表した。これにより、南シナ海では約八〇万平方キロメートルの争議のある海域が現われた。一部の国は先を争って島嶼を占領しては開発を手がけ、事実上の占有状態を作り出し、その後、国際的な承認を得ようとする場面を作り出している。一九七〇年代以降、とりわけ、最近、国連海洋法条約の発効により、中国の主権を無視した侵害や分割行動はその激しさを増してきている。東シナ海、黄海でも程度の差はあれ、類似の海洋権益をめぐる争いが見られており、争いの及ぶ範囲は約四〇万平方キロメートルの中国の海洋国土面積に相当する。中でも、東シナ海の釣魚島〔日本名「尖閣諸島」〕をめぐる日中の争いが最も顕著なものである。言い換えれば、同条約に基づけば、中国に属すべき一部の海洋国土は、他の国からも主権保有を宣言されたのである。大量の歴史的資料や国際法の文書が確かに信頼でき疑うことのない証拠を示してくれているように(6)、中華人民共和国は争議のある水域に対し、歴史的にも管轄権を有しており、その領海、排他的経済水域および大陸棚の各種主権と管轄権を有すべきである。国内では、関連論述は存分に行われているので、ここでこれらについての証拠を繰り返さないが、ただ、以下の問題の複雑性、微妙さについては検討しておきたい。

中国はせいぜい、中等程度の海洋資源に恵まれている国としか言えない。しかし、中国は世界で最も人口の多い国で、陸地の開発条件は既に数多くの制約を受けている。そのため、中国は今後、海洋権益を重要視し、国連海洋法条約から与えられた各種の権利とメリットをしっかりとつかみ、関係諸国との海上境界線をめぐる紛争において、主権を断固として維持し、さらなる利益をかち取るという立場をとらなければならない。一方、近隣諸国も同様の考慮から同様の戦略をとり、中国との間で公然と奪い合いもしくは駆け引きに踏み出すことが想像できる。そのため、原則上、我々は以下の選択肢に直面することになるだろう。①強制的手段（武力行使もしくは武力による威嚇を含む）による問題解決。②二国間での話し合い。一対一、「示談」に近い形で相違点を乗り越えていく。③国際法、とりわけ国連海洋法条約に訴えること。しかし、現実的に見れば、一つ目の選択肢は可能性が低いだろう。我々は必要な軍事力に欠けている上、一連のトラブルも引き起こしかねない。マスコミの報道でも伝えられたように、東南アジアの一部の諸国は今後、「中国からの脅威」に直面した際には、米国に支援を求めるとさえ態度表明している。また、ＡＳＥＡＮは数年前に、幾度か「集団的意思」として「あり得べき中国の武力行使」に反対する立場を表明し、また、米国などの国や国連などの国際組織も、「南シナ海の紛争を平和的に解決し、国際船舶の『自由通航権』を保障する」という表現で彼らの態度を示している。二つ目の案は、多くの場ですでに拒絶されてきた。一部の小国は中国という巨大な相手と単独で向き合うことを恐れている。これまでにも、中国と隣国との海上境界線区画をめぐる対立を二国間協議によって解決するという方法は大きな成果を収めてはいない。三番目は、現在なお不明確ではあるが期待の寄せられている方法である。一九九五年、当時の中国の副首相兼外相の銭其琛による「中国は国連海洋法条約に基づき、東南アジア諸国との関係争議を処理していく」との声明は、ＡＳＥＡＮ諸国の歓迎を受けた。ここ数年、中国とＡＳＥＡＮ諸国は「南シナ海行動準則」の制定をめぐり、数多くの協議を行い、国際社会から好評を博した。しかしながら、我々が心しておくべきことは、たとえ国連海洋法条約に依拠し、紛争解決を図るにしても、数多くの複雑で、時には予測不可能な要因と向き合うことがあり、同様に海上境界線に関する争議そのものへの分析を、その他領域での考慮と結び合わせて考えることが必要であり、また外交官の外交技術、政治家の胆略と学者の知恵が必要だということである。国連海洋法条約はあくまで必要条件であって、十分条件ではないのである。

まず、中国にとって、海上境界線をめぐり、争いのある国の数が多い上、それぞれのケースの中身も異なっている。そのため、国連海洋法条約は普遍的な効果が期待されにくい。目下、中国と海上境界線区画でトラブルの発生した国は八つある。ベトナム、フィリピン、マレーシア、インドネシア、ブルネイ、日本、韓国、北朝鮮である。中国とベトナムとの水域紛争は領海、接続水域、排他的経済水域―大陸棚の問題に関わっており、中国とフィリピンとの争いは南シナ海における領海およびその島嶼（とりわけ黄岩島）および排他的経済水域―大陸棚の問題に関わっている。中国とマレーシア、中国とインドネシア、中国とブルネイとの対立は、主として南シナ海における排他的経済水域―大陸棚の問題である。日中間の主な対立は釣魚島の帰属の問題で、大陸棚の延長範囲および適用国際法の選択にかかわっている。中国と韓国、中国と北朝鮮とは、黄海、東シナ海での経済水域、接続水域の管轄権限をめぐって対立しており、なかでも、中国は韓日による「大陸棚の共同開発に関する協議」に抗議し、それをボイコットした。この中には、日中間の釣魚島問題のような一対一の対立もあれば、中国と韓国・北朝鮮、中国と韓国・日本のような一対二の対立、さらに、南シナ海の一部島嶼の帰属問題において、ASEANの多くの国と対立しているという一対多の問題もある。問題の具体的内容と性質もそれぞれ異なる。例えば、中国とベトナムの間の南沙諸島〔Spratly Islands〕問題について、両国の法的根拠は、国際法での「発見」、「実効的占有」、「時際法」など一連の原理および双方の歴史上の数多くの複雑な史実と関わっている。中国とフィリピンの間の島嶼および経済水域でのトラブルは、国際法のいわゆる「〔地理的〕近接性」の原則、「島」であるか「岩」であるかの認定、「無主地」、もしくは歴史上の「信託統治」に関わる問題である。中国とマレーシアとの対立のポイントは、中国側は「関連争議点は伝統的に、中国の管轄エリアである」と認識しているのに対し、マレーシア側は、安波沙洲〔Amboyna Cay〕などの島嶼はマレーシアの大陸棚に位置し、しかも、「海面より明らかに高くなっている」として、国連海洋法条約に準じ、その領有権を所有すべきとの立場を堅持している。ブルネイは、中国が自国の属領と見ている南沙諸島南部の南通礁〔Louisa Reef〕に対して権利要求を行っており、「一九五四年、イギリスが初めてブルネイに設けた大陸棚の境界線」に基づいたものとしている。一方、インドネシアは、一九五八年の大陸棚条約と一九八二年の国連海洋法条約に依拠し、大陸棚と排他的経済水域に関する規定に基づき、中国の南沙諸島の一部海域および島嶼をその主権範囲に組み入れようとしている。中国と韓国などの諸国との対立は主として、韓国等の国は自国大陸棚を開発していると考えているのに対し、中国側は韓国が開発中、もしくは計画を進めようとしている一部区域は中国の沿岸海域に属したもので、少なくとも、その帰属はまだ確定されたわけでないと考えていることである。中国と日本との対立点は、東シナ海大陸棚海域において、国連海洋法条約および関連国際法の「自然の延長」原則を適用するのか、それとも「等距離」原則を適用するのか、関連島嶼に対して「実効的占有」原則を用いるのか、それとも「無主地」原則を用いるのかにある。日中の係争で中国側の用いた東シナ海大陸棚の自然の延長原則は、海岸が向かい合っていて、範囲の限られた北部湾海域での中国とベトナムとの紛争には応用できない。また、各国の権利要求が幾重にもかさなっている南シナ海水域のトラブル解決にも、安直に応用することはできない。

率直に言うなら、上述の国家間の具体的な対立やそれぞれの主張する異なった根拠に対して、外部の者は歴史的事実に依拠し、もしくは国連海洋法条約に依拠して判断を下すことは難しい。例えば、どちらが先に発見したかという史実でも、それぞれはみな自分に有利な裏づけ（図面、文字、遺物、印など）を入手しているし、また、いかなる当事者にせよ、自分は知っているが他人の知らない自分に不利な証拠を進んで提示しようとはしない。また、国際法も、一部の人が想像するほど厳格かつ詳細なものでもなく、根拠がしっかりしていないところもある。事実、国連海洋法条約の一部の条項そのものは確かに曖昧さ、ひいてはかなりの弾力性がある。一例を挙げれば、多くの国の間にある領海ラインをめぐる対立は、一部の島の性質をどのように認定するかに表われている。同条約第一二一条の第一項と第三項の規定によれば、島は排他的経済水域もしくは大陸棚を有することができるが、岩は排他的経済水域または大陸棚を有しない、とされている。その重要な判断基準の一つは、前者は「人間の居住に適している」が、後者はこれに当てはまらないことである。しかし、一体どこまでだと島の部類に入り、岩とはどのような特徴があり、両者の面積上の区分はどうなっているのか、さらに、「人間の居住に適す」とは長期的居住か、それとも一時的居住なのか、どのような生活基準で居住するのか、はたまた人工岩礁と天然岩礁とはどのように厳格に区分けするかについて、国際法学者の間で長年来諸説が分かれている。同条約はこれらの細部について、基本的な解釈を行っていないし、解釈することは無理かと考えられる。同様な状況は、海洋法で議論となったそのほかの概念をめぐっても見られる。例えば、「無主地」、「先占」、「実効的占有」、「象徴的占有」、「継続的および安定的な占有」などである。中国にとっては、たとえ中国と東アジア諸国およびＡＳＥＡＮ諸国との紛争解決で、国連海洋法条約に依拠することに同意したとしても、既存のすべての対立点の解決に一様に適用できる方法や、関連条約や原則があることを意味しない。同条約の異なる条項が、争議における異なる当事者に自己弁護に用いられる可能性は十分に存在している。同条約の権威と合法性は尊重せねばならないのと同時に、柔軟に現実と向き合い、場とタイミングに合わせてうまく対応しなければならない。

もう一つ、上述の八カ国は中国との間にあれやこれやの海上境界線の争議が存在しているだけでなく、それらの国同士でも各種の領海、経済水域および大陸棚をめぐる紛争を抱えている。このことは、わが国の周辺海域における国連海洋法条約の適用の問題をより複雑にしており、むしろ中国にとって入り込める隙間や矛盾を利用する多くのチャンスを失わせている。種々の海上境界線をめぐる対立として、例えば以下の例が挙げられる。マレーシアとタイのマラッカ海峡、タイ湾などでの領海問題、排他的経済水域、大陸棚などをめぐる紛争、インドネシアとシンガポールの領海紛争、カンボジアとベトナムとの領海、接続水域、排他的経済水域および大陸棚をめぐる対立、タイとベトナムとの排他的経済水域と大陸棚での対立、インドネシアとベトナムとの排他的経済水域、大陸棚の境界線確定をめぐる対立、マレーシアとベトナムとの排他的経済水域、大陸棚の海上境界線をめぐる争いなどがある。同様の問題として、他にもインドネシアとフィリピンとの排他的経済水域や大陸棚帰属問題をめぐるいざこざが見られ、マレーシアとフィリピンとの領海（南シナ海）、排他的経済水域や大陸棚などの分野で数多くの対立があり、インドネシアとマレーシアは同一水域で多くの対立が見られる。(7) 類似の状況は東アジア諸国間でも見られる。例えば、日本と韓国は日韓大陸棚の線引きにおいて、それぞれ異なった根拠を適用したため、それにより、双方が主権を有すると主張する海洋管轄範囲にずれが生じている。日本は中間線説を主張するが、韓国側は「自然の延長」原則の適用を主張する。(8) 東南アジア諸国においては、数多くの海上境界線の争議が見られている（はなはだしい場合には一部の域外諸国との間で海上境界線の摩擦が起きている。例えば、インドネシアとオーストラリアとの間）。北東アジアの状況はこれによく似ており、程度はやや軽いかもしれないが、対立は少しも引けをとらない雰囲気である。最も注目される点は、上述の国同士は境界線をめぐり様々な諍《いさか》いがあり、時に激しく喧嘩したり、摩擦が起きたりもするが、いったん中国との紛争に関われば、たちまち「求同存異、共同対外（共通点を見つけ出し、異なる点を残しておき、協同して外部と向き合う）」の姿勢に変わっていくことである。それら諸国にとって、それらの国同士の相互対立はどれをとっても、中国との対立と比べれば、それほど深刻ではないのである。一九九五年七月上旬、筆者はオーストラリアのメルボルンで国連主催のワークショップに参加した際、マレーシア軍の参謀長・海軍中将のダート・ハロンに南シナ海問題について意見を尋ねたことがある。彼は歯に衣着せぬ言い方で、「すべてのASEAN諸国を一つにしても、中国ほど強くはなれない。そのため、我々（ASEAN）は内部の対立によって、中国の脅威に立ち向かうのに必要な一枚岩の団結を損なうことはしない」と語った。さらに、「マレーシアとフィリピンは対立していたものの、一九九五年の初めに南シナ海で中国とフィリピンが衝突した際、マレーシア人は躊躇なく後者の立場に立つことにした」と、彼は実例を挙げて説明していた。ここ二年にわたり、「南シナ海行動準則」の協議に際して、ASEAN諸国は全体方式で中国に対して意見を表明し、駆け引きをしていることも見て取ることができる。

国際経済・貿易の摩擦は往々にして政治闘争もしくは外交闘争であるとも言われている。その裏をとれば、政治問題、外交問題の背後には必ずや経済上、貿易上の思惑がからんでいるということである。このような状況は現在、ますます顕著になってきている。同様の道理は、国連海洋法条約の執行過程および国家間の海上境界線争議にも当てはまる。周辺八カ国との海上紛争およびその紛争処理において、我々のぶつかっている問題は総合的で、多分野にまたがった問題である。そのため個別的ではなく全体として考慮せざるを得ない。各種の要因と変数をバランス良く比較検討した上で、はじめて問題解決の筋道を探すことができるのである。筆者は、数多くある要因と変数の中、少なくとも以下の関係を適切に処理する必要があると指摘したい。

まずは、海洋問題とわが国の全体の発展戦略および外交戦略との関係である。中国の目下および今後長い間の中心課題は、一心不乱に経済力を引き上げることで、すべての活動はこの大局に従わなければならない。海上境界線の争いは、具体的に見ればこうだと見えていても、大目標の枠組みから分析すれば、別の事柄にも見えることもある。主権を守るため、武力を使用する場合もあるが、平和で安定的な国際環境、域内環境および周辺環境を守るため、直接的な海上衝突を避けるべき時のほうがむしろ多い。我々は係争中の海域における主権を決して諦めることはできない。国際的な場で一定の時間的間隔をおいて、常にこの権利を主張し、必要に応じて海上巡視を行うなど、戦闘態勢は整えておくが、軽々しく武力を行使しない。現代の国際闘争、とりわけ大国同士の競争において、「ハード・パワー」よりも「ソフト・パワー」がより多く用いられる傾向にある。中国は国際的に責任ある重要な国として、自国の文化的伝統と外交方針に合致した大国イメージを示して行動することがきわめて重要である。同様の道理は軍事闘争と外交闘争との関係にも当てはまる。今後、軍事面での直接の衝突を含め、わが国は自らの海洋主権に対する大小様々な挑戦に立ち向かうことは避けられないだろう。「備えあれば憂いなし」という観点から見ても、国防近代化の需要から見ても、我々は軍隊の近代化を強化せざるを得ない。海軍と空軍のハイテク装備および遠隔作戦能力の整備がとりわけ重要であろう。しかし同時に、中国は平和を愛し、道義を主張し、国際法を遵守する堂々たる大国として、中国の軍隊の近代化はあくまで国防のためにあり、その他の目的のためにあるのではないことを世に向かって、とりわけ周辺の中小国家に向けて説明していく必要がある。また、わが軍の将兵は心底において、この信念を真に貫徹していくことも必要である。軍事戦略および外交の必要性から言えば、古代中国の教えをしっかりと心に刻むべきであろう。すなわち、「上兵伐謀、其次伐交、其次伐兵、其下攻城〔最良の戦い方は謀り事を粉砕すること、その次の戦い方は交渉で勝つこと、その次の戦い方は兵を負かすこと、最低の戦い方は城を攻めること〕」である。

もう一つは、海上境界線争議とその他の面における重要な懸案との関係である。中国と上述諸国との海上境界線の争議は、短期間で形成されたものではない。そのため、早急な解決は期待できないだろう。もしも、この面の矛盾と摩擦が、我々とこれら諸国とのその他の面での正常な交流に影響を及ぼすならば、得よりも損のほうが大きくなるだろう。北東アジアの隣国と我々の間には、たいへん重要で緊密な経済・貿易および技術導入の関係がある。とりわけ日本は中国の主な外資流入源で、貿易パートナーでもある。一方、日本、韓国、北朝鮮の三国とわが国との間には複雑な安全保障利害の問題が存在している。例えば、中朝関係は数十年間の土台があるし、中国の対外関係においても既に無視できない地政学的な要地の一部になっている。他方で韓国は日本に対するわだかまりが大きく、中国とはますます密接な利害関係を持つようになっている。日中韓の戦略トライアングルにおいて、韓国は比較的小さい辺だが、無視できない一辺でもある。一方、日本はアジアの大国として、終始、中国人から深く注目され懸念を寄せられている。日本の潜在的な軍事力、政治大国化していく傾向および歴史問題への態度から、我々は日本との関係を慎重に処理せざるを得なくなっている。ここ数十年の間、中国が日本、韓国との海上境界線、島嶼をめぐる対立を穏便に処理してきた理由は、この辺りにあると思われる。東南アジア諸国の状況はそれ以上に厄介なものである。ＡＳＥＡＮの「集団行動哲学」はその一つの要素と言えよう。我々は慎重に事を運ばなければならない。さもなければ、中国の懸念する南シナ海の紛争が発生し、紛争処理が国際的な問題と化し、外部勢力や国際組織の介入が避けられなくなるだろう。

慎重に事を運ばなければならないもう一つの理由は、中国と東南アジア諸国との歴史的・文化的つながり、華人、華僑の現地で果たす役割にある。東南アジア地域と中国大陸との「血のつながり」、「心のつながり」は脈々と相通じていて、双方は緊密な関係にあるので、中国がこの地域のどの国との間であろうと、良好な協力関係を作ることができれば、素晴らしい「相乗効果」が期待できる。逆に、いかなる国との間であろうと、関係悪化の事態が起これば、現地の華人および中国系資本家の生計（中国への投資も含め）は深刻な影響を蒙るだろう。さらに、冷戦後、様々な「文明の衝突」および紛争（例えば人権問題、価値観の問題、東西文化の比較）が日増しに顕在化する中にあって、東南アジア諸国と中国は経済・貿易面での往来が日増しに増え、自由貿易地域創設の気運も高まりつつあり、しかも、中国と

ＡＳＥＡＮは数多くの国際的な諸問題、例えば、人権問題、東洋と西洋の文化に対する見方において数多くの共通点を有している。そのため、互いに「敵対関係」よりも「友人関係」になる可能性のほうが高い。最近、中国とＡＳＥＡＮは経済・貿易関係で長足の進展をとげ、相互の経済依存度が非常に高まってきた。しかし、中国経済の急速な台頭や中国経済の規模に着目して、ＡＳＥＡＮ内部では経済的な視点からの「中国脅威論」が浮上している。国際的な投資と国際貿易が中国に加速度的に集中していくにつれ、通貨危機のダメージを受け、もともと景気が低迷している東南アジア地域の経済情勢はさらに低迷していくのではないかとの懸念がある。このような情勢に対し、中国は大国として、または経済規模において優位に立つ側として、度量を示し、堂々たる大国にふさわしい風格と善隣友好の態度を示すことが求められる。海上境界線の画定という具体的な問題に関しては、目下、争議を棚上げにして共同開発を行い、将来あらためて各国の管轄範囲の画定問題を協議したほうが妥当ではないかと筆者は見ている。もちろん、だからと言って、中国の軍当局が起こりうる対立と紛争に備えをしなくてもよいということではない。中国の海洋権益は、長期にわたって維持していく必要があり、絶えず拡大し、しっかりと打ち固めていかねばならない課題なのである。中国は同時に国防の近代化を推し進めている最中で、海空軍の発展がその最も重要な構成部分である。とりわけ、我々の海空軍の長距離攻撃能力が貧弱で、装備も世界大国のレベルに大きく劣っている。中国は国防の近代化を速めざるを得ない。悪い事態を注視し、良い方向にむかわせる努力をすることは、古来より戦略家の基本原則である。強大な軍事力を持つと同時に、公平で理と情に適ったやり方にしたがい、平和と独立自主という原則を断固として維持し、国際法および公認のルールに準拠し、関係諸国との海上境界線争議を慎重に注意深く処理していくことができれば、中国はしかるべき海洋権益を保障できるばかりでなく、潜在的な紛争を効果的に抑制することも期待できるだろう。また、中国は平和を愛し、善隣友好に努め、共同発展を推進しているというプラスイメージを世界に見せることもできるだろう。

もちろん、中国におけるいくつかの重大な問題と同様に、我々は台湾ファクターを無視することができない。台湾は、我々の当面および今後かなり長い時期にわたる海洋の国際闘争、ひいては国際関係全体に、重要な影響を及ぼしていくだろう。一方では、台湾当局は領土・領海主権問題において、大陸の中央政府と共通もしくは類似の立場をとっている。台湾当局は、大陸当局がベトナムとの西沙群島関連水域における紛争でとった「一寸の土地も譲らない」方針に支持を表明した。台湾側は、南沙群島最大の島嶼・太平島で独自の各種施設を設置している。台湾の民衆は終始、日本人の釣魚島併呑の企みに反対している。台湾の一部の学者は国際法および中華民族の海洋権益に関して、大陸の同業者から敬服される多くの仕事を行っている。しかし、他方で台湾島内の「台湾独立」勢力は既に大陸側の対外関係で各種トラブルを引き起こしており、今後かなり長い期間にわたって、引き続きトラブルを引き起こす可能性がある。短いスパンで見てみれば、台湾問題は南シナ海問題と比べれば、もっと厳しく、もっと緊迫した事態にあると言えよう。「台湾独立」勢力の蔓延に歯止めをかけることは、わが国の外交闘争、とりわけ対米闘争の当面の急務であることは明らかである。一方、長い目で見て、各方面の要因を総合的に考慮していけば、台湾当局が公然と台湾独立を宣言する可能性は小さいと筆者は考える。海峡両岸は依然として、「不即不離」の現状を維持していくことだろう。このような前提の下で、我々は、台湾ファクターが中国と周辺諸国との海上紛争の解決において果たす積極的な役割を真剣に考える必要がある。例えば、いかにして台湾に参画してもらうか、どのようなステップをとるべきか、それにより、どのようなプラスの影響が出るか、考え得るマイナスの作用は何か、個別具体的な海洋問題にはそれぞれどのようなメリットがあるか、両岸関係にどのような貢献が期待できるか等々である。ひょっとしたら、「新しい時代の統一戦線」はこれにより、新たな分野にまで広がっていく可能性もある。

最後に、国連海洋法条約自体の条文としての価値およびその妥当性を重視しなければならない。中国と海洋境界線紛争のある八カ国の状況を分析してみても、世界の他の国々の実践を取り上げてみても、海洋紛争（境界線区画、漁業、環境保全、科学研究、開発などの各領域の）が起こる度に、いずれの当事国もみな可能であれば、まず真っ先に同条約の関連条項を引用して、自分自身の弁護（あるいは責任逃れ）に用いようとしている。そしてその次に、歴史的根拠あるいはその他の法的に有利な根拠を探す。軍隊を動かすのは最後の解決方法である。一九八二年に採択され、一九九四年に発効したこの海洋法条約は、あらゆる面のことが考慮されており、ありとあらゆるものが備わっている。この条約は歴史上の数多くの国際法を受け継いだのみならず、現代の国際社会における数多くの実際的な問題解決方法を肯定している。その中には、数多くの非常に弾力的で「中庸」的な文言が含まれている。このような条約は実際上、適用面が広くフレキシブルに解釈することができるが、その要はほどよく運用できるかどうかである。しかし、他方では、中国は「国際法、とりわけ国連海洋法条約に依拠して海上境界線区画の紛争を解決していく」ことに同意した以上、国際組織の介入および国際海洋法裁判所による仲裁に対し、考え方の準備およびその他の面での準備（技術面での各種準備を含め）を十分にしておくことが必要であろう。同条約の解釈、執行のプロセス、問題処理の手順、効力の大きさ、適用対象および具体的な中身等々は、必ずしも当事国自身の考えたとおりに動くとは限らない。もしもあれやこれやの問題や困難をかかえていることを理由にこの条約の履行をしぶったり、条約は自分にとって利益ばかりとは限らないからといって必要な義務の受け入れを放棄したりするならば、それは中国の地位と国家イメージにプラスにはならない。もしもそうなれば、まさしく「小事のために大事を見失い」、「間違いを恐れてやるべきことまで放棄してしまう」ことになる。条約が我々にもたらしてくれた現有の利益（領海の拡大と排他的経済水域の設置等）を享受すると同時に、同条約に徐々に適応しそれを活用していき、周辺の海上隣国との争いをスムーズに処理し、中国の国際的な発言権と地域での影響力を拡大していくことは、比較的賢明な選択肢と言えよう。

今日までの歴史は、我々に数多くの示唆を与えてくれている。その一つは、地球規模の資源と各国利益が複雑にいり組みながら統合されていくプロセスに参入した後で、完全な内陸国として大国が勃興する例はないことである。言い換えれば、真の近代的強国は必ずや海洋航路を利用して、自身を発展させたり国力を強大にしたりしてきたのである。インターネットがどんなに発達しても、市場、資源の中のかなりの部分は、やはり海上航路を通して獲得される。古代では内陸部の大国で覇を唱えていた国は数多くあった。しかし近代では大国として勃興するには、必ずや海洋権力《シー・パワー》(9)が必要である。このことは争うことのできない事実である。もちろん、近代史において教訓となる反面教材もある。その一つは、大国、強国は海洋を用いて、自分自身の権益を獲得したが、同時にそれは秩序の乱れや隣国の不安を招いたことである。中国は他の大国のこのような行動に警戒すべきだが、自身が同じ轍を踏まないよう心がける必要もある。中国は海洋を必要としている。今後はなおさらそうだろう。国連安保理常任理事国として、中国は国連海洋法条約の役割を重要視せざるをえない。多方面の利益をバランスよくトータルに考慮して、責任のある海洋大国らしい姿勢で、ステップ・バイ・ステップで中国の海洋利益を安定的に調整し、関連の境界線争議をきっちり処理し、自らの発展および国家イメージにプラスであるという前提の下で、域内の平和と安定を促進していくことは、中国の関連部門と学術界を始め、各方面が掘り下げて研究し、共に努力していくべき重要な課題なのである。

アジア地域主義の未来について真剣に検討すること

周辺地域の安全保障および広い意味でのアジア太平洋の安全保障問題を探究するにあたっては、ここ数年来よく論じられている「アジア地域主義」の問題に言及せざるをえない。

第二次世界大戦後の西欧の経験が教えてくれたように、地域主義は、グローバル化が日増しに進展する時代の一つの重要な表われである。地域主義のプロセスに参入していく国は、数多くのメリットを享受するが、それらは一国だけでは実現が無理なものである。これまでの実践を見れば、地域主義の発展は西欧各国にとって、デメリットよりもメリットのほうが大きい。欧州共同体（ＥＣ）とＥＵの経験が物語ったように、第一に、紛争の火種をかかえている地域で、漸進的な統合プロセスを推し進めることは、歴史に残された難題を解決する上でも有効である。高度に多元化している地域では、ミクロな行動をマクロなグループの枠組みで囲い、矛盾を抑え、対話を促すのが比較的賢明なやり方である。第二に、西欧各国の局部から全体へ、経済から政治へ、政治・経済面の協力から対外防衛分野の協力へという実践（例えば、ECSC、欧州原子力共同体（EURATOM）から、さらに領域を拡大したEC、ひいては今日のEUへの一連の歩み）は、やさしいものから難しいものへ、単純なものから複雑なものへという統合のルールに従っており、典型的な機能主義の現象と「スピルオーバー」効果を表わしている。第三に、この歴史的プロセスの中で、一つの欧州という意識が徐々に培われ、顕在化してきている。伝統的な国家主権の意識は効果的に維持されると同時に自律的に抑制されるようになってきた。もちろん、これは強制的な結果ではなく、いかなる戦争や暴力的な方式も伴われていない。むしろ、これは一種の政治的リーダーシップ、根気強い説得、柔軟性のある外交および多国間の度重なる協議の結果であり、社会学者の描く学習プロセスと認知のプロセスを体現している。この点と関連して第四に、地球共同体の視点から見れば、西欧の多層的な統合は典型的な「社会化」プロセスでもあり、関係諸国がこれにより、互いに関心を抱きあい、助け合い、利益を認め合えるようになっている。さらに、これにより、西欧諸国はグローバルな生態系環境、食糧状況および南北関係により注目を寄せ、国連などグローバルな組織および国際法の役割をますます重要視するようになっている。第五に、欧州の全体的な発展は政策決定エリートや関係部門の専売特許ではなくなり、マスメディアや知識人たちもそれに非常に関心を寄せ、また関与するようになっている。それは各国市民のものの見方や感じ方に深い影響を与え変化をもたらし、また、異なる社会の内部および異なる社会間の意思疎通に対する願望や合理的な期待を強めた。だからこそ、西欧地域は現在の世界では、比較的発達し繁栄し、比較的平和で安定し、また多様性を認め寛容性に富んだ地域になることができた。これにより、西欧諸国の凝縮力を強くし、西欧は中東欧諸国にとって魅力ある地域となった。もちろん、西欧の統合にはユニークさもあり、他地域にない特殊な条件と雰囲気を有している。例えば、社会制度とイデオロギーにおいて、西欧各国は基本的に同質または大同小異である。西欧の各国は、経済発展のレベルにおける格差は小さいとはいえないが、何といっても西欧は産業革命が最も早く起こった地域であり、世界の他地域内の格差と比較するなら、「許容しうる格差」と見なしてよい。また、この地域はルネッサンスと啓蒙運動の発祥の地でもあり、宗教の信仰やヒューマニズムにおいて、比較的に先進的で包容性がある。このような先進性と包容性は、政治・経済の統合と安全保障共同体の確固たる基盤を築いた。このような特徴は、西欧が今日の成果を勝ち取ることのできた根幹の理由をそれぞれ異なる側面から描き出している(10)。

西欧と比べれば、アジア（ここでは主として北東アジアと東南アジアをさす）には独自のメリットとデメリットがあり、これらは中国が地域統合を推し進める過程で忘れてはならないものである。短期的に見れば、デメリットのほうが比較的多く、しかも、それらは現実的なものばかりである。しかし、中長期的に見れば、もしもメリットの潜在性が重要視され、開拓されるなら、メリットが徐々に現われてくるだろう。筆者は、西欧と比べ、アジア諸国に欠落している最大の点は、比較的バランスのとれた経済レベルや経済基盤ではなく、相互に理解し、相互に支持しあえる政治文化伝統であると考えている。この点は当然、西洋列強が数世紀にわたり、この地域を植民地化し略奪し、この地域に干渉していた歴史と関係があり、また、アジア各国の政治制度とイデオロギーの大きな差異と切り離して考えることもできない。実際に、第二次世界大戦が終結するまで、西欧諸国の欧州全体としての政治的アイデンティティは今日のそれとはほど遠いもので、現在、多くの人々が想像する度合いよりも遥かに下回っていた。このような政治的アイデンティティは早くから（数世紀前に）芽生えていたにもかかわらず、本当に育成されるようになったのは第二次世界大戦後のことである。これは、主体的に勝ち取ったプロセスであり、長期的な視野をもった政治家たちのたゆまぬ努力や、各部門の積極的な参加の賜物であった。一方、東アジアは悠久の文化的伝統を持っており、数多くの人は、中国はいわゆる「合和文化」の発祥の地だとさえ思っている。しかし、こうした文化的伝統は東洋古代の専制主義の思想的伝統が混在していてその制約を受けているし、ある種の権力を中心に置く現実主義的思考（例えば権謀術数の追求やその理論的説明）の影響を受けている。近代以降になると、外部の侵入に加えて内部の紛争もあり、「合和文化」は国や地域の枠を超越した政治文化にまで発展することができなかった。欧州の国際関係の政治文化はすでに、「高度競争関係」の文化から、「求同存異」の文化に移行する過渡期、あるいは「大同文化」の萌芽段階に入っている。しかし、アジアの国際関係の政治文化は未だに「冷戦思考」の末期段階、もしくはゆっくりと「高度競争関係」の文化に向かう段階に止まっている。アジア諸国には、未だにチームプレーの精神が形成されておらず、各国間に小さく言えば対立、大きく言えば戦争になりかねない様々な可能性が依然として残っている。アジア地域は外面的にも精神的にも、ある種の分裂状態、もしくは「被占領状態」のままで、半世紀以上にわたって冷戦が生み出した制約を受けている。第二次世界大戦前後に、強烈かつ大規模な民族解放運動および反植民地運動の流れが生まれたにもかかわらず、これらの流れは主権国家そのものの民族的意識の喚起にウェートが置かれ、「一つのアジア」という考えの形成にとってプラスとはならなかった。アジア諸国は現在に至ってもなお、地域の安全保障メカニズムもしくは政治的な対話メカニズムの必要性をめぐり、延々と議論を続けている。一方、アジア諸国は自分自身の思想的伝統の発掘に対し、とりわけ、この地域の結束力を推し進められる文化的要素の発掘において、基本的にまだ議論の段階に止まっており、実践段階に踏み込んでいない。西欧主要国（ドイツ、フランス、英国、イタリア）と比べれば、アジアの主要国（中国、日本、インド、インドネシア）はいずれも厄介な境界線区画の争議をかかえており、それらは、地域の矛盾を調整する上でのこれら大国の道義的な権威と大国イメージを傷つけている。

アジアの地域主義はこのことによって固有の欠点を露呈しているが、筆者の見るところ、一方、努力すべき方向性もこれによって見えてくる。長期的な視野をもったアジア各国の指導者としては、とりわけ、中国のように台頭している大国の指導者層としては、現状の安定を維持し、矛盾の激化を極力避けることを当面の急務とし、比較的穏やかな地域的な国際関係の雰囲気の中でアジアの将来を考えるべきだろう。「穏定圧倒一切（安定こそがすべてに優る）」、これは中国の内政事情を語る時に常に用いられる表現だが、この言葉は同様に周辺環境、ひいてはアジアの全体情勢にも当てはまる。いかなる重大な問題が起きたとしても、自分自身の利益に配慮するほかに、アジア各国の団結を構築する上での長期的なプラス（もしくはマイナス）は何かも合わせて考える必要がある。この点では、古くは孫文、現代ではリー・クアンユーなど、アジアの有名な政治家たちは、含蓄ある文章を書き残しており、参照することができる。(11) 同時に、アジアの一部の国の学界では、最近、思想性豊かな議論が行われている。例えば、「アジア的価値観」が存在するか否か、その定義とは何か、アジア諸国はどうすれば旧式の朝貢体系の思想的伝統から抜け出し、国民国家体系および民族解放運動と結びついた「アジア的概念」を創造できるのか、どうすれば、アジアの将来の共通文明は域内の団結を促進し、盲目的に他者を排除し開放を拒否することを防止することができるのか、などである。(12) 中国にとって見れば、自国と関わり、また周辺地域にも関係しているいくつかの重要な問題を重点に、それらを適切に処理していけば、模範的な効果が期待できるだろう。この点に関しては、既述した七つの「ポイント」を思い起こしていただきたい。これらのポイントには、難しいものもあれば易しいものもあり、重いものもあれば軽いものもある。しかし、筆者の見るところ、これらはいずれもアジア地域主義の構築過程に結びつけて考えたほうが良い。適切に処理することができれば、中国自身の発展と安定に益するだけでなく、中国の大国としてのイメージと責任を体現する一助にもなる。

長期的に見れば、アジアの地域主義には潜在的なメリットがある。筆者は、アジア太平洋地域は世界の他のどんな地域よりも多様性が大きく、紛争の火種を多くかかえているエリアだと見ている。もしもこの地域で、「求同存異」というユニークな文明形態を生み出すことができれば、その指導性が期待できるだろう。また、このような指導性は旧式の二者択一的なものでなく、むしろその逆であり、共存共栄を強調するもので、真の超越だと言えよう。筆者は拙著『現代国際政治分析』で、次のように述べたことがある。

「新しい時代の到来を推進する時、深刻で複雑な差異と矛盾にぶつかる。そういう時、文明の中心が入れ替わるということは、食うか食われるかという二者択一的なプロセスであるという考えを排除しなければならない。例えば、西風が東風を圧倒する、さもなければ東風が西風を圧倒するとか、大西洋地域が覇権を握る、さもなければ太平洋地域が主役になるとか、『いじめられるのはもうたくさん、今度は私がお前らを支配する番だ!』などである。昔はそのような状況があったかもしれない。そして、それはそうならざるをえなかったのかもしれない。しかし、まもなく二一世紀を迎え進歩を求める人類は、このような態度、考えに賛成はできない。現実において、強権政治および特定の国の支配欲が見られてはいるものの、ますます多くの人が、以下のような認識をもつようになっている。すなわち、いわゆる『太平洋時代』形成の鍵は、全人類の約半分の人口を有するこのアジア太平洋地域が他の事例を参考にして、それを吸収して新しいものを作り出していく能力を身につけることにあり、民族や文化の多様性を有するこの地域が紛争を減らし、衝突を避け、『雑種の優位性』を利用しまた『更なるフロンティア』に向かって絶えず開拓するように自己を調整し、自己を向上させていく能力を身につけることにある、つまり、古今東西に貫かれている、『争』の中から『和』を求め、

『和』をもって『争』を融かすという調整力にあると認識しているのである。ここで論じていることは、未だに現実と距離のある理念であり、それを実現するためには数多くの困難を乗り越えなければならないとしても、それは指導者的人物が昨今の世界の水面で激しく揺れ動き濁った流れの下にある主流を正しく理解することこそ最も重要だということである。[13]」

当面する具体的な情勢に基づいて考えれば、我々は、地域内部の大国間関係の複雑な構造に留意せざるを得ず、と同時に、以下の面で努力しなければならない。すなわち、他の中小国家、地域および国際的組織（例えばASEAN、ARF、APEC、国連）との安全保障上の連携を発展させ、首脳会議、外相会議、実務者会議、非政府もしくは半官半民の「トラック2」や「トラック3」など多レベルの定期対話を構築すること、多国間や二国間の公式合意と暗黙の了解をうまく併用し、意欲的な協定の履行と自由意志とをバランスよく結合し、拘束力のあるものとそうでないものを同時に並存させるといった色彩豊かでバラエティに富んだ場面を作り出すこと、アジア太平洋安全保障メカニズムを全方位に広げ、それをこの地域の平和と安定を築くための真の「バルブ」や「バッファー」にすることである。対話で信頼を増進し、協力で安全保障を図ることを、この地域の安全保障対話・協力の基本的な指針にすべきであろう。と同時に、アジア各国の特色と多様性の保持に最善を尽くし、各国国民の態度および各国政府の地域協力活動に対しての政策的選択を尊重し、単一もしくは少数の国が自国の意志と考えを多数の国に押し付けるような行為を減少させ、とりわけ、大国が小国をあざむいたり、強者が弱者を力で従えたりするような事態を回避するべきである。いうまでもなく、アジア地域の安全保障対話・協力の過程は長期的で艱難に満ちたプロセスで、その間、さまざまな困難と紆余曲折が起こるに違いない。このような困難と紆余曲折に対処するためには十分な心の準備が必要であり、また、戦略的にはステップ・バイ・ステップの方法を強調し、重視しなければならない。たかが一回の試みで物事が解決されたり、やすやすと成功を収めたりすることはありえない。

なお少しばかり付け加えるなら、以上のような行動について考える時、やはり台湾問題における中国の基本的立場を明確にしておかねばならない。アジア太平洋の安全保障問題において、台湾はいかなる多国間対話・協議のメカニズムにも正式な代表として参加することができないが、我々も、いかなる状況においても（外国の干渉、台湾の「独立」や内戦が起きた場合にも）台湾に対し武力を行使しないと約束することはできない。しかし、一方では、我々はアジア太平洋安全保障メカニズムを、台湾当局を抑制もしくは拘束するための重要な道具にし、外部に向かって中華民族の平和統一願望をアピールする上での重要な窓口にすべきである。とりわけ、多国間の対話と協議を通して、この地域の関係諸国と良好な共通認識と暗黙裡の了解に達し、台湾海峡問題が決着を見ないままずるずると進むような事態を避け、危機をまだ萌芽状態の内に防いでいくことが大事である。我々がもし、設立の可能性があるアジア太平洋多国間安全保障メカニズムにおいて重要で積極的に活動できる位置を確保できれば、アジェンダを変更するのに有利なだけでなく、両岸関係が我々にとって有利な方向に発展していくことにも積極的な推進力になるだろう。

我々は国際安全保障組織の深い教訓を汲み取り、地域安全保障メカニズムの重点を予防的機能に置くべきである。冷戦が終了して以来、国連安保理やNATOなど重要な国際安全保障組織が世界各地で一連の平和維持活動を行ってきた。この中には、もちろん成功した経験もあれば、失敗の教訓も数多くある。多くの活動が挫折した重要な原因の一つは、平和維持部隊が主として自らの関心を「合意違反」行為への懲罰や、危機的事態の解消などの事後処理に置き、予防外交や安全保障協議などの事前作業を怠っていたことにある。ここから得られる重要な教訓とは、安定と平和の維持は、危機発生後の火消しよりも、事前の「火の用心」にもっと工夫を凝らさなければならないということである。実践が証明しているように、前者は倍の労力で半分の成果しか得られないが、後者は半分の労力で倍の成果をあげることができる。アジア太平洋地域の社会制度の形態は多様で、国家・民族の構成が複雑で、哲学や文化が豊富多彩で、歴史的なわだかまりが根深く、安全保障情勢は見通しがつかなくなるほどに錯綜しているため、我々は欧州などの地域の危機対処のモデルをそっくりそのまま踏襲することはできず、この地域の特色に基づき独創的な予防外交と事前危機対処プログラムを打ち立てる必要がある。中国は四大文明国の一つであり、戦後の実践においては「平和共存五原則」を打ち立てたことに自負をもっているのだから、我々はこの面でもっと頭と体を働かせ、いろいろと提唱し行動してもよいはずである。海外ではすでに初歩的な構想が生まれているので、(14) 中国の研究者はそれらを参照し吸収して、アジア太平洋地域の安全保障メカニズムが独特な「活血化淤〔うっ血をちらし、血行を盛んにする〕」機能を形成できるよう、積極的に推進していくべきだろう。

6——外交ニーズと大国の風格

筆者は、二一世紀の中国外交には三項目の基礎的ニーズがあると見ている。第一は、発展のニーズ。すなわち、国内の経済建設に役立ち、改革と発展のために比較的有利な外部環境の構築を目指すこと[1]。第二は、主権のニーズ。すなわち、国境と基本的主権を侵害から守り、比較的長い時間をかけて、国の統一を徐々に実現していくこと。第三は、責任のニーズ。すなわち、アジア太平洋地域で積極的で重要な影響力を発揮し、グローバルにも影響力があり、建設的な役割が果たせると公認される国になること。ただし、この三つは並列的で等しく重要であるのではなく、内から外へ、近くから遠くへという順序にあり、緩と急は順不同である。これらは、長い目で見れば相互利益になるが、時には互いに深刻な矛盾を生じる可能性もある。その調整は至難で、長期的な作業になるだろう。これに対して、十分な準備をしておく必要がある。

発展のニーズ──中国隆盛の礎石

「先ずは自分たちのことをしっかりやること」、これは現代の中国改革開放の総設計師である鄧小平が中国人に残した最も重要な訓戒で、「発展のニーズ」の最も簡潔な記述でもある。建国後の半世紀の歴史は、中国国内の経済建設や人民の生活が十分に重視されていない時代には、平和・自主の対外政策は往々にして内容が乏しく、それを支える社会的基盤も弱いが、国内の経済事業が発展し、国民の生活レベルも向上するようになると、外交活動にも勢いがつき、自信が溢れるようになるということを立証している。もちろん、対外関係の各種事業の成否がすべて外交政策によって決定されているわけではなく、かなりの程度、国内の政治、経済のマクロ的方針で決められるものである。ただし、ここで論じている対象は外部環境の役割なので、平穏で安定した周辺環境と国際的雰囲気の創出に主眼を置かざるを得ない。

冷戦後、湾岸戦争、コソボ戦争、アフガニスタン戦争、イラク戦争などの局地戦争が起きたとはいえ、今後長らく、平和と発展が依然として国際関係の主流をなすことだろう。また、地球規模の大戦争は避けることが可能であり、中国がこの二〇年間、堅持しつづけてきた改革開放と経済建設という活動重点を放棄せざるを得ないような大規模な戦争は、予知できる将来において、起こる可能性はそう大きくないと筆者は信じている。このような判断は、一部のアナリストに批判されたような、ある種の「教条的な政府寄りの見解」から来たものでもなければ、周辺情勢と地球的規模の情勢への盲目的な楽観から来たものでもなく、本書の議論をたどれば、それは国際関係の全体的変化に対して理論的分析を行い、戦争と平和のそれぞれの力の消長を細かに対比した上で得た結論だと分かるであろう。上述の点と関連して、中国の国家安全保障に対する主な脅威は、外敵の侵入もしくは戦争ではなく、むしろ中国が引き続き改革開放を実行できるかどうか、安定的で秩序だった健全な発展を維持できるかどうかにある。国家の安定と国力の隆盛は国家安全保障の基盤であり、対外的発言権および国際的影響力の主な源でもある。「保塁というものは内部からは攻め落とされる」のであって、もしも国家の内部の安全（各分野の発展と安定を含め）すら保障できないのなら、国家全体の安全保障はもちろん、国際的な安全保障の維持も困難であろう。とどのつまり中国のような大国にとって、安全保障面での最大の隠れた危険は自分自身にあり、外部にあるのではない。もしもこの点を忘れてしまったら、追求すべき方向を見失ってしまう恐れがある。

各方面の要因から総合的に判断すれば、今後かなり長い期間において、世界規模の戦争もしくは主要国のすべてを巻き込んで激しく対立するような世界大戦は回避できるであろう。各国は依然として時間を惜しまず、自国の経済、科学技術および総合国力を発展させ、国民の生活向上とインフラ整備に大いに力を入れていくことだろう。このような情勢は依然として、世界経済と国際関係の主流であるが、時には、突発的に起こる危機によって阻害される可能性もある。明らかに、現在の時代環境は、過去の戦争と革命の時代とはまったく異なるものである。当時の条件下では、長期にわたって建設に取りくみ経済をしっかりやることが不可能で、民族の生き残りのため、各種の敵と真正面から対決せざるをえなかった。現在の情勢は、戦争の時代よりもずっと複雑で、変化もずっと速くなっている。だからこそ、鄧小平は、「今、一番重要なことは、自分たちのことをしっかりやること。とりわけ、総合国力をアップさせることである。十分な実力がついた時に初めて、国際的な発言力は強くなる」と述べていたのである。中国の戦略家、軍人および外交官は、鄧小平氏のこの訓戒をしっかりと受けとめるべきであろう。

振り返ってみれば、この一〇〇年来、中国にとって大部分の期間は他国に欺かれ、辱められていた時期と、緊迫した「戦争と革命」の動員時期であった。本格的に発展できたのは、直近のわずか二〇年に過ぎない。しかし、この二〇年で中国は大きく躍進した。この間、中国は経済発展の原動力が枯渇に瀕するという絶望状態から抜け出し、GDPは為替レート換算で世界第六位にまで食い込んだ（二〇〇五年で第四位）。さらに中国人は、人類史上最大規模の経済成長をいまだに継続している（人口一三億の国が、二〇年間に年平均GDP七％前後増のスピードで経済規模を拡大してきた）。将来を展望してみれば、もしも中国がこれまでの急速な発展テンポを保ち、「経済建設に集中的に取り組む」ことができるなら、一〇〇年後は言うまでもなく、もう二〇年経てば、一人当たりGDPが中レベルの先進国の基準に接近し、GDP世界上位三カ国に入ることが期待できるだろう。そうした段階に入った暁には、人々の生活水準を大幅に向上させることができるだけでなく、中国は国防の近代化にもっと多くの資源を用いることもできるだろう。その時、中国は初めて大きな国際的発言力を手に入れることができ、そうしてようやく国際政治経済の新秩序が中国人の期待する方向に向かって発展し、世界の平和と人類の進歩に寄与することができるだろう。

既存の国際関係に対して重大な改革を行うとか、外部世界に更なる貢献をするといったことを議論する前に、中国人はまず、自分自身の条件と地位を冷静に判断する必要がある。建国後五〇年間の経済発展を経て、とりわけ、改革開放後の二〇年間の急速な発展を通して、我々の総合国力は既に新たな段階に躍進し、わが国の国際的地位と影響力も大いに上昇した。しかし、中国は依然として発展途上国であり、数多くの分野において国際的ランキングは依然として下位のほうに置かれ、先進諸国との格差は大きい。このことは、「ハード」面（例えば、一人当たりの国民総生産および生活水準、道路交通の整備状況、教育施設の整備および情報手段の近代化、企業の労働生産性と製品品質、グローバルな貿易と投資において中国が占める割合など）だけでなく、いわゆる「ソフト」面（例えば、各方面における制度のイノベーション力、サービス業の総合的な質、一般国民の外部世界に対する理解度と自己アピールのレベル、国全体としての海外資源（物理的なものや知力など多方面の資源を含め）の吸収力、理論研究の全体的水準と世界最先進レベルをフォローする能力など）にも当てはまる。まさにある海外の研究者が指摘するように、「ソフト・パワー」には政治、社会および理論上のパワーが含まれ、例えば以下の要素が含まれる。(1)開放的、安定的で耐久性と吸収力のある国内政治、社会および経済の制度的な配置、(2)文化、政治、道徳面での強い影響力と凝集力、(3)理論的指導力、(4)戦略的な深謀遠慮と外交術、(5)国内と国外の資源（とりわけ非軍事的資源）の効果的な調達と動員を含めた国内外の効果的管理、(6)教育水準が高く、文化意識の高い民衆、(7)高い生活水準。中国はこの種のソフト・パワーを身につけるまでに、まだ長い道のりがある。経済的および軍事的パワーでは、強大な政治的・社会的基盤に取って代わることができない」[2]。

歴史的にみれば、現在の中国は漢や唐の時代の「放眼無敵手、一覧衆山小（見渡すところに敵がなく、一覧してあらゆる山を自分より低いものと見る）」のような余裕は今やなく、これからもないだろう。中国は近代以降、現在に至るまで、ずっと経済・社会・政治が非常時的なやりくりを余儀なくされてきた国である。経済そのものの構造転換と社会全体の政治体制の転換が同時に進行しているため、対外開放意識が絶えず拡大されていると同時に、民族主義の意識（時には外部事態に刺激され、いささか極端な情緒にまで発展することもある）も急激にはびこっている。国全体が急速に成長し、大いに進展しているが、かえってトラブルも続出している。大量の新しいトラブルは、旧体制の残された問題が根治される以前に、すでに新たなアジェンダとして浮上している。例えば、企業の倒産と従業員のレイオフの問題、経済・教育レベルの地域間格差、汚職、貧富の格差および信仰の危機などである。中国はたいへん難しい複雑な国内統制と国内管理の問題に直面している。「打鉄先要本身硬（鉄を打つには、まず自分自身が硬くなければならない）」という中国の古くからの言い方で説明すれば、今、我々自身の問題により、中国の世界への影響力は制限されており、世界を改造する力などもってのほかである。もしもこれまで遂行してきた改革開放の深化と発展の推進を止めてしまうなら、ここで歩みを止め、おごり高ぶるならば、中国と世界の将来は、我々の期待する方向に向かわないだろう。この点から言うと、今後相当長い期間、中国外交の一番の重点は、依然として、わが国の改革、発展および安定に益する良好な周辺環境と平和的な国際環境の創出、経済建設の各種重要なニーズ（とりわけ海外の投資と技術を吸収すること）の保障に尽力することであろう。中国人が自らの望まない戦争に巻き込まれた場合を除き、これらのニーズを優先することは、他のいかなる理由があっても変えてはならない。

以上の論述を踏まえるなら、ここで言う「発展のニーズ」とは、人々の一般的な理解、もしくは我々がかつて宣伝していた内容よりも、ずっと豊富な中身があり、ずっと幅のあるものである。例えば、経済発展の角度だけからみれば、中国人はほぼ「小康生活〔いくらかゆとりのある生活〕」を実現したと言えるが、全面的発展という基準に照らすなら、それはあくまで発展の一つの局面に過ぎない。中国は政治の民主化と法制化をさらに推進していく必要があり、物質文明と精神文明（信念、道徳、価値など）を同時に改善していく必要がある。また、社会の階層分化のプロセスと各種の利益集団の調整を合理的でスムーズにし、より多くの中国人にいっそう広く、奥深い世界的視野を持たせ、国際関係における中国の戦略的思考および理論をより高いレベルに押し上げていく必要もある。政治の発展、社会の発展、文化の発展、教育の発展、国全体の発展、これらはいずれも「発展」に含まれるべき意味である。経済発展を中心とするという前提の下で、上述の多面的で立体的な発展は、必ずや新世紀における中国の国際的地位を押し上げ、影響力の拡大を大きく促すことだろう。これにより、中国外交の展開も自ずとより堅実で重厚な基盤を持つことになるに違いない。中国の発展を保障するのに全力投球することは、内政からの要求であるだけでなく、外交上の使命でもあるのである。

主権のニーズ――欠くべからざる伝統的安全保障

主権のニーズは、事実上、安全保障のニーズを部分的に含んでいる。とりわけ、領土・境界線の保障と軍事的安全保障のニーズである。中国は領土面積の広い国で、一五の国と陸続きで隣接しているほか、一〇以上の「隣邦」と言える国がある。そもそも、これだけ多くの隣国を有するケースは、世界的に見てもたいへん珍しい。その上、中国はかつて十数カ国と陸上境界線や海上境界線の線引き問題をめぐり主権争いをしたことがあり、中には今も継続しているところもある。このことによって、中国の主権と領土保全はより困難で複雑な課題となった。言うまでもないことだが、わが国の周辺地域には様々な「危険地帯」や「紛争の火種」（例えば、朝鮮半島の不安定さ、中央アジアおよび南アジア大陸の各種の紛争）があり、中国の安全保障は厳しい挑戦にあっている。これには、いわゆる「チベット独立勢力」、「新疆独立勢力」などの内部分裂勢力もあれば、外部で虎視眈々と機を窺う一部の国家および集団もある。この意味からも、国家主権と領土保全の守護は、中国の政治家、外交専門家および軍事戦略家が決して油断してはならない最重要な戦略目標の一つだと言える。このような戦略目標があるため、我々は中国の安全保障における防衛能力と軍事威嚇力を国力の増大に応じて向上させ、国防予算が国民総生産額に占める割合[3]を合理的なものとし、国防の近代化水準を必要な程度に引き上げていく必要がある。疑う余地もないことだが、人口一三億の大国として、中国は一般の大国が保有している兵器・装備と先端的技術を保有しなければならない。問題は、いつ、どのような方式でそれらを獲得し、また、どのような戦略的態勢と戦略的理論によってそれらを実現するかである。また、主権のニーズは発展のニーズと複雑な関係にあり、両者には深い矛盾が発生する可能性さえある。資源の総量と国家予算が限られている上、大多数の中国人は、ようやく衣食足りた生活を送れるようになったばかりである。こうした中で、主権のニーズが十分に確保されるよう、いかに国防支出と経済建設投資の割合を決めるかは、政治家と戦略家が苦心惨憺している大きな難題である。とりわけ、コソボ危機とアフガン戦争およびイラク戦争の後、米国の単独覇権主義およびその背後にある強大な実力はさらに世界の多くの人に警告と圧力を示した。中国も外部の干渉を受ける可能性があり、それに対応すべき自己防衛の問題をより深く考えざるをえなくなっている。そのため、主権のニーズがより厳しく、より鮮明な形で表面化してきているのである。

とりわけ、台湾問題を研究しなければならない。台湾問題は現在、中国の主権問題の焦点であり、中国外交の難点でもある。この問題は中華民族が調和の取れた円満な将来を迎えられるかどうかという大局にかかわっており、中国台頭の基本的前提と外部に向かって斬新なイメージをアピールできるかどうかにかかわっている。近代以降、大国の台頭は、国が分裂されたままで実現できた例はない。とりわけ、中国のような、かつて何度も分断された苦しみを嘗《な》め尽くした大国にとって、台湾問題はきわめて重要で敏感な問題である。台湾問題は中国の内政問題であるが、一般の内政問題と必ずしも同列には置けない。中国近代史は帝国主義、植民地主義という外来の侵略と圧迫を受け、長い間にわたり、主権に関わる基本的な権益さえも保障できず、すべての中国人の心に永遠に忘れられない悲痛な記憶を刻み残した。

この点から言うと、いかなる中国の政治家と戦略家も、台湾の復帰、祖国統一の目標を放棄することはできない。しかし、台湾問題の解決はたいへん複雑で、我々の一方的な願望とタイム・スケジュールに従って行うことはできない。外部勢力はいつでも手を出して介入してくる可能性がある。そのため、深思熟慮に欠けるいかなる行動も、中国人の予測できない厳重な結果をもたらしかねない。台湾内部ではここ一〇年あまり、一部の積極的な変化も見られている。さらに両岸民衆のアイデンティティの調整も行われてきているため、我々は祖国統一のタイム・スケジュールを組む際、事を慎重に運ぶ必要がある。疑いなく、我々は平和統一のプロセスを推進すると同時に、武力行使の放棄を約束してはならない。とりわけ、外部勢力の厳しい干渉や、島内の分裂勢力の企みがきわめて危険な段階に達し、軍事手段を用いなければ深刻な結果を招いてしまうような事態が起きた時に備える必要がある。では、何故我々は台湾の祖国からの分離を許せないのか。私から見れば、それは一部の外国人、もしくは真相を知らない台湾民衆が憶測するように、「台湾の近年の民主化過程に伝染されることを恐れている」ことによるものではなく、主として以下のいくつかの原因によるものである。第一に、台湾独立は、この多民族国家〔中国〕の内部に存在する分裂勢力の連鎖反応を引き起こす恐れがある。それにより、中国が安定した局面の中から発展を求めるチャンスが徹底的に失われかねない。第二に、予期し難い内部の重大な混乱ないし内戦を招き、政治的対立や、政治家に対する民衆の失望をもたらす恐れがある。同様に、隣国に大量の難民を流出させ、秩序を乱す行動をもたらし、周辺地域の不安定を招く恐れもある。このような情勢は、中国のいかなる冷静な頭脳を持つ政治家と軍人にとっても、何としても許せないことである。

これが台湾問題のボトムラインである。すなわち、台湾は絶対に中国から分離してはならず、一つの中国の原則は決して破壊したり背離したりしてはならず、このボトムラインを突破しようとするいかなる企みも試みも、痛撃を食らわされざるを得ないのである。

しかし、外部勢力の介入および台湾独立勢力の武力抵抗に対処するための準備のプロセスにおいて、我々は各方面の要素と影響を十分に考慮し、長期的かつ大局的な視野に立ち、広い胸襟、大きな度量をもって統合を図るべきである。これには、たとえば、統一の方式がわが国の全体的な改革開放と安定にもたらす影響を必ず視野に入れ、「台湾掌握」後の接収と統合におけるありうる事態を必ず考慮し、すべての重要ステップのグローバルな効果と歴史的影響を必ず考えなければならない。目下、頑迷な李登輝政権は既に過去のものとなったが、陳水扁は未だに綱渡りをしつづけ、漸進的な台湾独立と大陸の強烈な反発の回避との間で「バランス」を取ろうとしている。実際には、これにより、彼はより多くの圧力と問題に直面しただけでなく、島内の情勢も日増しに混乱を増している（例えば、一部の外国資本の撤退）。このような情勢は筆者から見れば悪いことであると同時に良いことでもある。「悪い」と言ったのは、台湾の前進と発展の歩みが緩やかになり、台湾の民衆の福祉に悪影響を及ぼしたからである。一方、「良い」と言ったのは、比較してみれば、大陸の生き生きとした成長ぶりがいっそう際立ち、台湾民衆を大陸にひきつける吸引力を強めたからである。私見だが、我々は新しい時代の人と物事に主な注意を払い、最善を尽くして、島内の独立勢力に反対し、現状を維持しようとする政治勢力を味方に引き入れるべきであり（民進党内の穏健派も含め）、両岸の平和統一と両岸同胞のプラスサムの関係の実現を目指すべきである。この面において、政治的知恵が最も重要であるが、同時に筆者は、とりわけ学者と研究者の大胆なイノベーションを奨励すべきことを強調したい。他国の各種有益な先例は参照すべきだが、同時に中国の現実から出発し、中国の国情と両岸の特殊な歴史条件に見合った解決策を見つけ出さなければならない(4)。両岸は面積、人口、資源および国際的地位において格差が大きいことに鑑み、大陸側が改革開放路線を堅持し、これまでの二〇年間の発展の勢いを保つことさえできれば、時間の経過は我々に有利であること、そして、中華民族の祖国平和統一の願望は最終的に実現できるものであることに、我々は自信を持つべきである(5)。

台湾問題のほかにも、もう一歩踏み込んで検討すべき理論的問題がいくつかある。第一は、主権の新しい実現形式の問題である。ここで一つ強調したいことは、「主権」の概念は今の世界でますます複雑になってきていることである(6)。実践的観察にせよ、理論的分析にせよ、我々は未曾有の難題と挑戦に立ち向かっている。経済と科学技術のグローバル化の急速な拡大、情報とメディアの日増しに増大する影響力、および各国内の政権と社会関係の深い調整(個人権益のいっそうの重視および政府の力量の見直し)により、従来の主権観およびその実現形式は新たな国際環境および各種の「地球規模の諸問題」の要求にますます適応できなくなっている。筆者は、従来の主権観の重要な特徴は、国家の全体利益の至高性の強調にあると見ている。しかし、現代の世界政治の重要な特徴はむしろ、アイデンティティが多層化し、多様化していることにある。国家利益のみならず、その他のアクターおよびニーズも存在している。例えば、各種の集団の利益と特定領域の利益、少数者の利益と個人の利益などである。重要な点は、客観的な情勢の発展によってこれらのアクターが拡張のスペースを獲得し、「少数が多数に服従する」もしくは「個人が国家に服従する」という大義名分でそれらを抹消することはもはやできないことである。生態系環境の汚染・悪化により、国家（中央政府）よりも「もっと小さい」アクター、もしくは、「もっと大きい」アクターの発展を招いたのがその一例である。前者は各国内部に現われた様々な民間環境保護組織を指し、後者はグリーンピースのような世界範囲のものを指している。それらは規模の大小に関係なく、各国政府の考え方や主張と明らかに一致していない。しかも、それらは発展の一途をたどっている。しかし、従来の主権観にどのような欠陥があるにせよ、それは依然として世界政治の主要な礎石である。国際関係の基本的特徴は、相変わらず、各国が相対的に無秩序な国際情勢にあって自分自身の生存と発展のために努力するということにある。地球上の人類の携わっている仕事の大多数は依然として国民国家の枠組みの下で完成されるのであり、各種各様な非国家的アクターは依然として国際関係の脇役に過ぎない。今日、問題の核心は主権が必要かどうかではなく、いかにして主権を新しい情勢と新しい変化によりよく適応させるかということである。現段階で、各国家が有している責務を放棄させ、ある種の「世界政府」を創設したり、政府以外の特定のアクターに地球を管理する責務を任せたりしても、世界をより素晴らしいものにすることはできないだろう。一部の「極小国家」を除けば、歴史上、主権を本心から放棄したいと思う国など皆無に等しい。思想と理論研究において、中国人は冷静に「二点論（両にらみ）」で臨まなければならない。すなわち、主権は国際関係の礎石として依然欠かすことのできないものだが、これにいっそう柔軟で多様で多層的な新しい実現形態を持たせなければならない。もしも我々が理論上で用意があれば、実践においても、もっと弾力性と包容性に富んだ主権の実現形態が形成できるかもしれない。このことは、我々が将来、台湾問題を解決し、祖国の完全なる統一を実現するのに役立つだけでなく、我々が国際政治の舞台で改革開放後の現在の中国の新しいイメージをアピールし、新時代の大国戦略を展開していくのにもプラスである。

第二は、主権と人権の関係である。世界史の現段階において、人権は主権に取って代えられるものではなく、人権と主権にたやすく優劣をつけてはならない。西側の一部の勢力は「人権は主権よりも貴い」と鼓吹しているが、これは下心のあるもので、我々は警戒心を持たざるをえない。実践が立証したように、国民国家の枠組みを持たず、しかるべき国際法の保護を受けられない民族は、最も悲惨な民族である。その典型例は、トルコ、イラク、イランなどの国に散在し、数千万人の人口を有するクルド族である。彼らの人権はまったく保障されておらず、誰でも彼らを虐げることができる。これに国連もなすすべがないままである。パレスチナの人々は何故、真の独立国の建国を最終目標に据え、かくも長年血を浴びて奮戦してきたのか、これはよく理解できることである。同様に、国連が世界の安定、国際法の効用、多数国家の長期的利益を維持する視点から、設立時から今日に至るまで、主権国家のメンバーシップのみを承認し、非主権的アクターの加盟申請を却下し続けてきたわけも容易に理解できよう。しかし、我々は以下の点に特に注意しなければならない。すなわち、古い封建時代と異なり、経済の国際化が進み、情報の浸透性が日増しに強くなった今日では、主権を守ることには特殊な意義があるということである。それは、外部に向けて自分自身の権益を守ることを意味するだけでなく、政府が自国民を真に愛護し尊重するという行為としても現われている。言い換えれば、政府は人権を尊重し、自国人民の生活状況と政治待遇を絶えず改善しなければならないのである。民衆および個体の人間を尊重しない主権は空虚なもので、このようにただ国家本位にこり固まった主権は最終的に守ることのできないものである。その典型的な事例は、ポルポト時代のカンボジアである。当時、カンボジアの国中で人民の恨みが沸き立ち、社会秩序がひどく乱れ、最終的に政権の瓦解を招いた。このほか、二年前に、ユーゴスラビアがコソボ危機で深い打撃を受けたが、その理由は他にも考えられるものの、何よりも、ミロシェビッチ政権の不当な民族政策にかなり重い責任があるといわざるを得ない。少し前までの情勢を見てみれば、内部と外部の多様な原因により、ユーゴスラビアは事実上、主権に関わる一部の権利を剝奪されてしまっていた。主権を守ることとは中身のないスローガンではなく、ダイナミックで絶えず国内の進歩(制度、システム、観念など各方面のことを含む)を実現させるプロセスでもあり、それは決して外交の任務に止まるものではない。中国の政治家、民衆およびメディアは、この点を決して忘れてはならない。食べ物がのどにつかえたために、食事までやめてしまったり、角《つの》を矯《た》めて牛を殺したりしてはならない。国際情勢の複雑で不利な変化に反応して、持つべき視野まで放棄してはならない。主権を守ることを、単に敵対する相手との闘いとしてとらえてはならず、人権の擁護と発展という重要な仕事を脳裏から捨て去るようなことになってはならず、また、これを西側のみが専有する概念にしてもいけない。主権は人権を保障する上での必要条件だが、十分条件ではなく、人権をより良く発展させてこそ、初めて主権をより良く守ることができるのである。

ここからは筆者が分析したい第三点目に入ろう。すなわち、新しい世紀の新安全保障観である。これまで論じられてきた安全保障の概念には優れた点があり、受け継ぐに値する中身が含まれているものの、一部の内容は調整し、充実させる必要がある。これに関しては、すでに述べたので、ここでは数点のみを強調したい。新世紀の特徴に符合し、同時に、中国が世界大国に向かって歩むという目標にも合致した新安全保障観とは何か。まず、物理的な側面から考えるなら、新しい概念は、伝統的な軍事安全保障よりもさらに広い分野を対象とするものである。それは軍事的な安全保障能力の増強のみを指すのではなく、国防手段のグレードアップとリニューアル、独自の高性能兵器の保有（例えば、空母、新型戦闘機および新型ミサイルの製造、各種テロリズムに対抗する手段の保持など）のほか、経済のグローバル化の時代に合致する金融安全保障、情報安全保障、生態系安全保障などの面も含んでいる。近年、アジア通貨危機およびグローバルな金融の不安定化により、金融危機および広い意味での経済危機がある一国に与えるダメージは、場合により、戦争による損失と比べても、ひけを取らないほど甚大なものであることが明らかになっている。例えば、インドネシア、タイ、韓国などの国民総生産はわずか一年の間に四〇〜六〇％も下降し、経済発展は一〇年以上も後退してしまった。もしも我々がこのような総合安全保障を達成するための手段およびそれを達成しようという意識を持たなければ、経済のグローバル化時代およびハイテクの条件下で起こりうる各種の不測の事態に対応できなくなるだろう。次に体制の側面から見ると、新安全保障概念は以下のことを明らかにしている。すなわち、国家の安全保障は外に対するものだけではないということである。例えば、より優れた兵器やその他の防御手段を配備することは、ある家屋の防護壁を竹垣から鉄鋼、さらには電子装備に変えるようなものである。これらの措置はあくまで外からの防衛という点に着眼しており、外敵の侵入を防ぐことはできるが、それだけでは物足りない。それよりも重要なのは、国の内部体制が健全であるかどうか、政治が合理的で安定しているかどうか、社会・経済が発展しているかどうか、各民族同士の親睦・団結があるかどうか、民衆と政策決定者層との意思疎通が深まっているかどうか、国の全体的雰囲気や歩調と世界の趨勢、時代の趨勢とが一致しているかどうかなどである。もしも情勢はその逆で、足踏みしていて、時流に逆行しているものならば、いくら強固で高い壁を築いても、たとえ全身鎧兜で武装したとしても、その国は依然として安全ではない。その社会や国民、ひいては民族全体が依然として慌て恐れ不安な状態にあるだろう。そのため、新安全保障観が明らかにしようとしていることは、安全かどうか、安全の程度が大きいか小さいかは、国の体制の先進性と相関性があるということである。例えば、もしも国が進歩的で、絶えず発展する体制を有しているならば、その安全性も徐々に強くなり、たとえしばらくの間、弱小であっても、絶えず改善され得るだろう。一方、もしその逆のケースならば、強い国でも危機に陥るだろう。ソ連がその例であった。以上から分かるように、新安全保障観が重視するのは動態的な安全保障であって静態的なものではなく、積極的な安全保障であって、単純な防御型のものではない。新安全保障観は、自国の人々に満足してもらい、外部世界に尊敬してもらえればこそ、初めて国家の主権が保障でき、安全保障が実現すると強調している。情報時代とグローバル化の過程において、一国の安全保障は隣国の安全保障、周辺地域の安定、ひいては国際社会の安定とますます密接に繋がっている。生態系危機が生み出す混乱がその一例である。その中の難題は、各国の自主的発展とグローバルな持続可能な発展との関係の調整、および国家主権と国際協力の間の矛盾の処理にある。新安全保障観はこの難題をも検討範囲に入れ、全面的、長期的、統一的で計画性のある対策を練っておくべきであろう。

もし、我々が主権、人権、安全保障など革新的な概念について、ダイナミックかつ多面的に理解することができるなら、複雑で変化の激しい国際関係において、主権のニーズとかかわる各種の難題によりよく対応することができる。そうすることにより、我々の根本利益が損害されずに済むだけでなく、中国の影響力の拡大と地位の弛まぬ向上をも促せることだろう。

責任のニーズ——大国の地位および風格の現われ

比較してみると、三つの主要利益の中で、「責任のニーズ」が最も確立しづらく、弾力性の最も大きいもので、ここ数年、ようやく徐々に明らかにされてきたニーズである。中国の総合国力の増強と国際的地位の改善により、このニーズが中国の対外戦略（外交戦略、経済戦略および安全保障戦略）全体の中で、ますます大きな影響を及ぼすだろうと筆者は見ている。このニーズは幅広い面にかかわっており、異なるカテゴリーに類別することができる。例えば、国連安保理でより活発でより建設的な役割を演じること、各種の主要な国際組織で十分な代表権を獲得し、広大な発展途上諸国の権益を能動的に守ること、各種の平和維持活動と難民の救援活動、麻薬密輸取り締まり活動と国際的な生態系環境保護活動でより積極的な役割を果たすこと、等々。しかし、中国のグローバルな責任と利益は、依然として比較的長期的な将来図であって、現段階の重点は、依然として地域の重要国家としての責任と利益にあり、後者は前者のためのステップと基盤である。アジア太平洋地域の安全保障に限って言うと、このニーズの主な内容とは、域内の責任ある大国として、この地域の経済安全保障と軍事的安定の維持に努力し、紛争を減少させるとともに予防し、相互の信頼と協力を深め、域内の安定を促すことにある。これには、とりわけ以下のことを含めるべきだろう。すなわち、朝鮮半島の不安定要素の解消もしくは緩和、南シナ海地域の海上境界線をめぐる摩擦の減少、中央アジアが石油・ガス資源の問題で新たな「火薬庫」になることの防止、南アジア大陸の緊迫した対峙の緩和、台湾海峡両岸の行き詰まった対立が国際紛争にエスカレートすることの防止等である。アジア太平洋地域の不安定な「潜在的トラブル」は、すべて我々と直接、利害関係があり、したがって中国外交が創造的な思考を開拓できるようにし、建設的で責任ある大国の任務を発揮させる可能性を提供している。長いスパンで見ると、もしも適切に処理し、進んだり引いたりする度量をもつならば、これらはわが国が世界一流大国に仲間入りする上での試金石、地ならしになり得るだろう。これは、比較的長い時間をかけてようやく満たされる重要な利益である。留意すべきことは、中国の経済発展と国力向上により、各種の摩擦やいわゆる「中国脅威論」の論調が徐々に増えるかもしれないということである[7]。そのため、中国自身の方向性固めと包括的、長期的な戦略はますます緊急を要するものになり、その中では責任のニーズが重要な構成部分になるに違いない。

中国は悠久の歴史と独特の文化伝統を有する東洋の国で、世界の五分の一の人口を有し、急速に存在感を増している発展途上国でもある。中国はまた、今日、数少ない社会主義国家の中で最も重要で最も注目されている国で、原子爆弾や長距離ミサイルなどの高性能兵器を保有している国連安保理の常任理事国でもある。これらの重要な属性は中国外交の基本的な利益とニーズを決めるキーファクターである。一例を挙げれば、中国は膨大な面積と人口を有しているために、アンドラやスワジランドといった小国のように、他国につき従う外交はできない。厳密な意味での大国とは、植民地にでも陥らない限りは、長期的に他国に従属することはありえず、それは政治・経済でも思想・文化でも同様である。大国の他国への従属は取ってはならない方策であり、実行可能なものでもない。大国の巨大な面積と膨大な人口が、長期間にわたり一つの領土範囲内でまとまることができるのは、必ずや独特な文化を基礎とする作用があり、独特な政治構造の発展や、独特な経済形態の支えがあるからである。大国同士で相互に相手国の構造などをそっくりそのまま踏襲するケースはきわめて稀である。現代の国際政治の現実から見れば、国際関係において、真の大国はいずれも自らの国際政治観念を持っている。ただ、それは一部の国では比較的形が整っており、高度に理論化されているが、他の一部の国ではそれほど系統的でなく、完備されていない。以上の分析から理解できることは、上述した中国の属性の基本的特徴は、おおむね長い時間が経過しても根本的変化はなく、唯一、発展途上国という特徴が、中国の経済と総合国力の成長により、変わっていく可能性があるということである。それは何を意味するのか。簡単に言えば、それは、中国が大国にふさわしい多くの気質と責任を持ち、急成長と衣食満ち足りた生活を切に望む時期に限って見られる功利主義の色合いが薄れ、より系統的で完備された中長期的戦略を持つ可能性があることを意味している。未発展国には未発展国としての意識と追求するものがあり、発展途上国にもその独自の境地と観念がある。中進国と高度先進国もみな、それぞれ異なる特殊利益と主張がある。中国は三〇〜五〇年の発展を経て強くなる頃、言い換えれば、発展途上国から中進国に変わる時、中国外交の視野と国際観は、国内の体制と経済の巨大な変化と同様に、深刻な変化が起こるだろう。例えば、人々は生態系環境の質により強い関心を抱くようになり、自国の環境保全活動に対する外部の世界の評価を一段と意識し、それにいっそう敏感になるだろう。考えてみてほしい。二〇年前、中国国内で環境保全に注目していた人が、果たしてどれぐらいいただろうか。また、中国が地球温暖化防止条約においていかなる温室効果ガス排出削減義務をも承諾しないという今の立場は、今から二〇年後にも調整されないと言い切れる人がいるだろうか。

上述の新しい課題に対し、中国人自身は十分な思考的な準備をし、各種の起こりうる状況に対して、比較的踏み込んだ、細心な検討と準備を行う必要がある。例えば、以下の課題を考えておく必要がある。すなわち、中国経済のいっそうの発展に伴い、どのような新しい、より広範な資源および技術ニーズが生み出され、またどのような外部の安全保障環境および国際制度の制約に直面するだろうか。中国は自国を強大にすることと隣国に安心感を与えることという異なるニーズを調整する上で、どのような困難を抱えているだろうか。中国が次第に強くなった後、国際社会からどのような責任を果たしてほしいと期待されるだろうか。また、その中で、我々はどのような義務を進んで果たし、どのような要求に応じないことにするだろうか。国連安保理の効率を強化し、それにいっそう大きな役割を発揮させるため、世界ですでに数十カ国が相次いで数十の異なった提案を出したが、中国はどのような態度を取るべきだろうか。WTO、対人地雷禁止条約、ミサイル技術管理レジームおよび核不拡散メカニズムといった具体的事例を思い起こしてみると、中国は短期間において、どのような条約と協議に参加（もしくは参加拒否）する予定なのか、また中長期的な情勢としてはどのような変化があるのか。さらに、もしも有名なG8・主要国首脳会議から正式な参加要請が出された場合、中国は将来、そのメンバー国になり、年一度の首脳会議に参加するつもりでいるだろうか。参加した後にしても、いかにして単なる「お飾り」にならないようにし、ひいてはただ利用されることを避けられるのか。最近、中国が一部の公式・非公式の多国間安全保障対話に参加したことによって得られた積極的な効果を考え、また、NATOがユーゴスラビアを攻撃した際の「集団形態」に鑑みれば、我々もアジア太平洋安全保障の重層的メカニズムの設立に向け、いっそう取り組んでいくかどうか（もしくは、一部の外部提案に反応するかどうか）を検討してみるべきであろう。日米安保条約の新ガイドラインを批判すると同時に、中国はそれにとって代わり、かつアジア太平洋の多数の国に受け入れられるような提案が出せるだろうか。我々は以前、世界銀行、IMFおよびADBに対して非難したり叱責したりすることが多かったが、これらの組織の実際の活動についてはそれほど知らなかった。中国がこれらの組織でますます注目される重要なメンバー国となった今、我々はいかにして、これらの組織を大多数の国の願望（とりわけ、幅広い発展途上諸国の利益）にもっと沿うような形で推進し、必要な調整と改革を行い、そのルールおよび日常業務面の改善を進めていけばよいか。このほかにも、数多くの課題を提示することはできるが、この種の問題に対し、我々は現に答えがあるわけではなく、また、真剣に研究したり検討したりしてこなかったことを認めざるを得ない。数多くの場合において、我々は受け身的対応と時間稼ぎの方策しかとっていないように見え、本当に自信のある理論と戦略的判断が極端に欠けている。(8) 私は、時間の推移と共に従来の戦略とアプローチが以前ほど有効でなくなり、中国人は次第により高い次元から自覚的に旧世代を乗り越えようと考える傾向を強めていくのではないかと信じている。前述の問題およびその他ここで言及できない数多くの問題があるため、我々は過剰な実用主義的態度や「撞撃反射〔打たれてから初めて反応を示す〕」という姿勢を避け、より大局的な視野に立ち、より広く寛大に胸襟を開き、グローバルな戦略を持たなければならない。中国は世界全体の進歩の重要な構成部分であり、中国人は人類の未来に対しより大きな責任を果たすべきである。

建設という面から新世紀に向かい、より大きな進歩を含む国際関係に着眼し、ここで筆者は一人の研究者として、中国が責任と義務を果たすべき国際新秩序に対し、いくつかの見解を述べたい。まず、世界はより安定的でより合理的な構造を必要としている。このことの主な意味は、主権と人権、平等と進歩、公正と市場といった原則を同時に尊重するという基本に立脚し、グローバルな秩序、地域秩序および国内秩序（とりわけ国家と社会との関係）を含めた多層的な関係の建設的な調整の実現を図っていくということである。国民国家の主権は、言うまでもなく国際システムの欠かせない礎石であり、この面では英米などによる「新干渉主義」に断固抵抗しなければならない。と同時に、各国は自国の民主的で公正で進歩的な社会政治体制の構築に絶えず努力し、制裁を受けたり、はなはだしい場合には世界の一員たる身分を剝奪されたりする忌むべき事態を避けなければならない。確かに、経済のグローバル化は、人類にデメリットよりも多くのメリットをもたらしている。しかし、新しい国際関係およびそのシステムを築き上げるにあたっては、各々の国が損失を回避して利益を得られるようにするため、それぞれが柔軟にタイム・スケジュールを組むことを認めるべきである。しかも、南北関係の実質的な改善と市場化のグローバルな推進は、少なくとも同時に進行すべきものである。グローバル化、地域統合は、各国が内部の動向を合理的に自己調整する過程を促すべきであり、決してそれを制限してはならないのである。次に、世界各国は国連の道義的権威と行動能力を改めて承認し、支持すべきである。地域的安全保障の枠組みが国連を凌駕し、公認の国際ルールが無視される局面の再発を避けるべきである。この点では、筆者は、シンガポールの有名な外交官であった許通美教授の主張にたいへん賛同している。彼によると、「国連は公認されてはいるが不完全な機構である。それでは、仮に国連がないとすれば、世界はより素晴らしいものになるだろうか。私はそうは思わない。全体的に言えば、これまでの五〇年間において、国連は過失よりも功績のほうが大きい。不完全ながらも、国連は弱肉強食の原則ではなく、法治原則に従う世界の創出に尽力してきた(9)」。さまざまな形の覇権主義に反対することは、当然、国連の活力を増強する前提の一つであるが、それよりも大事なことは、より安定的で効果的な制度化された協議システムを確立することである。例えば、安保理の改革、国連総会の発言権の増強、国際紛争に対する各方面からの法的拘束の実現などである。中国は安保理常任理事国の一員として、独自の努力をし重責を果たすべきである。我々はＮＡＴＯによるユーゴスラビア攻撃のような覇権主義のやり口を非難したり、一部の不公正な決議を否決したりするだけでなく、さらに、独自のプランと建設的意見を自ら提案し、国連の枠内での各種多国間協議および活動により積極的に参加していく必要がある。この面での最も典型的な例は、国連平和維持活動（ＰＫＯ）や国連事務局などの組織改革への参加である。我々は自国国力の向上に応じ、中国の国連分担金の比率をしかるべき時に自ら進んで上げてもよいだろう。さらに、気候変動に関する国際条約の協議において、わが国は将来のある時期（例えば、経済がある一定のレベルに達した時）を狙って、温室効果ガスの排出削減義務を果たすと正式に宣言してもよい（事実、わが国の数多くの新しい行動、例えば、植樹造林の奨励、都市部の各種汚染源に対するコントロール、河川と湖をより清潔にする行動、一人っ子政策などは、いずれもこの方向に合致したものである）。次に、世界はＷＴＯ、ＩＭＦおよび世界銀行などの機構をコアとする国際システムと規則・制度を新たに見つめなおし、その改革を行い、世界の多数の国の経済発展の現状およびそのリスクに耐える能力に見合ったものにすべきである。実情から言えば、発展途上諸国は、ただちに「別に一家を起こす」能力が備わっておらず、既存のシステムと関連規則に服従しなければならない。しかし、このことは、既存の国際政治経済システムを改革したり改善したりしないことの言い訳にしてはならない。事実、数多くの西側諸国の有識者も認めているように、国際政治経済システムの調整と改造は必要な課題なのである。このことと対応して、国際社会およびその諸規則は、とりわけ発展の問題を格別に重要視しなければならない。これまでも各国の経験が再三立証したように、立ち遅れた経済が助けてもらえる望みを失い、希望も持てないことこそが、一部の国で極端な行動が起きた背景であり、今、世界の数多くの地域的紛争が誘発され、南北関係が緊迫し、各種のグローバルな諸問題（例えばテロリズム、生態系危機、資源の枯渇、麻薬の氾濫、債務問題、人口の爆発、食糧不足等）がなかなか緩和されない原因なのである。停滞して前進しないことは、災害の源である。鄧小平氏曰く、「発展才是硬道理〔発展こそ揺るぎない道理である〕」。各国内部の改革、現存の国際制度の修正と国際システムの安定化、国際平和の維持、国際経済関係の調整、これらのどれを進めるにおいても、各国の発展促進こそトップの目標に据えるべきである。

筆者が特に強調したいのは、国際社会に国際的道義の要素が育まれてきており、これらの要素がますます無視できなくなってきたことである。国際社会は虚像でもなければ、一部の人が考えるようにその存在が無視できるものでもない。国際社会は生き生きとした「社会」であり、独自の文化と価値があり、独特の利益と追求すべき課題があり、さまざまなメンバーおよび下位集団があり、それ相応の偏りや弱点がある。国際社会のメンバーである各国は、各国内社会にいる人間が国家との関係を処理する場合と同様に、国際社会全体との関係を処理する際、さまざまな考慮すべき要因と制約要因を抱えている。もちろん、逆に言うなら、国際社会はその名義で発言したり、行動したりする際、同様に数多くの矛盾を抱えている。その一例として、人類が新世紀を迎えているにもかかわらず、国際社会はその根本において、旧い困惑から抜け出せていないことが見てとれる。一方では、これまでのいかなる世紀よりも人類共通の価値、道義的基準が重視されているように見える。国連安保理の日増しに増加している平和維持活動、ＩＭＦの絶えず強化される干渉措置、グローバルな範囲での生態系環境保護運動、女性の権利保護運動と各種の国際的な「新しい社会運動」、さらに各種マスメディアと情報手段の役割などは、いずれも国際社会が一種の相対的に独立した存在として、その役割がますます無視されてはならず、各国は一定の共通の道義的基準を重視しなければならない（場合によっては承認せざるをえない）ことを物語っている。しかし、もう一方では、従来の覇権主義と強権政治は、冷戦の終焉に伴い消滅してはおらず、時と場合により、それらは一部の公認された国際ルールを平然と無視し、堂々と何ら憚《はばか》るところがない。あるいはそれらは姿かたちを変えて一部の国際組織と国際規範の名の下に存在している。そのため、国際道義の権威性、合法性が疑われてしまう。どのような角度から見ても、中国の国際問題研究者は、このような混乱の意味しているところにより多くの注意を払い、それに回答を出すよう力を尽くすべきである。この面で、我々はこれまでこのことに注意を払い検討することを怠ってきた点をまず認めなければならない。筆者の見るところ、検討しなければならない一般的な問題が三つある。第一は、いわゆる「覇道」と「王道」とはどのような関係にあるかである。「王道」は「覇道」の後に初めて存在するものか、それとも、「覇道」が「王道」の中に混じっているのか。あるいは、「王道」は「覇道」を通して、初めて実現できるものなのか。第二は、国際道義の源はどこにあるかである。カントの言う「人類の善に向かっての本能」から出発したのか、それとも、かつて歴史上無数に現われた国際的な経験と教訓の積み重ねの賜物だったのか。第三は、国際社会の実質とは何かである。その発展の趨勢はどうなっているのか。その価値観は何により構築されているのか。それは先験的なものなのか、それとも変化、発展していく過程にあるものなのか。これらを土台に、中国の国際関係理論の研究者は、さらに、わが国の外交の実践と経験に結びつけ、国際社会およびその道義と関連する戦略と政策の問題を検討しなければならない。例えば、国際社会および国際道義は、「戦争と革命」の時代、「平和と発展」の時代で、それぞれどのように異なる性質をもっているのか。中国のように歴史が悠久で、人口が膨大で、自国の実力が絶えず強くなっている国は、平和で安定的で繁栄した人類の新世紀を構築する上で、どのような新たな貢献を果たすべきか。自国の発展という第一のニーズを保障することと、旧い国際関係を改造するというグローバルな課題の間に、我々はどのような取捨選択の余地があるのか。新しい世紀において、世界の人口の五分の一を占める中国人は、どうすれば、偉大なる先哲たちの残してくれた尊い思想をいっそう充実させ、発揚していけるのか。どのようにして、人類の各民族の異なる文明の知恵を動員して、人類の共通した発展と持続可能な地球の存続に、より大きな役割を発揮していくべきか。我々研究者がもし国際社会を本当の「社会」と見なし、複雑に変化している社会を分析する際に新しい多面的で複眼的な分析手法を用いることができるなら、国際問題研究者たちはこれまで議論してきた「一極か多極か」、「主要矛盾は南北の矛盾か、東西の矛盾か」と言った貧弱な紋切り型の旧い問い(今でも重要な旧い問いだが)を超越し、読者に示す構図の色彩がもっと豊かになるだろう。

世界大国に向かう自覚

国際政治の複雑性、現代の進歩の内実は、中国が徐々に世界大国としての自覚を強めていくことを求めている。中国の外交専門家にとって、国内改革、発展、安定などの目標を絶えず推進していくこと、国の領土保全および漸進的な統一の実現を保証すること、この地域（アジア太平洋地域）ひいてはグローバルな範囲で徐々に建設的な立場で責任のある影響力を発揮していくことは、今後しばらくの間の活動重点である。もちろん、この三つの活動重点は平行的でもなければ、同等な重さを有するものでもないことは明らかである。それらの内在的矛盾と相互の矛盾が互いの調和と補完関係を超えてしまうことがしばしば起きている。「外交は芸術である」、この名言は、ここにこそぴったり当てはまるものである。もしも国際的な協力、闘争と国内の改革、発展の関係を熟考することやそれらの巧みなバランスをとることがなければ、あるいは軍事、政治、社会、経済、イデオロギー等諸分野の全面的な調整がなければ、そして短期の対策と中長期戦略の間の内在的つながりがなければ、つまり、包括的な考慮を盛り込んだ外交戦略がなければ、中国は過去二〇年あまりの業績を土台に据えた更なる大きな躍進もありえず、二一世紀、中国が世界大国になるという雄大な将来図も実現できない。上述の「発展、主権、責任」の三大利益の間にある複雑な関係を考えれば、中国が対外関係の中で、大国間関係、とりわけ米日ロなどの国との戦略的な関係（これらは、中国外交が影響力を発揮する上での基軸である）、地域の統合、とりわけASEAN諸国と北東アジア諸国との調和の取れた関係（これらは、中国がグローバル外交を推し進める上での必要条件であり、避けて通れない道である）、そして海外にいる中国人の役割、とりわけ香港と台湾の同胞および海外にいる中国人との絆を育むこと（文明の衝突と融合が日増しに増強される時代において、これらは中国が文化的求心力と外交的権威を発揮する上での重要な国際的基盤である）

を重視すべきである。この三つの重大な利益があるため、中国はより合理的で安定的な国際システムの出現を歓迎する。合理性と安定性に欠けるなら、かりにアジア通貨危機やコソボ危機のような悪性事態が再発した場合（それが中国の周辺地域で起きた場合はなおさらであるが）、これらの利益のどれも実現できないだけでなく、国際社会も混乱や紛争の長期化という泥沼に陥りやすくなることが明らかである。積極的で建設的な姿勢を保ちつづけ、中国は堂々たる責任ある大国として、二一世紀を歩むことになるだろう。時間の推移と共に、いわゆる「中国脅威論」もいずれは自滅することだろう。言うまでもなく、中国の台頭を望まない外部勢力も確かに存在し、中国を分裂させようとする企みや中国を封じ込めようとする戦略も相次いで登場するだろう。しかし、中国人はそれらに邪魔されたり、左右されたりせず、鄧小平氏の切り開いた改革開放路線に沿って歩み続け、祖国の平和統一の大事業を引き続き推し進め、国情および国力の増強に見合った、より大きな国際的権利、責任および義務（国際社会の各種組織とメカニズムで十分な代表権を獲得することを含めて）を次第に担うことさえできれば、中華民族がしっかりと世界の民族の前列に立ち、人類の平和と発展により大きな貢献を果たすことが十分に期待できるだろう。

注

1――グローバル化の時代

（1）「近代性は安定性を作り出し、近代化は動乱を引き起こす」という命題に関する詳細な分析として、享廷頓〔ハンティントン〕『変化社会中的政治秩序』（北京三聯書店、一九八九年）、三七―六六頁を参照されたい。

（2）この数字は、ジュネーブの世界貿易機関（WTO）本部が行った計算による。一九九七年末にWTOのメンバー国はグローバルな金融市場の開放についての合意に達し、約七〇の国家がそれぞれの銀行、保険、証券の市場を外国企業に開放することを保証した。さらに多くの国家がこの合意に参入することを検討している。

（3）金融投機資本の活動様式に関しては、徐濵慶「金融風暴会不会衝撃中国大陸?·」『世界華文作家周刊』一九九八年一月五日、三頁。

（4）同右。

（5）『解放日報』一九九八年一月一〇日。

（6）政治指導能力と民衆の信頼感の問題に関しては、Charles Morrison, "Domestic Adjustments to Globalization," the paper for Global Thinknet Project を参照。このペーパーは筆者が参加した一九九八年二月初旬の東京における「グローバル化シンポジウム」（日本国際交流センター主催）の時に配布されたものである。

（7）E. D. Mansfild and J. Snyder, "Democratization and War," *Foreign Affairs*, May/June 1995, pp. 80-83.

（8）例えば、享廷頓、前掲書、第一章「政治秩序与政治衰朽」の「現代化与暴力」の節、三七―五四頁、羅栄渠編選和組織翻訳『現代化――理論与歴史経験的再探討』（上海訳文出版社、一九九三年）を参照。

（9）享廷頓、前掲書、三八頁。

（10）韓昇洲教授の「グローバル化シンポジウム」での発言および以下の論文を参照。Han Sung-Joo, "Asia Values: Asset or Liability," the paper prepared for Global Thinknet Tokyo Conference on Globalization, Governance and Civil Society.

（11）Charles Morrison, *op. cit.*

（12）徐濵慶、前掲論文を参照。

（13）陳華「韓国一些大集団破産的啓示」『経済日報』一

九九八年二月一四日、丁斗「韓国金融危機和韓国大企業」『国際経済評論』一九九八年第三—四期を参照。

(14) 胡祖六は、アジアの一部の通貨が切り下げられて以降、米ドルで計算した中国の労働コストが依然として相対的に低廉であることを証明した。同氏は次のように指摘する。「賃金上昇率と一九九八年の期待為替レートにより計算すると、中国と東アジアのその他の国は労働コスト上の差異は若干縮小したが、完全には消えてなくなることはない。例えば、タイの労働コストは(中国と比較して)もはや三倍以上でなく二倍以下にまで下がったし、フィリピンの労働コストはもともと二倍だったのが一・六倍にまで下がった。インドネシアの労働コストは中国と大体同じくらいであるが、若干高い。」さらに、胡祖六は、ASEAN諸国と比べ、中国の輸出構造は多元化しているので、中国は周辺国の通貨切り下げの効果を過剰に心配する必要はないと考えている。胡祖六「亜洲金融風暴后的中国匯率政策」『経済日報』一九九八年二月一七日を参照。

2——グローバル化時代の安全保障観

(1) シンガポールのある学者によると、「総合安全保障」は一九八〇年代初めに日本人によって最も早く提起された。そして「人間の安全保障」の概念が最初に提示されたのは一九九四年に国連開発計画(UNDP)が提出した『人間開発報告書』においてであろう。一九八〇年七月、日本の首相臨時代理伊東正義に提出された『総合安全保障研究グループ報告書』の中で、総合安全保障の六つの目標が列挙されている。すなわち、米国との軍事協力の強化、日本の自衛力の強化、中国・ソ連との関係改善、エネルギー安全保障、食糧安全保障、大規模地震対策である。阿米塔夫・阿卡亜〔アミタフ・アチャリヤ〕『人類安全——東方対西方』(二〇〇一年一一月、バンコクでの会議での同氏の報告ペーパー)参照。他に、J. S. Nye and R. O. Keohane, "Transnational Relations and World Politics: An Introduction," *International Organization* 25 (1971), pp. 326–350.

(2) 二〇〇二年七月三一日、ASEAN地域フォーラム(ARF)外相会議の期間中、中国代表団は新安全保障観についての中国の立場に関する文書を提出し、中国政府の公式的な「新安全保障観」を簡単にではあるがはじめて系統的に説明している。この文書は以下のように指摘している。「対話と協力を主な特徴とする新安全保障観が徐々に今日の時代的な潮流の一つとなってきた」、「新安全保障観は実質上、単純な安全保障の概念を超克し、相互利益、協力によって共同の安全保障を追求するものである。新安全保障観は共同の利益を基礎に人類社会の進歩という要求に符合する」、「中国は新安全保障観の積極的な提唱者である。一九九六年、中国は時代の潮流とアジア太平洋地域の特徴に基づき、共同して新たな安全保障の概念を醸成すべきこと、さらに対話を通して信頼を増進し、協力を通して安全保障を促進すべきことを提起してきた。近年来、中国の指導者たちは多国間あるいは二国間の場で繰り返し新安全保障観の樹立を呼びかけてきた。新安全保障観は既に中国の対外政策の重要な部分になっている。中国は、新安全保障観の核心は、相互信頼、相互利益、平等、協力であるべきだと考えている。相互信頼は、イデオロギーと社会制度の相違を超克し、冷戦思考と強権政治的な観念の放棄、そして相互に疑わず敵視しないということを指す。各国は各自の安全保障・防衛に関わる政策および重大な行動について常に対話と相互通報を進めるべきである。相互利益とは、グローバル化時代の発展の客観的な要求への順応であり、相互に相手側の安全保障利益を尊重し、自身の安全保障利益を実現すると同時に、相手側の安全保障のために条件を創造し、共同安全保障を実現することを指す。平等とは、国家の大小・強弱を問わず、すべてが国際社会の一員であり、相互に尊重し、平等互恵をはかり、他国の内政に干渉せず、国際関係の民主化を推進することを指す。協力とは、平和的な交渉方式によって争点を解決し、共に関心のある安全保障の問題について広範に深く協力を進め、隠れた問題を取り除き、戦争や紛争の発生を防ぐことである。中国は、新安全保障協力のモデルは弾力性のある多様な方式にすべきだと考えている。例えば、比較的拘束力のある多国間の安全保障メカニズムを備え、フォーラム的な性格の多国間の安全保障対話を有し、また信頼し合える二国間の安全保障協議を増やし、学術的な非政府レベルの安全保障対話を持つ、などである。経済利益の融合を促進することはまた安全保障を支える有効な手段の一つである。中国はまた以下のように認識している。世界は豊かで多彩なものであり、アジア太平洋地域は他地域に比べいっそうそのようである。多様なものを取り込み、協力を増進することによって初めて、共同の進歩と発展に有利となる。このために安全保障協力は発展モデルや考え方の一致した国家間の協力のみなら

ず、発展モデルや考え方が一致しない国家間の協力でもあるのである。」(『光明日報』二〇〇二年八月二日、四頁)

(3) この方面の評論は大変多い。江沢民の中国共産党成立八〇周年記念大会での講話(「七・一講話」)、あるいはここ数年来の江沢民、朱鎔基、胡錦濤、銭其琛ら中国指導者の、毎年のASEAN+3(日中韓)首脳会議(いわゆる「10+3」)での発言内容などを参照。

(4) 喬良・王湘穂『超限戦——対全球化時代戦争与戦法的想定』(解放軍文芸出版社、一九九九年)を参照。

(5) 王逸舟「国際政治中的非政府組織」『東方』一九九五年第五期を参照。

(6) 迈尔斯『最終的安全——政治穏定的環境基礎』(上海訳文出版社、二〇〇一年)を参照。

(7) 本節では「国家利益」の問題を詳細に議論するつもりはない。関心のある読者は、閻学通『中国国家利益分析』(天津人民出版社、一九九六年)を参照されたい。国家利益研究の分野において同書は独創的な価値を持っている。ただし今日見るところ、依然として相対的には一種の静態的な研究方法を取っており、国家利益の変化および実現プロセスをいささか軽視している嫌いがある。

(8) 外交政策上もっともイデオロギー的である米国においてさえも、ハンティントン教授のような保守的な国家利益観は、日に日に多くの批判を受けるようになってきたことは必ずしも偶然のことではない。一九九七年一〇月、筆者がハンティントン氏のハーバード大学における同僚で世界的に著名な国際政治理論家・戦略思想家のジョセフ・ナイ教授にあったとき、「米国利益が軽視されている」とのハンティントン氏の議論の基本的出発点に対するナイ氏の批評を聞いたことがある。

(9) 中国国家主席であった江沢民がハーバード大学で行った講演の中で「どのような世界を二一世紀にもたらすか」という命題を語った時、彼は米国の一部の「冷戦思考」の人たちに対して感情をこめて訴えていたのだと筆者は信じている。

(10) Susan Strange, "Political Economy and International Relations," in Ken Booth and Steve Smith, eds., *International Relations Theory Today* (The Pennsylvania State University Press, 1995), p. 164.

(11) 筆者の知るところでは、日本の国際政治学者である東京大学の田中明彦教授が『ワード・ポリティクス』(筑摩書房、二〇〇〇年)という専門書を出版した。彼は日本の戦後歴代の首相が様々な場面で用いた言葉の比較、異なったパーソナリティとバックグラウンドを持つ政治家の心理の比較、彼らの力量と弱点の分析を通し、同様の特徴、同様の社会、同様の文化の下で現われる深刻な政治文化的差異について論じた。この本は大いに興味深く有益な作品である。中国の学界でも、近い将来こういった類の著作が出てくるよう、惜しみない努力がなされることを願うばかりである。

3——現代国際政治と中国の国際戦略

(1) 二〇〇一年五月、フランス国家国際関係研究所所長が中国社会科学院代表団と会見したときに、このように語った。

(2) 資中筠氏がこうした見方を持っている。

(3) 米国の一部保守的な思想家(ハンティントンなど)はすでに類似の「警告」を発している。彼らは米国内の民族人口比率の変化がもたらす政治文化の変化を米国の「バルカン化」あるいは米国の「暗黒時代」の始まりと称している。

(4) 今日、全世界に人口一億人を超える国は一〇カ国ある。欧州とアフリカが一カ国ずつ(ロシアとナイジェリア)、アメリカ大陸に二カ国(米国とブラジル)、残りの六カ国はアジアで、東アジア・東南アジアに三カ国(中国、日本、インドネシア)、南アジアに三カ国(インド、パキスタン、バングラデシュ)である。人口と面積から比較すると、南アジアは疑いなく人口が稠密で、資源が最も欠乏している大陸である。

(5) キッシンジャーは、過去三〇年の米国と中国の接触の歴史は、両国が各自の国家利益から出発すれば、お互いの間に存在する共通利益を見出すことができ、こうした共通利益が双方の大きな緊張を避けるよう導き、協力の中で未来へと進んでいくことを証明していると考えている。二〇〇二年四月一三日、彼は北京の釣魚台賓館で数名の中国の学者・専門家と会見したときに、このように語った。この会見の中で、筆者は米中両国で重視されている戦略思想家に二つの問題について質問した。第一に、「米国人の一部(例えば文明の衝突論者であるハーバード大学のハンティントン教授)は中国の台頭を望んでおらず、中国を唯一の超大国に対する脅威とみなしているのではないか」。第二に、「米国の一部の新聞の報道によると、米国の国防総省は最近、核問題に関する評価報告書を取りまとめたが、核兵器の小型化と戦術化を計画し、ある種の特殊な状況下（台湾海峡を含め）では『ならず者国家』あるいは潜在的な挑戦国に対して核兵器を使用することを準備しているという。まさか米国は、たとえば脅威を受けている側の国が類似した兵器を研究開発したり、核兵器技術を拡散させるというような反発を生み出すことを心配していないのであろうか」。筆者の当時のメモによると、最初の質問についてのキッシンジャーの答えは次のとおりであった。「中国は五〇〇〇年の文明史を有する大国である。このような国に対して、（米国を含め）誰もその台頭を制止することはできない。中国が興隆するかどうかは中国自身によって決められることである。米国には中国が強大になることをコントロールする術はない。これは米国の利益に合わない。というのは、ほかの大国を終始虚弱状態において、それを基礎に自らの政策を打ち立てることは、米国人にとって不可能であるからである。同様に、中国の無力は周辺地域の不安を造成する。米国人は中国とは対立でなく協力を希望している。このような考え方は我々両国に対しても全世界に対してもメリットがある。他方、中国が予測できる未来の数十年のうちに、米国に挑戦し脅威となるに足るまで強大となるとは決して考えていない。米国とは異なり、中国には多くの隣国がある。あなた方と隣国との間には処理を要しながら手に負えない難問が山積している。中国は、極端な民族主義の情緒を抑え、政治の民主化を推進し、核拡散を防止するなどの分野で、やらなければならない困難な仕事が山ほどある。中国は米国の脅威となってはならない。これが我々が打ち立てなければならない共通認識である。」第二の質問に対するキッシンジャーの答えは以下のとおりである。「私はペンタゴン〔米国防総省〕がこのような評価報告書を出したことも、ペンタゴンがどのような理由で現在このように言っているかについても知らない。ご承知のとおり、中国のメディアが常に正確なわけではないように、米国の新聞も時として報道は正確でない。核兵器とその拡散の問題について、米国と中国の政策決定者は慎重であるべきであり、惑わされないようにしなければならない。今まで米国は中国が自らの核軍事力を発展させることを決して阻止できなかったが、米国人は中国が厳格に核拡散防止条約を遵守することを希望している。」

（6）　埃克諾米和奥克森伯格〔エコノミー、オクセンバーグ〕主編『中国参与世界』（新華出版社、二〇〇一年）、第二章「中国与聯合国」（筆者：塞繆尔・金〔サミュエル・キム〕)、六四―七五頁。

(7) 江憶恩〔ジョンストン〕「美国学者関于中国与国際組織関係研究概述」『世界経済与政治』二〇〇一年第八期、四八―五三頁。

(8) 李沢厚は、中国の実用理性は主に中国の四大実用文化――兵、農、医、芸――と密接な関係にあると考えている。「中国の哲学と文化は一般に厳格な推論形式と抽象的な理論的探究を欠いているが、むしろ、あいまい模糊としたものの全体をとらえる総合的な思考と直感を進んで評価し、非論理的思考や非形式的分析によって得ることができる真理や悟りを追求し獲得したほうがよいとする」、「中国の実用理性の伝統は思弁的な理性の発展を阻止すると同時に、反理性主義の氾濫も排除してきた。これは儒家思想を基礎とした一種の特徴ある思想モデルを形成し、そのため中国民族は以下のような傾向を体得し継承してきた。すなわち、冷静で温情にあふれる中庸心理、狂暴に振る舞わず、幻想におぼれず、悟りを尊び、ロジックを軽視し、経験を重んじ、歴史を好み、現実生活に従事して現在の有機的系統のなごやかな安定を保持することを目標とし、人と人との関係を大切にし、冒険に反対し、創造を軽視する……。こうしたすべては、民族の科学、文化、観念形態、行動様式に多くの利点と欠点をもたらした。」彼は指摘する。「今日、自らの文化の良さを保持すると同時に、ドイツの抽象思考のような驚くべき洞察力、英米経験論の伝統における知性明晰と不惑の精神、ロシア民族の深い憂いに満ちた超越を追求する思想……を、いかにして真剣に研究し慎重に吸収するか。中国の実用理性を大きく前進させ、さらに高いレベルへとグレードアップさせることは、巨大で困難を伴う重要な活動である。これはまた歴史のとてつもなく長い過程となるであろう。」(李沢厚『中国古代思想史論』人民出版社、一九八五年、三〇四―三〇六頁)

(9) 江沢民主席は一九九七年の米国訪問中、米中両大国は共同で努力し、ともに手を携えれば、さらに繁栄し安定した世界を二一世紀にもたらすことができると何度も強調した。朱鎔基総理は九〇年代後半にアジアで発生した金融危機の際、中国は力の及ぶ限り隣国が難関を突破するのを助けると何度も表明した。外交問題に責任を負う銭其琛副総理は、ＡＲＦにおいて中国の平等協議、安定追求、経済優先の「新安全保障観」を披露し、中国のＡＳＥＡＮなどの組織に対する積極的な支持の態度を表明した。もし、筆者の記憶が間違っていないならば、彼らはみな「中国は重要な責任を負う大国である」という観点を強調したのである。最近のこととしては、中国外交部副部長の王光亜が、二〇〇一年九月一一日に北京で開催された「二一世紀の中国と世界」と題する国際シンポジウムにおいて、次のような話をしている。「中国は責任ある国家である。アジア金融危機が暴発したあと、中国は徒手傍観せず、火中に栗を拾い、厳粛に人民元の切り下げをしないことを決断し、アジア太平洋地域の諸国ができるだけ早く危機を克服するために巨大な貢献をした。近年来、アジア太平洋地域、とくに東アジア地域は、『アジア経済の奇跡』、『アジア金融危機』、『アジア経済の復活』の三つの歴史段階を経験した。この歴史プロセスの中で、中国経済の健全かつ安定的な発展は、アジア経済の発展に対して重大な意味をもった。これは、アジア太平洋地域に対する中国の投資を引き続き増大させる助けとなるだけでなく、アジア太平洋地域に対する世界の自信を増強する助けともなる。責任を負う発展途上大国はこの地域の経済発展のために錦上花を添えこそすれ、雪上に霜を加えるはずがない。」(シンポジウムで配布されたプリントアウト原稿、四頁参照)

(10) 報道によると、三〇年の発展を経て、わが国はすでに世界気象衛星・衛星気象大国の仲間入りをした。中国はこれまで、三基の極軌道気象衛星と二基の静止気象衛星の打ち上げに成功し、米国とロシアに次いで極軌道気象衛星と静止気象衛星の両方を保有する第三の国となった(『北京晩報』二〇〇一年六月三〇日)。周知のとおり、中国は新しい世紀の初めに米国、ロシアに次いで有人宇宙飛行を実現した第三の国となったが、近い将来、スペースシャトルを有する世界第三の国となるかもしれない。

(11) たとえば、一九九九年、中国の輸出入総額の七五%がAPEC各経済体との間のものであり、総額は二七〇九億ドルに達し、同年のGNPの五分の一を占める。一九九九年に中国が新たに契約した外国企業の投資総額は四一二億ドル、そのうちAPEC各経済体からの投資は三〇九億ドルと、同年の外資の新規契約総額の七五%を占める。蔡鵬鴻「中国与APEC」『国際観察』(上海)二〇〇一年第四期、一〇—一二頁を参照。

(12) 読者はすでに聞きなれていると思うので、中国側の事例はここでは提示しない。米国側の代表的な新作を紹介するので、関心ある読者は一読されたい。傅高義主編『与中国共処——二一世紀的美中関係』(新華出版社、一九九八年)、内森和羅斯〔ネーザン、ロス〕『長城与空城計——中国対安全的尋求』（新華出版社、一九九七年）、皮尔斯伯里『美国学者解読中国安全』（新華出版社、二〇〇一年）、埃克諾米和奥克森伯格〔エコノミー、オクセンバーグ〕主編『中国参与世界』（新華出版社、二〇〇一年）、江憶恩与羅斯〔ジョンストン、ロス〕主編『与中国接触——応対一個崛起的大国』（新華出版社、二〇〇一年）、H. K. Jacobson and M. Oksenberg, eds., *China's Participation in the IMF, the World Bank, and GATT: Toward a Global Economic Order* (The University of Michigan Press, 1990), Steven Brams and Alan Taylor, *The Win-Win Solution* (W. W. Norton, 1999).

(13) この分野で、最近、おもしろく、また非常に影響ある本が海外で出版された。著者はいわゆる「構成主義《コンストラクティビズム》国際関係学派」の代表者の一人、マーサ・フィネモア。この本は国家利益がいかに国際社会（各種国際メカニズムを含めて）を通じて実現されるかという点に重点を置いて研究している。費麗莫〔フィネモア〕『国際社会中的国家利益（国際関係学当代名著訳叢書之一）』（浙江人民出版社、二〇〇一年）、とくに第一章「定義国家利益」および第六章「国際社会中的政治学」を参照。

(14) Robert Keohane, "Multilateralism: An Agenda for Research," *International Journal*, Autumn 1990, pp. 740–748.

(15) 文特〔ウェント〕『国際政治的社会理論』（上海人民出版社、二〇〇〇年）を参照。

(16) 同右、四一—四二頁。

4——市民社会と政府外交

(1) ここ二〇年の中国の内政面の重大事件に関しては、湯応武『抉択——一九七八年以来中国改革的歴程』（経済日報出版社、一九九八年）を参照。

(2) 羅斯金〔ラスキン〕等著『政治科学』（華夏出版社、二〇〇一年）、一五二頁。

(3) 「中国社会心理的演変」『開放時代』（広州）一九九七年五月号、一二四—一五七頁。

(4) 謝志強「党政領導幹部対二〇〇一—二〇〇二年社会形勢的基本看法」汝信・陸学芸・李培林主編『二〇〇二年——中国社会形勢分析与預測（社会青書）』（社会科学文献出版社、二〇〇二年）、三五頁。これは「中国社会形勢分析・予測」チームが二〇〇一年一〇月に中共中央において研修していた一部の地庁〔地区・市・県〕クラスの幹部に対して行ったアンケート調査の結果の一部である。調査は無作為抽出の方法を採用、配布数一一五、有効回答数一〇二、有効回答率は八八％である。
(5)「『緑色志願者行動』倡議書」『北京青年報』一九九九年四月一五日を参照。
(6)「中国首次展開公衆森林生態環境意識調査」『北京青年報』一九九九年三月一三日。
(7)「新聞調査　北京人的精神高地――公民環保意識調査」『中国環境報』一九九九年五月一五日。
(8)劉大椿・明日香寿川・金松編『環境問題――従中日比較与合作的観点看』(中国人民大学出版社、一九九五年)、八五―九二頁。
(9)『中国経済時報』一九九九年六月八日を参照。
(10)『国際商報』一九九九年六月五日および『北京晩報』七月一五日を参照。
(11)『北京青年報』一九九九年五月六日を参照。
(12)『北京晨報』二〇〇一年一月一六日を参照。
(13)『朝日新聞』二〇〇二年一月一四日を参照。
(14)この節は主に次の著書に依拠している。喩国明『解構民意――世論学者的実証研究』(華夏出版社、二〇〇一年)。
(15)同右、二―三頁。
(16)同右、「自序」。
(17)同右、三―二頁、三頁。
(18)王名「中国的民間組織」孫永福主編『中外民間組織交流与合作』(中国対外経済貿易出版社、二〇〇一年)、三九―七五頁。
(19)紀江瑋「大使館外的非政府組織」『三聯生活週刊』二〇〇二年第二期、三六頁。
(20)同右、三五―三七頁。
(21)前掲『二〇〇二年』、一頁による。二〇〇一年六月末までに、民生部門が認可した全国の各種社会団体は二〇万を超える。
(22)同右、三六―三七頁。
(23)同右。
(24)本節は主に復旦大学の陳志敏博士の『次国家政府与対外事務』(長征出版社、二〇〇一年)の「結語――中国的経験」(三一七―三三〇頁)の視点と論拠を参考とした。
(25)程超沢『世紀之争――中国、一個経済大国的崛起』(新華出版社、一九九八年)、一六九―一七四頁。
(26)上海統計局編『上海市対外経済統計年鑑』(一九九

六年）、一六八―一七〇頁。陳志敏、前掲書、三二九頁からの再引用。

（27）同右、三二〇―三二一頁。

（28）同右、三二四頁。

（29）上海統計局編、前掲書、一六八―一七〇頁。陳志敏、前掲書、三二一―三二二頁からの再引用。

（30）現在、多くのNGOの責任者によると、プロジェクト申請書（とくに渉外分野）の書き方がわからないNGOがある一方で、一部の能力あるNGOは往々にして一つのプロジェクトで複数の支援先に経費を申請する。このように個々のNGO責任者は国際支援を乱用する傾向がある。そのため、キャパシティ・ビルディングは多くのNGOの生存と影響力の拡大の鍵となっている。紀江瑋、前掲論文、三七頁を参照。

（31）David Blaney, "A Frame of the Promise and Peril of Global Civil Society," for the presentation in CASS, May 6, 1999.

（32）『光明日報』二〇〇二年一月九日、B1面。

（33）国際関係学の学習理論については、筆者が『西方国際政治学――歴史与理論』（上海人民出版社、一九九八年）の中で紹介している。興味あれば一読されたい。

（34）George Modelski, "Is World Politics Evolutionary Learning?" *International Organization* 44 (1), Winter 1994. 学習理論の異なる解釈については、筆者の『西方国際政治学』第一二章「学習進化理論」、四五四―四八〇頁を参照。

（35）李巍岷「化武公約――中国的参与和貢献」『世界知識』一九九七年第七期、三三―三五頁を参照。

（36）田曾佩主編『改革開放以来的中国外交』（世界知識出版社、一九九七年）、一頁。

（37）羅西瑙〔ローズノウ〕主編『没有政府的治理』（江西人民出版社、二〇〇一年）、三二一頁。

5――周辺地域の安全保障環境の分析

（1）二〇〇〇年一一月、韓国のある研究機構主催の北東アジア安全保障シンポジウムに出席した際、筆者は米国、日本および韓国の教授ら数人とともに、金大中大統領と会見したことがある。金大統領は、「歴史的に見れば、統一のプロセスは避けることはできないが、時間は三〇年以上かかるかもしれない。半島の双方は余りにも長い時間、隔てられており、格差が大きいため、統一するには大きな忍耐力と弛まぬ努力が必要だ」と述べ、また、北朝鮮側の最高指導者である金正日と会談した際の様子も紹介してくれた。金大統領は既にご高齢で、足を患っていたため、行動がやや鈍そうに見えたが、話を始めたとたん、鋭い考えと俊敏なリアクションを見せてくれた。その後、韓国側は板門店の見学を手配してくれ、お陰で、朝鮮半島の統一の難しさと複雑さに対して、直感的な理解を得ることができた。

(2) 金熙徳「日本従『専守防衛』走向『海外派兵』」『中国社会科学院院報』二〇〇二年二月二八日、三頁。

(3) 例えば、直航便の就航、双方の企業界の相手国での投資の奨励、各自の優位性を生かした合弁プロジェクトの推進、北京とニューデリーにさらに多くの留学生を派遣すること、等々。天気にたとえて言うならば、今「曇りから薄曇りへ」という兆しが現われているのである。

(4) 筆者は、現代の諸条件の下では、もし経済・貿易関係に進展がなく、とりわけ、民間ルートの経済・貿易関係が発達していない場合、国家間あるいは政治体間の政治関係と安全保障関係も安定的なものではなく、後戻りする可能性が潜んでいると見ている。朝鮮半島の情勢が不安定であるのは、まさにこのことがポイントである。これと比較してみれば、中国大陸と台湾の間の情勢はずいぶんましであると言えよう(海峡両岸のトップクラスの政治家同士はほぼ接触していないにもかかわらず)。中国とインドの関係に起伏が大きいのは、やはり似たような原因が見られるからである。中国と周辺地域のいくつかの大国(米国、日本、インド、ロシア)との間にある複雑な関係を見ても、上述の結論を容易に検証できるだろう。筆者からみれば、これも経済的土台(下部構造)が上部構造(社会形態)を規定するというマルクス主義の議論の具現化の一つである。一方、もし政治関係を発展できず、安全保障に支障を来たした場合、経済・貿易関係の成長も影響され、ひいては直接左右されかねない。この点において、政治家の貢献は一番大きい。言い換えれば、その主な責任は政治家が負っているのである。数多くの場合、政治的知恵と政治家の勇気は、かなりの程度、歴史を変えることができる。人類社会の運命は、決して宿命論者が断言しているように、何らかのまったく不可知の要素により決められるものではない。

(5) 銭其琛は次のように指摘している。「中国の経済繁栄は、周辺国のお茶碗を奪うのではなく、彼らのかまどを拡充させるのであり、彼らにとっても有利なことである。一部の人は急速に台頭する中国の実力が強大になれば、周辺国に対して領土を必ず要求するようになると言うが、これも事実ではない。南シナ海の島嶼の主権争いにおいて、中国が提案したのは、『争議を棚上げし、共同開発する』という原則であり、ASEAN各国と南シナ海地域の行動準則を制定するため主体的に協議を進めてきた。近年、中国は友好な協議の後、カザフスタン、キルギスタンと国境問題を解決し、タジキスタンと協議して国境協定に調印し、またロシアと大部分の国境を画定し、ベトナムとも陸地国境線条約と北部湾国境協定に調印した。これらはみなこの数年で成し遂げられたものである。このことはまた、経済が高成長を遂げる中国は対外的に拡張しておらず、対外的に拡張することを求めず、隣国と仲良く付き合うことに力を尽くしていることを説明している。孔子はかつて『己れ利せんと欲して人を利し、己れ達せんと欲して人を達す』と述べた。すなわち、世間で暮らしてゆくには他人の正当な利益を考え、他人と利益を共有しなければならないということである。孔子のこの言葉は、中国が国家間の関係を処理する際の理性と度量を示したものである。」銭其琛「在北京大学国際関係学院師生大会上的講話」季刊『国際政治研究』二〇〇二年第一期、六頁。

(6) これに関する書籍と資料は枚挙に暇がない。その中から参考に、いくつかの重要な書目や資料を提示しておく。北京大学法律系国際法教研室編『海洋法資料匯編』(人民出版社、一九七四年)、韓振華主編『我国南海諸島史料匯編』(東方出版社、一九八八年)、中国外交部文件「中国対西沙群島和南沙群島的主権無可争辯」(一九九〇年一月三〇日)、国家海洋局政策研究室編『国際海域劃界条約集』(海洋出版社、一九八九年)、趙理海『当代国際法問題』(中国法制出版社、一九九三年)、呂一燃主編『南海諸島、地理・歴史・主権』(黒龍江教育出版社、一九九二年)、海洋国際問題研究会編『中国海洋隣国海洋法規和協定選編』(海洋出版社、一九八四年)、張海文「適用于南海諸島的法律制度」(北京大学法律系博士論文、一九九五年)、張克寧「大陸架劃界法的発展及東海大陸架劃界問題」(北京大学法律系博士論文、一九八七年)。

(7) 関連資料について、張海文、前掲論文、表6「東南亜(包括南海周辺国家)尚劃定的海上辺界」、七七頁。

(8) 張克寧、前掲論文、四二一頁を参照。

(9) 大国の海洋権力の重要性や中国の海洋地位について、一部賛成しがたい観点(例えば、「国家主義で民族主義を代替する」との主張)もあるが、張文木は近年、興味深く質の高いある文章を書き残している。興味のある読者は、同氏の「全球化進程中的中国国家利益」『戦略与管理』二〇〇二年第一期、五二―六四頁を参照されたい。

(10) 外国の学者は西欧の統合に関して、数多くの研究成果を出しているが、ここでは、中国の学者による優れた研究書をお勧めしたい。陳楽民『「欧州観念」的歴史的哲学』(東方出版社、一九九八年)、陳玉剛『国家与超国家』(上海人民出版社、二〇〇一年)。

(11) 李光耀『風雨独立路――李光耀回憶録　一九二三―一九六五年』(外文出版社、一九九八年)。

(12) たとえば、日本の溝口雄三、浜下武志、中国の汪暉および韓国、シンガポールの一部の学者は、上述の問題の一部分に言及したことがあり、非常に論争的で思想性に富んだ意見を発表した。汪暉「亜洲想像的歴史条件」『天則双周文稿系列』二〇〇一年第一二期、およびここ二、三年の雑誌『読書』で発表された溝口教授の論文を参照。

(13) 王逸舟『当代国際政治析論』(上海人民出版社、一九九五年)、四七〇―四七一頁。

(14) この分野に関する代表的な論述は、*Cooperating for Peace: The Global Agenda for the 1990s and Beyond* (Allen & Unwin, 1993) を参照。著者のギャレス・エバンスはオーストラリア元外相で、国連とアジア太平洋地域における「予防外交」の積極的な主唱者の一人である。筆者は一九九五年七月、メルボルンで国連創設五〇周年記念シンポジウムに参加した間、何度かエバンスの「予防外交」に関する講演を聴いたことがある。当時の筆者に与えた印象とは、我々が内容をそのまま踏襲することはないかもしれないが、確かに検討する価値のある学説であるというものであった。ほかに、王逸舟「聯合国適逢挑戦――墨尓本国際学術研討会側記」『世界経済与政治』一九九五年第一一期を参照。

6――外交ニーズと大国の風格

(1) 中国外交は中国の改革開放と近代化に役立たなければならないという考えについて、田曾佩主編『改革開放以来的中国外交』(世界知識出版社、一九九三年)に寄せた銭其琛の序言を参照。

(2) 盛利軍(シンガポール)「中国欠乏成為世界大国応具有的三個関鍵因素」『香港伝真』(北京、粤海金融控股研究部編)一九九九年第四六号。

(3) 過去と比べても、他の大国と比べても、我々の国防予算は決して高くない。たとえば、改革開放初期の国防予算は国家総予算の三%以上を占めていたが、ここ数年総額としては大幅な引き上げがあったにもかかわらず、軍事費の国家総予算に占める割合はわずか二%をやや上回った程度に過ぎない。また、一人当たりの平均で見ると、中国は大多数の先進諸国より少ないだけでなく、インド、ブラジルといった発展途上国よりも少ない。

(4) 海外によく行くチャンスがある中国人として、近頃、筆者は中国の富強と進歩が世界に及ぼしている影響や、中国人としての誇りを痛感している。しかし、台湾問題だけが終始、心にかけて忘れることのできない事柄として、筆者に屈辱感を抱かせている。世界のかなりの国と地域で、政治とイデオロギーの問題となれば、同文同種である両岸の中国人が外国人を前に、言い争って譲らない風景が見られる。このために一部の中国に好感を抱く外国人や友好的な目で中国を見る外国人が困惑するだけでなく、一部の機を見るに敏な国や個人が、その中から漁夫の利を得ようとし、一部の下心のある勢力はこれに乗じて、折りにつけ我々を困らせようとし、はなはだしくは両岸の中国人を脅迫しようとしている。五〇〇〇年の歴史を有する偉大な民族にもかかわらず、内部のいざこざを自ら解決できず、外国人から笑いものにされ、介入されようとしている。これは座視してよいことだろうか。先祖にも後世の子孫にも申し訳の立つ機知に富んだ方式を見出せないだろうか。この難題は、中国外交にも深刻な結果をもたらしている。たとえば、我々の外交官たちはこれで忙しく走り回って疲れ、しかるべき事柄を処理する暇がない。かつてある外国駐在大使が非公式の場で、自分は台湾問題を発端とした一連のトラブルを解決するのにかなりの時間とエネルギーを費やさざるを得ず、他の大国の大使のように役割を発揮する余裕がないのだと筆者に打ち明け、「それ〔台湾問題〕は首につけられた錘《おもり》のようだ」とたとえていた。

(5) 二〇〇一年九月一〇日、銭其琛副総理は自ら院長を兼任している北京大学国際関係学院で、台湾問題の現状および解決の行方について、説得力のある透徹した意見を述べたことがある。やや長いかもしれないが、ここで引用しておこう。「我々が目下、両岸関係の発展でやらなければならないことは、一、二、三で総括できる。『一』とは、一つの中国を指し、『二』とは、両岸の話し合いを言い、『三』とは、できるだけ早く『三通〔通商、通信、通航〕』を実現させることである。一つの中国という問題に対して我々はいささかの妥協もすることはできない。我々の基本的な要求はただ一点、すなわち、一つの中国であり、『二つの中国』でもなければ、『一つの中国、一つの台湾』でもないのである。我々は、両岸の『三通』実現には前提条件を設けるべきではないと考えている。『三通』とはすなわち、先に行き来し、人間同士の理解を深めることである。我々は引き続き行動をもって、台湾問題の平和的解決を目指す立場を表明し、台湾島内の民心をつかみ、国際社会の理解と支持を得ようと努力していく。目下、海峡両岸の人的および経済・貿易上の往来はかなり緊密になり、昨年〔二〇〇〇年〕一年間だけでも、帰省、観光、ビジネス、投資、科学技術、文化、スポーツ交流のため、祖国大陸を訪れた台湾同胞は延べ三〇〇万人に達している。そして、一九八七年、台湾住民の大陸親族訪問が解禁された後、累計では延べ二〇〇〇万人に達している。しかも、その成長幅もたいへん大きく、大陸を訪れた台湾同胞は一九九七年にわずか延べ五〇万人だったが、今は延べ三〇〇万人に達しているのである。昨年、海峡両岸の間接的な貿易総額は三〇五億米ドルに達し〔二〇〇六年に一〇〇〇億米ドル突破〕、これまでの記録を刷新した。台湾は両岸貿易から

メリットを受け、二〇〇億米ドル余りの貿易黒字を得ている。両岸の直接貿易はまだ展開されていないが、間接貿易額は累計して既に二〇四九億ドルに達している。最近、台湾経済の成長率が大幅に下降し、以前に比べ、人々の暮らしが厳しくなってきた。台湾を訪れた人が気まぐれに島内情勢について話を聞いてみると、経済が衰退している、政局が混乱している、人心が不安定であるという答えが返ってくる。別の人はこうも言っている。昔は、台湾は経済に夢中で、大陸は文革に夢中になっていたが、今は、大陸は経済に夢中で、台湾が内輪もめに夢中になっている、と。三九％の得票率で政権の座に着いた陳水扁は支持率が低く、立法院でも少数与党である。そのため、政局が不安定で、混乱している。今年〔二〇〇一年〕の台湾経済の成長率は一・二％増であった。輸出が二二％、輸入が一七％縮小し、製造業の生産額は七・二％減少し、過去二六年間で最大幅の下降となった。為替レートも大幅に下がり、株価は八年来の最安値を更新し、経済が低迷していると言える。それに、政局が混乱しているため、民衆の不満が募っている。今年四月以降、台湾で行われた世論調査では、一国二制度への支持率が明らかに上昇している。ギャラップ社のアンケート

によると、一国二制度への支持率が四七・五％にまで上昇したが、一〇％足らずだった時代もあり、台湾民意の変化を物語っている。七月一三日、国際オリンピック委員会（ＩＯＣ）のサマランチ会長が北京の五輪誘致成功を宣言した時、台湾の呉経国ＩＯＣ委員はステージの前方に歩き出し、『これは私の長年の願望で、中国人の共通の願いであり、中華民族の栄光である』と述べた。台湾各界では、二〇〇八年の北京オリンピックの誘致成功を受け、熱烈な反響が沸き起こった。彼らは、両岸は一致してオリンピックの誘致成功を歓迎している、このことは両岸関係の発展に有利である、平和統一に有利であると認識しており、両岸が協力しあい、聖火リレーが台湾を通過するよう期待している。これらは、両岸の濃い血のつながりを表わし、ここ数年来の我々の対台湾政策・事業は効果的なものであることを表わしている。台湾が祖国に帰る、祖国統一の実現は、とどのつまり、我々の実力を引き上げ成長させることに頼るしかない。台湾問題を解決する上での我々の基本方針は、依然として平和統一と一国二制度である。我々は平和統一のために最善を尽くすべきだが、それは、平和統一が待てばやってくるものだということを意味しない。我々は努力しなければならない。我々は武力行使を放棄するという約束をしてはならないが、それはあくまで、台湾独立の企みと外国の干渉への対応に限られる。我々の言う『一つの中国』とは、世界に中国は一つしかなく、大陸と台湾はいずれも同じ中国に属していることを言う。中国の主権と全領土は分割が許せるものではない。我々の言う『一国二制度』とは、台湾に対して言えば、香港やマカオよりも一段と自治を認めた政策を実行することを意味している。すなわち、台湾は引き続き台湾ドルを使用し、引き続き軍隊を保持し、引き続き独自の関税区を有し、引き続き台湾の政治的枠組みを保持することができる。大陸は台湾で税金を徴収しないし、台湾の資金を勝手に取り立てて使わないし、台湾の人々の生活様式も変わらない。台湾の企業家は自分の財産を保有し、台湾の人事は自主的に決定し、大陸は台湾に官僚を派遣したりはしない、等々。我々は台湾問題を最終的に解決する決心があり、また、その能力も有している。台湾を中国から分離させようとするいかなる企みも、功を奏しないであろう。祖国の完全なる統一と民族の全面的な振興は、必ずや実現できるものである。」銭其琛「在北京大学国際関係学院師生大会上的講話」季刊『国際政治研究』二〇〇二年第一期、八—九頁。

(6) Joseph A. Camilleri, *The End of Sovereignty? The Politics of a Shrinking and Fragmenting World* (Edward Elgar, 1992).

(7) 以下の二冊にこの種の懸念が詳細にわたって紹介されている。安徳魯・内森和羅伯特・羅斯〔アンドリュー・ネーザン、ロバート・ロス〕合著『長城与空城計——中国対安全的尋求』(新華出版社、一九九七年)、埃兹拉・沃格尔〔エズラ・ヴォーゲル〕主編『与中国共処——二一世紀的美中関係』(新華出版社、一九九八年)。

(8) 一九九九年以降、米国フォード財団北京駐在機構と中国社会科学院科学研究局のサポートを得て、筆者は「中国と国際組織——参加と適応のプロセス」と題するプロジェクトを主催した。参加組織には、中国社会科学院世界経済与政治研究所、法学研究所、中国人民解放軍国防大学国際関係教育研究室、浙江大学人文学院国際文化交流研究所、中国政府財政部国際局、米国ハーバード大学行政学部などが含まれている。そこでは以下の研究分野と個別課題が取り組まれた。中国と国連平和維持活動のメカニズム、中国と安保理構造改革、中国と世界銀行、中国と世界貿易機関、中国とアジア太平洋経済協力会議、中国と地球温暖化防止条約、中国と国際核不拡散メカニズム、中国と国際人権条約、中国と東洋の伝統的文化倫理、中国と西側の同一問題での異なる理論とアプローチの比較。三年近い期間において、数多くのシンポジウムと十余人の研究者の尽力により、プロジェクトは大きな進展を成し遂げることができた。『世界経済与政治』誌で発表された論文だけでも二〇本以上に達した。二〇〇三年年頭、当該プロジェクトと同じタイトルの中国語・英語の専門書も刊行された。筆者は、中国と国際組織や国際メカニズムとの関係はきわめて重要でかつ複雑さを増している理論的研究課題であると感じているが、これまでのところ、中国国内でこの分野の系統的な研究がほとんどなされておらず、きちんとした専門書さえ見当たらない。

(9) 許通美『探究世界秩序——一位務実的理想主義者的観点』(中央編訳出版社、一九九九年)、六〇頁。

解説

世界最大の人口を抱え、広大な領土をもつ中国が、これまでの人類史には見られなかった大規模なスケールでダイナミックに近代化を推進している。そしてそれに伴い中国自身の社会の大変動が進み、また周辺地域は無論、世界全体にも影響を及ぼし、ある種のパワー・バランスも確実に変化し始めている。こうした動向の中で、巷《ちまた》では中国に対する「脅威論」や「驚異論」があふれている。確かに日本にとって身近な存在だけに感情的になるのも無理からぬことであろう。しかしそれ故に、今こそ冷静になり腰をすえて「変化している中国」、「生きている中国」、「ライジングしている中国」をできるだけ客観的に、総体としてしっかりと分析し、理解しなければならない時なのである。特に国内の政治・経済・社会動向と同時に、国際社会に対する中国の認識、戦略、外交などについて、しっかりと把握しておく必要がある。そのことによってこそ、はじめて中国とどのように付き合うべきかの正しい判断も生まれてくるのである。

このような強い思いに駆られていた最中、もう三年近くも前のことであるが、友人の国際政治学者・王逸舟から『全球政治和中国外交』（世界知識出版社、二〇〇三年）という新著が送られてきた。私は一九八〇年代の後半、三〇歳に満たない彼が新進気鋭の政治学者として論壇に登場し、東欧の政治改革と比較しながら国内政治体制改革について鋭い議論をしていた頃から、彼を注目していた。しかし多くの気鋭の政治学者たちの前に思いもかけない災難が待ち受けていた。一九八九年の天安門事件である。それは中国の民主化を頓挫させただけでなく、中国における政治学の発展に分厚い壁となって立ちはだかり、あるものは沈黙し、あるものは海外に亡命した。王逸舟はどうしたのだろう。そんな思いが当時の私の脳裏にいつもあった。

しかし、一九九〇年代の中頃から、再び中国の論壇で彼の名前を見るようになった。国内政治学者としてではなく、国際政治学者として再デビューしていたのである。彼は天安門事件からの数年間、猛烈な勢いで国際関係の理論書、基本的な資料などを読破し、さらには米国のハーバード大学への留学などを体験し、第一級の中国国際政治学者としての基盤を築いた。今日、彼は日本でも国際関係分野の人々の間ではよく知られており、世界的にも著名である。詳しくは語らないが、彼との話の節々から現在の胡錦濤政権、特に中国外務省に影響力を持つ外交ブレーンの一人であると判断できる。メディアでの登場も多い。さらに三〇代から四〇代の若手、中堅の国際政治経済学者の育成に力を入れ、すでに彼らを巻き込んだ本格的な国際政治経済学の専門書を何冊も出版している。おそらく中国のリベラルな国際政治学者としては、今日もっとも影響力のある知識人だといって過言はないだろう。

私は本書に目を通しながら、中国の国際戦略、外交などに関心をもつ日本の人々にこの本を読んでもらいたいと思うようになった。本書は中国に関心を寄せる人々、あるいは否応なく中国と付き合いをしなければならない人々の必読の書であると確信するようになった。おりしも、王逸舟本人から、本書を日本で出版できないだろうかとの相談があった。問題は本書の膨大さであった。私自身多くの仕事を抱え込んでおり、翻訳作業に時間を集中できる見通しはなかった。しかし幸いにして早稲田大学の同僚である青山瑠妙助教授に翻訳の共同作業をお願いしたところ、快く引き受けてくれた。次に出版社であるが、いつもここぞと言うときにお世話になっている友人で東京大学出版会の竹中英俊氏に相談を持ちかけた。しかし、全訳では分量が多すぎるということで、王逸舟本人の了解を得て、重複箇所を削除したり、日本の読者ということを意識し、思い切っていくつかの章や節を取捨選択することで半分近くに縮小して出版することにした。

本書の構成は、大きくは三つに分かれる。

第一は、グローバル化に関する著者自身の考え方と、それを中国という国・社会がどう受けとめるべきかについての議論である。ここではグローバル化を近代化、市場化、情報化に見られる「効率追求」の経済過程として捉え、その特徴を、一九九七年に起こったアジア金融危機を詳細に分析することを通して描き出している。著者によれば、グローバル化自体はいかなる国も人々も避けることはできず、豊かさやより高い生活水準の実現とともに、「無情な淘汰」といった残酷な論理も内包し、さらには社会、政治、人々の意識の構造的変化を伴う動きとして理解できる。

さらにグローバル化時代は「国境の持つ機能の低下、主権意識の希薄化、国際政治と国内政治の境界の曖昧化」が進み、そして国際関係と国際構造は「人類発展の『より高い次元』に向かって進展している」との認識を示しながら、安全保障を国家安全保障のレベルからだけでなく、アクターの多様化を踏まえて新たな国際安全保障のレベルから構想すべきこと、そこでは「プラスサム」の発想や「同舟共済（同じ舟で助け合う）」意識の醸成が必要であることなどを説いている。

その洞察は極めて冷徹で鋭く、単なる理想主義者ではないがまたいわゆるパワー・ポリティックスを振りかざす現実主義者でもないクールな改革志向者の姿が浮かび上がってくる。しかし、それだけに敢えて日本人として言わせてもらうなら、アジア金融危機に関する分析の中で、当時の日本の役割・影響力の問題にまったく触れられていないのはいささか納得できない。国際通貨基金（IMF）や世界銀行がアジア各国の体制改革に高い条件を付けて支援したことについて批判的に言及してはいることは正しいが、それだけに当時日本がおこなった「宮沢イニシアチブ」と呼ばれる三〇〇億ドルを超える大型支援の効果は極めて重要な触れるべきポイントであった。これにより東南アジア諸国連合（ASEAN）諸国、韓国はほぼ一年という短期間で、急速に経済回復が可能となった。このことは客観的事実であり、当時の常識でもあった。当時すでに中国の政権に影響力のあったある現実主義的な国際政治経済学者が、「これで再びASEANは日本の影響力におかれるかもしれない！」と私に語ったほどである。

あるいは本書でも批判的に扱っている「アングロサクソン的グローバル化」でない新しいアジアの自立的な経済協力枠組みの構築に向けて「アジア通貨基金構想」を当時提出したのも日本である。これを強く批判したのが米国と中国であった。それほどにアジア金融危機をめぐる日本の役割は軽視できない事実なのである。著者が日本の役割を全く認識していなかったとは思われない。あるいは「アジア通貨基金構想」で中国自身の態度について触れたくない気持ちは理解できる。しかし少なくとも今日、東アジア経済共同体づくりの中で「アジア通貨基金構想」が話題になっている点から見て、日本の提起は重要であった。過剰に日本を評価する必要はないが中国の中に日本の役割を客観的に評価する声は強まってほしいと思う。

第二は、中国外交を取り巻く冷戦後から今日の国際環境の変化と国内状況の変化（市民意識・地方の台頭など）を考察しながら、外交の決定のプロセスや要因が実質的に変化している態様について鋭く分析したことである。ここでも彼のリアルな現実認識とより良き国際社会の実現に向けてのリベラルな思考が巧みに組み合わされている。まず国際社会においては米国が相当長期にわたって「唯一の超大国」であり続けるであろうという見通しを示し、それを踏まえて米国を「主要な戦略パートナー」であると捉え、と同時に単独覇権主義的な行動をとる米国を「戦略ライバル」であるとも捉えている。そして覇権主義に反対しつつも「多極化戦略は反米戦略ではない」ことを説く。さらに国際組織、国際的諸活動に対する中国のかかわりがこれまで、自国に直接関係しない問題に対して消極的であり過ぎたことを批判し、国際社会との積極的な協調の中での影響力の発揮が必要であることを力説している。

さらに国内における経済社会面での変化、とりわけグローバル化がもたらした社会の多元化、階層の分化、市民社会の形成およびそれに伴う市民意識の萌芽、急激な社会の情報化、反政府的でないＮＧＯの普及、経済・貿易面での自立的権利を獲得してきた地方政府の能力などが、中国外交を考慮する上で、また外交政策を決定する上で否応なく重要な影響を持つようになってきたことを強調している。中国を外から見るものには、共産党の役割をあまりにも決定的なものと見がちであるだけに、著者の議論がややこうした変化の側面を強調しすぎているのではないかとの疑念も生まれないわけではないが、同時に中国の政治社会を熟知しかつ冷静な眼力を持つ著者だからこそ、こうした主張には説得力があると言えなくもない。さらに、中国の外交そのものが国際社会との接触、融合の過程における「学習」を通して変化しているという指摘は傾聴すべきであろう。

そして第三は、中国が抱えている外交課題、周辺地域との関係をめぐる七つのホット・イシューについての分析、それらへの対応すべき基本姿勢・方針の提起、さらには大国化する中国がそれにふさわしい風格を持ち、国際的な責任ある大国になるにはいかにすべきかについての分析である。第一に扱っているのが台湾問題である。著者は中国の原則的な立場（一つの中国、武力行使のオプションの保持など）を強調しながらも、現在の両岸海峡をめぐる膠着状態を打開する鍵は「両岸の政治家の見識、研究者の知恵」にあり、それこそ「中国の平和台頭を内外にアピールできるかどうかの試金石」と力説している。第二は朝鮮半島問題である。九〇年代後半の南北首脳対話、日朝交渉、北朝鮮の経済特区構想などで緊張緩和が急速に進んだかに見られたが、ブッシュ政権の登場、北朝鮮の核開発などで再び予測のできない流動的状況に入ったと判断し、現状の安定化、突発事態の防止、南北朝鮮との等しく良好な関係の維持を中国の基本政策とすべきと説いている。第三は日米安保条約問題である。著者は同条約が「一定の期間という限定つきながら、バランサーとしての役割も果たすことを認める」と建設的な認識をしながら、同時に平和憲法の改定や専守防衛の放棄などが起こりつつあり、日本の軍備増強が周辺諸国の不安を掻き立てていることも確かとの見方をとっている。第四はインド・パキスタン関係である。著者の分析によるならば、この地域は深刻な人口・民族・宗教・資源不足問題などを抱えた世界の三大「紛争多発地帯」の一つである。インドとは長年対立を続けてきたが、ここ二、三年、中印とも「大局に眼を向けよう」との意識が高まり、関係改善は急速に進んでいると指摘している。第五は中央アジアの問題である。カザフスタンなどこの地域の五カ国は、経済水準が低いだけでなく、極端な民族分離主義、国際テロリズム、宗教原理主義がはびこり、中国西部地域の安全保障に不安定要素をもたらしている。第六は南シナ海の係争問題である。この地域には豊富な石油・天然ガスをはじめ鉱産物資源が埋蔵していると言われ、安全保障と経済権益にとって重要な地である。ASEANとの協調・協力の積極的な推進が重要で、「争議を棚上げし、共同開発する」ことが当分の間の重要な指針であると説く。第七は中ロ関係である。九〇年代以降両国関係は、歴史的に対立してきた国境問題を解決し、安全保障協力、経済交流も進み、ここ数十年来で最良の段階に入ってきたが、他方でロシアの対米戦略対話・パートナーシップは中国にとって無形の圧力になっていると認識している。

こうした周辺環境の中で、アジア地域主義を真剣に検討すべきであり、それは単なる経済の協力枠組みのみならず、アジア太平洋多国間安全保障メカニズムの構築をも視野に入れよと指摘する。そしてそうした国際社会とともに歩もうとする中国外交にとって、経済を基盤とした総合国力、「ソフト・パワー」を含む「発展のニーズ」、領土・領海・安全保障を対象とし台湾問題を含んだ「主権のニーズ」に加えて、「責任のニーズ」を意識し、これに応えていかねばならない、それはまさに中国が「責任ある大国としての風格」を持つ必要性が出てきたことに他ならないと説くのである。

以上が極めて荒い本書の概要とコメントである。本書を読むことによって、中国がいかにグローバル化の波に飲み込まれ、国際社会と深くリンクしているのか、国際社会との関わりの中においていかなる発展戦略や安全保障が構想されているのかといった点が理解されるであろう。さらに、冷戦後の国際政治構造を中国がどのように捉え、多国間主義、「プラスサム」といった新たな発想による外交をいかに強めようとしているか、また共産国家でありながらも中国は既に長期にわたる近代化の過程で、擬似的ではあるがある種の「市民社会」「地方自治」が生まれ、外交主体が多元化してきたことなどを知ることができる。しかし同時に、リベラルな著者でさえ、中国自身の発展によって「大国中国」として振舞うべきで、それにふさわしい「大国の風格」を身につけるべきであることを強く説いているところは、やはり中国の知識人である。彼はリベラルであると同時に、十分に現実主義的でもあり戦略的思考を兼ね備えたオピニオン・リーダーである。

ところでやや話はそれるが、今日の日中関係は、二国間、アジア地域、世界いずれのレベルでも重要性を一段と増しながら、どういう関係としてあるべきかが定まっていない。小泉政権の五年半、日中関係はギクシャクした状態が続いてきた。長期的に見れば、私は必ずしも両国の関係を悲観していない。しかし、短中期的に日中関係を見るなら、安倍首相が就任後最初の外遊として中国を訪問し、閉塞した日中関係の打開に積極姿勢を示し、大きく改善し始めた感もするが、根本的なところでなかなか厳しいと痛感する。一つには近年とみに相互の不信感が増幅していることである。やや回復傾向にはあるものの、最近の両国の様々な世論調査によれば、日本人の対中感情、中国人の対日感情が良くない状況が続いている。その直接的な理由としては、①日本のリーダーの「靖国参拝」問題があり、②過剰な偏向報道による感情悪化促進の問題がある。①は「新しい歴史教科書」問題を含め根本には、「過去の戦争」に対する歴史認識をめぐって双方の大きな「溝」が埋められていないことがある。もっともこの点に関しては、日本国内自体でこの歴史認識が共有されていないことが問題の前提にある。国内の混乱・対立が、中国や韓国との「認識ギャップ」を増幅させている。

　しかし、もっとも肝心なことは中国自身が本当のところは何を考え、何を目指しているのかがよくわからないということである。わからないままに不安をいっそう掻き立てるような様々な問題にぶつかり、いろいろな事件が発生している。それだけにいつの間にか「情緒的」「一方的」になり、中国に対して特に感情的に反発し、ある現象で一方的に「中国はこうだ」と決めつけて批判する風潮が広がっている（中国側も日本に対して似た状況にある）。例えば、巨大な中国の現実を総合的に見ようと努力することもなく、中国はもともと「中華思想で覇権的な膨張主義の国だ」、「共産党独裁で民主も人権もない国だ」、「すぐにも武力を発動し台湾を奪い取ろうとする危険な国だ」、「反日は国是であり日中友好など大幻想だ」といったような主張がまかり通っている。

　それだけに繰り返しになるが、本書の日本語版出版の意義はきわめて大きいと確信する。私事を言うなら、率直に言って自分自身の本を執筆する方がはるかに楽であった。ある中国の友人から、「中国人でも読みにくいのをよく翻訳する気になりましたね」と言われた。しかしやると決めた以上は引き下がるわけにはいかない。大らかな著者の了解の下に、あらかじめ青山先生と私とで半分あまりの翻訳箇所を選定し、その後はほとんど私の独断で、本書の構成を大幅に改訂し、さらに文章を削除したり、もともと割愛していたものを翻訳し加えたりして出版の作業に入った。もちろん文章の内容を変えたりはしないが、これほどまでに他人の本の構成を大幅に変え、編集することなど普通では考えられない。が、これも日本の読者を意識して、とにかく王逸舟の趣旨がわかりやすく伝わることを第一に考えたからに他ならない。

なお、前述のような日本語版独自の編集がなされているが、日本語版と原著との対応関係は、おおむね以下のとおりである。

1章　7章「亜洲金融危機再思考」

2章　1章「全球化時代的安全観」

3章　9章「国際政治的等級構造」の「〝一超多強〟長期存在」節以下、11章「国際組織的複雑参与」の「主動与被動」節および「互動過程中的建設性作用」節、12章「多辺主義和多辺外交」の「中国与多辺外交」節以下

4章　8章「公民社会与政府外交」の「経済社会的深刻変化」節以下

5章　13章「周辺安全環境的透視」、10章「海洋法及我們的進退」の「《海洋法公約》与中国」節

6章　14章「外交需求与大国風范」

さて、昨年秋にすべての作業を終わらせ一二月出版を目指したが、ついに最後の校正は年を越えてしまった。しかし、翻訳、編集の作業が終わって、私はかなりの満足感を持つことができた。おそらく国際関係・中国外交に関する中国人学者の本格的な専門書の邦訳出版としては最初のものになったのではないだろうか。現在の国際社会、さらには未来の国際社会のあり方を考える一般の国際関係書としても示唆に富んだ専門書となっている。中国の良質のエリートたちが自らの国、世界をどのように考えているのかを知る上で大いに参考になると思う。したがって是非とも多くの日本人に本書が読まれてほしいと思う。そして中国との間に冷静で、しかし温かみのある関係を構築するために本書が重要な役割を果たすことができるなら、それは訳者として望外の喜びである。

最後に、本書の翻訳に当たって惜しみない協力を下さった青山先生はもとより、私の翻訳担当箇所の一部を快く助けてくださった北京国際放送局の王小燕さん、そして何よりもより質の高い出版にむけて言葉に尽くせない労苦をともにし、様々な適切なアドバイスをし続けて下さった東京大学出版会編集部の奥田修一氏に、心よりの謝意を表したい。

二〇〇七年初春　千川の寓居にて

天児　慧

著者・編訳者紹介

著者紹介

王逸舟（ワン・イージョウ）
1957年中国湖北省に生まれる．1982年湖北大学卒業．1988年中国社会科学院大学院修了．法学博士．1997年ハーバード大学客員研究員．現在，中国社会科学院世界経済与政治研究所副所長．専攻は国際関係理論，中国外交・国際戦略．著書に『当代国際政治析論』（上海人民出版社，1995年），『西方国際政治学——歴史与理論』（上海人民出版社，1998年）などがある．

編訳者紹介

天児慧（あまこ・さとし）
1947年岡山県に生まれる．1971年早稲田大学教育学部卒業．1980年一橋大学大学院社会学研究科博士課程修了．社会学博士．現在，早稲田大学大学院アジア太平洋研究科教授兼研究科長．専攻は現代中国論，アジア国際関係論．著書に『中国——溶変する社会主義大国』（東京大学出版会，1992年），『現代中国——移行期の政治社会』（東京大学出版会，1998年），『中華人民共和国史』（岩波新書，1999年），『中国・アジア・日本——大国化する「巨龍」は脅威か』（ちくま新書，2006年）などがある．

青山瑠妙（あおやま・るみ）
1999年慶應義塾大学大学院法学研究科博士課程修了．法学博士．現在，早稲田大学教育・総合科学学術院助教授．専攻は現代中国外交．著書に『5分野から読み解く現代中国』（共著，晃洋書房，2005年），『中国の統治能力——政治・経済・外交の相互連関分析』（共著，慶應義塾大学出版会，2006年），論文に「二つの空間で形成される中国の対日世論」（『国際問題』527，2004年），「中国と国連」（『学術研究』（外国語・外国文学編）53号，早稲田大学教育学部，2005年）などがある．

中国外交の新思考

2007年3月9日　初　版

［検印廃止］

著　者　王逸舟

編訳者　天児慧・青山瑠妙

発行所　財団法人　東京大学出版会

代 表 者　岡本和夫

113-8654 東京都文京区本郷 7-3-1 東大構内
http://www.utp.or.jp/
電話 03-3811-8814　FAX 03-3812-6958
振替 00160-6-59964

印刷所　株式会社理想社
製本所　矢嶋製本株式会社

ISBN 978-4-13-030141-1　Printed in Japan

天児　慧著　中　国　溶変する社会主義大国　四六・二四〇〇円

天児　慧著　現代中国　移行期の政治社会　四六・二五〇〇円

天児　慧編　現代中国の構造変動4　政治　A5・三六〇〇円

宇野重昭
天児　慧編　20世紀の中国　政治変動と国際契機　A5・三八〇〇円

岡部達味著　中国の対外戦略　A5・四六〇〇円

毛里和子著　周縁からの中国　民族問題と国家　A5・四〇〇〇円

趙　宏偉著　中国の重層集権体制と経済発展　A5・五六〇〇円

唐　　亮著　変貌する中国政治　漸進路線と民主化　A5・四四〇〇円

ここに表示された価格は本体価格です．御購入の
際には消費税が加算されますので御了承下さい．